OEUVRES COMPLÈTES

DE

W. SHAKESPEARE

LES APOCRYPHES

I

SAINT-DENIS. — TYPOGRAPHIE DE A. MOULIN.

FRANÇOIS-VICTOR HUGO

TRADUCTEUR

ŒUVRES COMPLÈTES

DE

W. SHAKESPEARE

DEUXIÈME ÉDITION

LES APOCRYPHES

I

TITUS ANDRONICUS. — UNE TRAGÉDIE DANS L'YORKSHIRE.
LES DEUX NOBLES PARENTS.

PARIS

PAGNERRE, LIBRAIRE-ÉDITEUR

RUE DE SEINE, 18

1866

Reproduction et traduction réservées.

A LA MÉMOIRE

DE

MISS EMILY DE PUTRON

Née à Guernesey le 27 mars 1834

Morte à Guernesey le 14 janvier 1865

IMPÉRISSABLE DÉVOTION.

F.-V. H.

INTRODUCTION.

Il y a quelques mois, — à une vente de tableaux qui fut pour un moment l'événement de Paris, — une *Tête de femme*, attribuée à Rembrandt par le catalogue, fut exposée sur le chevalet de la criée. Les experts des musées hollandais s'approchèrent de cette toile, l'examinèrent, et dans un murmure unanime décidèrent que le catalogue s'était trompé et qu'elle était de Franz Hals, un contemporain du maître hollandais. Le tableau, censé apocryphe, fut adjugé à un prix minime. L'adjudication faite, on découvrit au fond du clair-obscur une signature, — la signature authentique de Rembrandt, avec cette date : 1635. Malgré les dénégations des érudits, la *Tête de femme* avait effectivement pour auteur le peintre de la *Ronde de nuit*.

Cette erreur, solennellement commise par des juges compétents et gracieusement confessée par l'un d'eux dans un journal européen (*), démontre bien la faillibilité des expertises les mieux faites. S'il est aussi aisé de se tromper

(*) Voir l'*Indépendance belge*, du 6 juin 1865.

sur une composition appartenant à l'art plastique, combien l'erreur doit être facile en présence d'une œuvre de la pensée pure! Ici la critique n'est plus guidée par des indices physiques qui sautent aux yeux, — les nuances de la couleur, les traits du dessin, les dispositions des plans, les reliefs de la forme, les traces même de la brosse, du burin, ou du ciseau; elle n'est plus renseignée que par des éléments impalpables, — la filiation des idées, le tour des phrases, l'agencement des mots, les modes d'élocution, manifestations immatérielles de la pensée invisible. Il faut que l'esprit juge l'esprit; il faut qu'il décide à quelle inspiration est due telle expression, de quelle imagination émane telle image. Pas d'enquête plus délicate et plus ardue. Quelle expérience consommée ne faut-il pas pour dire : ceci est authentique, et ceci est apocryphe! S'il y a déjà tant d'audace à prétendre que telle composition anonyme est de tel auteur, quelle témérité n'y a-t-il pas à affirmer que telle œuvre signée de tel écrivain n'est pas de cet écrivain!

Saint Jérôme, triant les Écritures, condamnant certains évangiles et consacrant certains autres, — Origène, excluant des livres canoniques l'épître de saint Paul aux Hébreux, les épîtres de saint Jacques et de saint Jude, la seconde et la troisième épître de saint Jean, — Aristarque et les scoliastes d'Alexandrie, expurgeant Homère et retranchant de l'*Iliade* les interpolations des rhapsodes, — Huet, évêque d'Avranches, raturant plus de quatre-vingts hymnes d'Orphée, m'ont toujours paru assumer une formidable responsabilité. C'est dans ces matières surtout que le doute est la méthode par excellence. La *Batrachomyomachie* est-elle, ou non, d'Homère? Le *Culex* et le *Ciris* sont-ils, ou non, de Virgile? Vieilles questions qui ne peuvent être légèrement résolues. Pour se prononcer sur l'authenticité d'un travail attribué à un maître, il ne suffit pas en effet de comparer ce travail à des compositions incontestées et célèbres;

il faut savoir à fond et l'œuvre et l'existence de ce maître, il faut s'être assimilé à lui par une longue familiarité, il faut s'être initié à ses diverses manières, être dans le secret des transformations successives de son génie, connaître les influences multiples qui à certaines époques ont pu agir sur lui, être le confident des faiblesses vraisemblables de son adolescence et des défaillances possibles de sa vieillesse, enfin avoir moralement vécu sa vie. Si *Agésilas* n'était pas signé, qui voudrait attribuer à l'illustre auteur du *Cid* cette aberration d'un talent en décrépitude? Si *le Médecin volant* était anonyme, qui n'hésiterait à imputer à Molière ce péché de son extrême jeunesse? Qui, dans certaine idylle de l'*Almanach des muses* avouée par l'écolier Chateaubriand, pourrait deviner le fier écrivain des *Mémoires d'outre-tombe*? Et, sans des preuves irrécusables, qui de nous n'hésiterait à reconnaître dans les élucubrations d'un certain Horace de Saint-Aubin le créateur renommé du *Père Goriot* et d'*Eugénie Grandet*?

La facilité des méprises, démontrée par tant d'exemples, doit donc nous mettre en garde et contre les dénégations et contre les affirmations trop hâtives. Ce n'est que par la plus scrupuleuse élucidation que peut être amoindrie, sinon dissipée, l'obscurité singulière que les siècles ont faite sur certaines productions de l'esprit humain. Si j'insiste expressément sur cette nécessité, c'est que la grande loi du doute méthodique précédant et guidant l'examen me paraît avoir été également mise en oubli par les deux écoles opposées qui, au delà de la Manche et au delà du Rhin, ont jusqu'ici apprécié les pièces attribuées à Shakespeare. — La critique allemande, par ses organes les plus accrédités, Schlegel, Lessing, Horn, Tieck, etc., a accepté d'emblée et admis par acclamation le Pseudo-Shakespeare à côté du vrai; elle a traduit et introduit dans le théâtre authentique du maître tout un répertoire d'ouvrages, — comédies, féeries, drames, drames-chroniques, — que les traditions du dix-septième et du dix-huitième siècle imputaient à l'auteur d'*Hamlet*. La critique anglaise, au contraire, a rejeté impitoyablement toutes ces pièces à l'exception d'une seule, *Périclès*, et n'a accepté comme authentiques que les trente-six ouvrages insérés dans l'in-folio de 1623.

L'in-folio de 1623 est le type unique sur lequel ont été modelées les plus célèbres éditions modernes, depuis celle de Pope jusqu'à celle de M. Staunton, depuis celle de Johnson jusqu'à celle de M. Singer, depuis celle de Warburton jusqu'à celle de M. Dyce, depuis celle de Malone jusqu'à celle de M. Collier, depuis celle de Steevens jusqu'à celle de M. Knight. L'in-folio de 1623, c'est pour toute la tribu des critiques anglais la loi et les prophètes. Le verbe du maître est là, et n'est que là. Cet in-folio est vraiment la bible laïque du monde anglo-saxon. Toutes les presses d'Angleterre, d'Écosse, d'Irlande, du Canada, des États-Unis, sont sans cesse occupées à le répandre. Il a, comme l'Écriture sainte, son manuel de concordance. Il a ses propagateurs dans la Société shakespearienne, comme le Pentateuque a les siens dans les sociétés bibliques. Il a ses chapelles dans toutes les bibliothèques et son temple au British Museum. Il a ses dévots et ses pèlerins qui viennent journellement le vénérer dans sa châsse, ses missionnaires qui le colportent dans le monde entier, ses docteurs qui l'expliquent, ses ministres qui le prêchent. Il faut voir quel fanatisme inspire ce texte sacré. Que d'efforts pour justifier ses erreurs, pour dissimuler ses lacunes, pour voiler ses taches les plus criardes! La faute la plus grossière a des thuriféraires. On adore jusqu'à des coquilles! Aussi que de fureurs soulève l'imprudent qui ose révoquer en doute l'infaillibilité de l'in-folio et se permettre, je ne dis pas de l'amplifier, mais de le rectifier. Il y a quelques années, un respectable savant, M. Payne Collier, proposa et tenta d'introduire dans le texte de 1623 des corrections, souvent plausibles, toujours ingénieuses, indiquées par une main inconnue dans un exemplaire de l'édition de 1632. Toute l'Angleterre cria à la profanation, et, malgré d'éminents services rendus à l'histoire littéraire, M. Collier dut prouver qu'il n'était ni un faussaire ni un imposteur.

Cependant, au risque de provoquer tant de pieuses colères, intervenons à notre tour dans la question, et voyons si cette infaillibilité tant vantée de l'in-folio de 1623 est sanctionnée par les faits.

En 1616, lorsque William Shakespeare, âgé de cinquante-trois ans, fut enlevé au monde dans la plénitude de son génie, quatorze seulement de ses pièces incontestées avaient été livrées à l'impression, — douze de 1597 à 1604, à savoir : *Richard II*, *Richard III*, *Roméo et Juliette*, *Peines d'amour perdues*, *Henry IV* (première partie), *Henry IV* (seconde partie), le *Marchand de Venise*, le *Songe d'une nuit d'été*, *Beaucoup de bruit pour rien*, *Henry V*, les *Joyeuses épouses de Windsor*, *Hamlet*, — deux de 1604 à 1616, *Troylus et Cressida*, le *Roi Lear*.

Comment donc se fait-il que, dans les douze dernières années de la vie du poëte, deux seulement de ses pièces aient été publiées? Une note, insérée à la page 183 d'un journal manuscrit du révérend John Ward, qui fut vicaire de Stratford-sur-Avon de 1648 à 1679, va nous permettre de pénétrer ce mystère : « On assure que Maître Shakespeare
» vécut dans ses dernières années à Stratford, et qu'*il four-*
» *nissait au théâtre deux pièces par an, et que pour cela il*
» *recevait une large rétribution* qui lui permettait, à ce que
» j'ai ouï dire, de dépenser mille livres sterling par an. »
Donc, si l'affirmation du brave vicaire est exacte (et l'on ne saurait mettre en doute sa sincérité), Shakespeare, retiré dans sa ville natale, vendait annuellement deux ouvrages dramatiques à la troupe dite des *Serviteurs du Roi*, laquelle ex-

ploitait en été le théâtre du Globe et en hiver le théâtre de Blackfriars. Suivant la coutume trop naïve de cette époque, la vente faite par l'auteur impliquait la cession de tous les droits de propriété. La Compagnie des *Serviteurs du Roi* devenait donc, moyennant une somme une fois donnée, propriétaire unique et absolue des œuvres du maître. Aussi qu'arrivait-il ? La compagnie, jalouse de son lucratif monopole, prenait les plus grandes précautions pour le préserver : préoccupée avant tout de ses propres intérêts, elle leur sacrifiait sans scrupule et les intérêts de l'auteur et les intérêts du public. Afin de mieux se prémunir contre la concurrence et d'empêcher les compagnies rivales de monter et de représenter les ouvrages acquis par elle, elle avait recours à ce moyen sauvage : elle interdisait toute publication par la voie de la presse. — En 1609, les libraires Bonian et Valley, éditant en contrebande *Troylus et Cressida*, dénonçaient les rigueurs même de cette interdiction pour se faire pardonner leur larcin : « Lecteurs, disaient-ils dans un curieux avant-propos, au nom de votre plaisir et de » votre intelligence, remerciez la fortune de l'échappée que » cette comédie fait aujourd'hui parmi vous, car, s'il avait » fallu l'obtenir du consentement de ses *grands possesseurs* » *(grand possessors'will)*, vous auriez eu, je crois, à *les prier* » *longtemps* au lieu d'être vous-mêmes priés... » Or, quel fut le résultat des mesures prohibitives prises par les *grands possesseurs* des œuvres de Shakespeare ? Depuis l'année 1604, — année de la retraite du poëte à Stratford, — jusqu'à l'année 1616, — année de sa mort, — vingt-deux ouvrages au moins composés par lui furent représentés sur la scène sans être livrés à l'impression. Pendant douze années, songez-y ! ces manuscrits délicats et fragiles, qui retenaient sur leurs feuillets tremblants tant de spendides chefs-d'œuvre, s'entassèrent et s'enfouirent un à un dans quelque tiroir branlant d'un meuble de théâtre, — placés peut-être à la portée des mains les plus grossières, exposés aux vers, à la moisissure, à la poussière, à l'incendie, livrés à tous les risques et à tous les hasards, jaunissant et dépérissant jusqu'à ce qu'il plût à l'avarice de quelques histrions de ne plus leur marchander l'immortalité !

Le 29 juin 1613, le feu prit au théâtre du *Globe ;* le vieil édifice de bois fut détruit de fond en comble, et plusieurs comédiens de la troupe, Burbage, Héminge, Condell et Rowley, faillirent être enveloppés par les flammes. Des manuscrits précieux furent-ils abandonnés au fléau dans la précipitation de ce sauve-qui-peut ? On l'ignore, et la chose est au moins vraisemblable. Ce qui est certain, c'est qu'il y avait dans ce sinistre un avertissement terrible dont il ne fut pas tenu compte. La Compagnie des *Serviteurs du Roi* continua de représenter les pièces du maître, en en prohibant l'impression. Et Shakespeare, emporté avant l'heure, eut la cruelle douleur de mourir sans avoir pu assurer la perpétuité de son œuvre.

Le 23 avril 1616, vingt et une de ses pièces les plus célèbres restaient manuscrites ; c'étaient les *Deux gentilshommes de Vérone, Mesure pour Mesure, le Conte d'hiver, Comme il vous plaira, la Comédie des erreurs, la Sauvage apprivoisée, Tout est bien qui finit bien, le Soir des Rois, le Roi Jean,* les trois parties de *Henry VI, Henry VIII, Coriolan, Timon d'Athènes, Jules César, Cymbeline, Antoine et Cléopâtre, Othello, Macbeth, la Tempête !* Qu'allait devenir cet inappréciable dépôt ? Le silence que Shakespeare garde sur ce point dans son testament prouve évidemment qu'il ne se reconnaissait plus aucun droit sur les ouvrages livrés par lui au théâtre. Il se borne à léguer un souvenir à chacun de ses trois camarades, Burbage, Héminge et Condell, — se fiant sans doute au dévouement de « ces amis » pour la prompte et scrupuleuse publication de ses œuvres. Hélas ! ces amis devaient subordonner toute considération à un calcul de boutique. L'année 1616 s'acheva sans qu'ils eussent exaucé le vœu du mort. Et pourtant, en cette même année 1616, le rival de Shakespeare, Ben Jonson, les avait en quelque sorte mis en demeure de se hâter, en éditant lui-même ses œuvres complètes en un énorme in-folio. L'année 1617, l'année 1618 s'écoulèrent, et Shakespeare restait toujours aux trois quarts inédit.

Au printemps de 1619, un grand malheur survint : le 13 mars, Richard Burbage mourut, — Burbage, c'est-à-dire le membre le plus intelligent et le plus actif de la troupe, le riche et habile actionnaire qui avait fondé le théâtre de Blackfriars sur les ruines du couvent démoli par Henry VIII et avait acheté de ses deniers l'immeuble de ce théâtre, Burbage, le tragédien unique qui avait créé tous les grands rôles de Shakespeare et qui avait successivement incarné Richard III, Richard II, le roi Jean, Henry V, Timon, Brutus, Hamlet, Othello, le roi Lear, Coriolan et Macbeth. Avec Burbage disparaissait la tradition même de la scène britannique. Cet homme avait personnifié toutes les figures capitales rêvées par le poëte, il avait fait visibles ses plus délicates pensées, il avait exprimé en gestes éclatants et en paroles sonores les plus secrètes émotions et les songes les plus mystérieux du poëte. Burbage avait été le verbe shakespearien fait chair.

Si quelqu'un était désigné pour diriger la publication des œuvres de Shakespeare, c'était bien cet acteur qui pendant trente ans en avait été le vivant commentaire. Une telle perte était irréparable. Des trois amis qu'avait nommés Shakespeare dans son testament, il ne restait plus, — Burbage mort, — que Condell et Héminge. Que sait-on sur ces deux hommes désormais chargés de la plus délicate fonction qui pût être offerte à la sagacité humaine? Rien ou presque rien. Tous deux sont restés obscurs. En 1619, ils se faisaient vieux et avaient cessé depuis longtemps de paraître sur les planches. Henry Condell, nommé le sixième dans la patente royale de 1603, avait jadis créé avec succès le rôle du cardinal dans *la Duchesse d'Amalfi* de Webster ; il possédait deux des vingt parts entre lesquelles se distribuaient annuellement les recettes de la troupe : chaque part rapportait bon an mal an un revenu de trente-trois livres sterling six shillings et huit pence, et s'achetait pour sept années au prix de deux cent trente-trois livres sterling environ ; Shakespeare et Burbage ne possédaient chacun que quatre parts ; avec ses deux parts, Condell était donc un actionnaire important. — Comme Henry Condell, John Héminge ne possédait que deux parts, mais il touchait un revenu spécial en qualité de chef de troupe. C'était un des vétérans de la scène. Il avait joué Falstaff devant la reine Élisabeth. Dès 1596, il avait des intérêts dans l'exploitation du théâtre de Blackfriars. En 1597, il était directeur de la Compagnie du lord Chambellan. En 1613, il avait signé avec Shakespeare un contrat pour l'acquisition d'une maison sise à Londres, près la Garde-Robe, de cette même maison que le poëte devait léguer bientôt à sa fille Suzanne. A l'époque dont nous parlons, il avait soixante-quatre ou cinq ans ; ayant beaucoup thésaurisé, il avait monté avec ses économies un petit commerce d'épicerie qu'il menait de front avec l'exploitation du théâtre. Tel était l'homme à qui incombait une tâche à faire pâlir les hommes d'étude les plus intrépides, — la mission de publier Shakespeare ! Voyez-vous d'ici le débile vieillard au fond de sa boutique, penché sur son comptoir, relisant péniblement, à l'aide de doubles besicles, l'épreuve apportée toute fraîche de l'imprimerie, et renvoyant corrigée au plus vite, entre la livraison d'un cornet de mélasse et le débit d'un pain de sucre, la déclaration d'amour de Roméo à Juliette ?

Cependant Burbage dormait depuis longtemps dans le cimetière de Saint-Léonard à Shoreditch. L'année 1619, l'année 1620, l'année 1621 avaient fui, l'année 1622 était commencée, et les manuscrits du poëte, toujours inédits, continuaient de moisir dans le coin obscur où ils étaient détenus. Alors advint un incident mémorable : un libraire fort entreprenant, nommé Thomas Walkley, s'étant procuré, on ignore par quel moyen, une copie tronquée d'*Othello*, la publia en une édition in-quarto qu'il mit résolûment en vente, à l'enseigne de l'Aigle et de l'Enfant, tout près de la Bourse. Par cette brusque publication d'*Othello*, les sordides accapareurs se voyaient enlever la perle la plus précieuse peut-être du merveilleux écrin qu'ils gardaient avec tant de jalousie. Ils comprirent alors à quel dommage les exposait leur avarice. La prohibition, en se prolongeant, stimulait la contrebande. Aujourd'hui, Walkley leur soutirait *Othello*, demain Thomas Pavier, plus aventureux, pouvait leur escamoter *Comme il vous plaira*, après-demain *Macbeth*. Quel péril! Les comédiens se décidèrent enfin à faire imprimer les manuscrits de Shakespeare.

Mais, tout en prenant une décision si pénible pour eux, ces messieurs s'ingénièrent pour atténuer le préjudice que pouvait leur porter la publication et pour réserver à leur compagnie l'exploitation exclusive du répertoire shakespearien. Ils firent des démarches en haut lieu, et ils s'assurèrent qu'il ne serait pas impossible de corrompre le noble fonctionnaire chargé de la surveillance des théâtres et d'obtenir de lui, moyennant quelque pot de vin, un ordre interdisant aux troupes rivales la représentation des œuvres de Shakespeare. Les traces de cette édifiante transaction se retrouvent dans le registre d'office de sir Henry Herbert, intendant des menus plaisirs (*master of revels*) du roi Charles Ier, à la date de l'année 1627 : *Reçu de M. Héminge, au nom de sa troupe, pour défendre à la troupe du* Red Bull *de jouer les pièces de Shakespeare, la somme de cinq livres sterling.* Ainsi tranquillisés sur l'avenir de leur caisse,

Héminge et Condell procédèrent hardiment à la publication. Ils s'accordèrent avec deux importants libraires de Londres, Isaac Jaggard et Édouard Blount, qui se chargèrent de l'impression. Ils s'entendirent avec un graveur flamand, Martin Droeshout, qui s'occupa de graver un portrait quelconque du poëte pour le frontispice. Ils s'adressèrent à quelques écrivains contemporains qui s'engagèrent à improviser en l'honneur du défunt les pièces de vers destinées à inaugurer le volume. Enfin, ils s'attribuèrent à eux-mêmes la mission de rassembler les manuscrits, de les classer, de les réviser et de les présenter au public.

Les ouvrages de Shakespeare furent groupés en trois catégories : LES COMÉDIES, — LES PIÈCES HISTORIQUES, — LES TRAGÉDIES. Cette division avait-elle été indiquée par l'auteur ? J'en doute fort. Ce qui est certain, c'est que le classement même fut fait avec une extrême légèreté. Un véritable drame, *le Conte d'hiver*, prit place parmi les comédies ; trois pièces strictement historiques, *Jules César, Coriolan, Antoine et Cléopâtre*, furent insérées parmi les tragédies ; enfin, une comédie essentiellement fantasque, *Troylus et Cressida*, fut fourrée parmi les pièces historiques. Un détail curieux relatif à cette dernière œuvre prouve l'étrange étourderie des éditeurs. Le volume, un énorme in-folio de huit cents pages à double colonne, était entièrement composé, paginé, imprimé et tiré, quand ils s'aperçurent que *Troylus et Cressida* avait été omis. Le manuscrit était-il égaré ? En tout cas il n'était pas perdu. On le rechercha, on le retrouva et on l'imprima en hâte sans le chiffrer. Mais où diable l'insérer ? Grand embarras des éditeurs. La série des comédies remplissait 304 pages ; la série des pièces historiques, 203 pages ; la série des tragédies, 299 pages. La série des pièces historiques était donc la moins volumineuse ; cette raison de symétrie parut décisive, et, sans plus de façon, *Troylus et Cressida* alla grossir, à la suite de *Henry VIII*, la série des pièces historiques. Ainsi complété, l'in-folio présentait dans l'ordre suivant les *comédies, pièces historiques* et *tragédies de M. William Shakespeare publiées*, disait le titre, *conformément aux véritables copies originales* :

Comédies. — *La Tempête* (pages I-19), *Les deux gentilshommes de Vérone* (p. 20-38), *Les joyeuses épouses de Windsor* (p. 39-60), *Mesure pour Mesure* (p. 61-84), *La Comédie des Erreurs* (p. 85-100), *Beaucoup de bruit pour rien* (p. 101-121), *Peines d'amour perdues* (p. 122-144), *Le Songe d'une Nuit d'Été* (p. 145-162), *Le Marchand de Venise* (p. 163-184), *Comme il vous plaira* (p. 185-207), *La sauvage apprivoisée* (p. 208-229), *Tout est bien qui finit bien* (p. 230-254), *Le Soir des Rois* (p. 255-275), *Le Conte d'hiver* (p. 276-303).

Pièces historiques. — *Le Roi Jean* (p. I-22), *Richard II* (p. 23-45), *Première partie de Henry IV* (p. 46-73), *Deuxième partie de Henry IV* (p. 74-102), *Henry V* (p. 69-95), *Première partie de Henry VI* (p. 96-119), *Deuxième partie de Henry VI* (p. 120-146), *Troisième partie de Henry VI* (p. 147-172), *Richard III* (p. 173-204), *Henry VIII* (p. 205-232), *Troylus et Cressida* (non paginé).

Tragédies. — *Coriolan* (p. I-30), *Titus Andronicus* (p. 31-52), *Roméo et Juliette* (p. 53-79), *Timon d'Athènes* (p. 80-98), *Jules César* (p. 109-130), *Macbeth* (p. 131-151), *Hamlet* (p. 152-280), *Le Roi Lear* (p. 283-309), *Othello* (p. 310-339), *Antoine et Cléopâtre* (p. 340-368), *Cymbeline* (p. 369-399).

Ici la légèreté des éditeurs éclate dans les moindres détails. Les erreurs de la pagination trahissent des tâtonnements singuliers. Dans la division des pièces historiques, la pagination atteint régulièrement le chiffre 102, puis rétrograde brusquement au chiffre 69 qu'elle adopte comme nouveau point de départ. Il semble qu'entre *Richard II* et *Henry V*, les éditeurs avaient d'abord inséré une pièce occupant vingt-deux pages (entre la page 45 et la page 69), et qu'ensuite ils se sont ravisés et ont éliminé cette pièce pour la remplacer par les deux parties de *Henry IV*. Dans la division des Tragédies, la pagination offre une subite lacune entre *Timon d'Athènes* et *Jules César* : la page 98 est immédiatement suivie de la page 109. On serait tenté de croire que l'intervalle resté vide était primitivement réservé pour une très-courte pièce, ayant, par exemple, les dimensions d'un petit drame attribué avec grande vraisemblance à Shakespeare, *Une Tragédie dans l'Yorkshire*. Mais une négligence inexplicable a pu seule causer cette folle erreur de la pagination qui suspend *Hamlet* à la page 156, et le transporte, après un bond de cent pages, à la page 257. Le même désordre bizarre se retrouve dans la classification des pièces, entassées au hasard les unes sur les autres. *La Tempête*, une des dernières pièces de Shakespeare, précède les *Deux gentilshommes de Vérone*, une des premières. *Mesure pour Mesure* prend le pas sur *la Comédie des Erreurs*, son aînée de dix ans au moins. *Jules César* est séparé par quatre ouvrages du drame qui le complète, *Antoine et Cléopâtre*. Les pièces, déjà si mal classées, ne sont guère mieux divisées. Les éditeurs, ayant décidé de leur autorité privée que le libre théâtre de Shakespeare serait soumis à la classique division en cinq actes, ne prennent pas la peine d'accomplir régulièrement la réforme jugée par eux nécessaire. En tête d'*Antoine et Cléopâtre*, ils écrivent savamment ACTUS PRIMUS, SCŒNA PRIMA, mais ils omettent d'indiquer dans le reste de la pièce les actes et les scènes. Ils font la même omission dans *Troylus et Cressida*. En revanche dans *Coriolan*, dans *le Songe d'une Nuit d'été*, ils s'abstiennent de marquer les scènes, bien qu'ils signalent les actes.

Feuilletez rapidement cet in-folio de 1623, et vous y découvrirez à chaque page des méprises grossières qui déshonorent le texte et qui attestent, sinon la condamnable insouciance, du moins la complète incapacité des éditeurs. Évidemment Héminge et Condell ne se rendaient pas compte de la grandeur de la tâche entreprise par eux; ils n'avaient nullement conscience de l'immense responsabilité qu'ils assumaient devant l'univers. Ils ne se doutaient point de ce que c'était que cette mission : publier Shakespeare ! Ils prenaient pour une mesquine opération mercantile le plus religieux apostolat. Palper ces manuscrits sacrés, froisser ces cahiers augustes, remuer familièrement et chiffonner sans façon ces feuillets adorables, promener leurs grosses plumes d'oies sur ces pages exquises où palpitait un monde sublime, leur paraissait chose toute simple. Sans scrupule ils mettaient leur rature sur la rêverie d'Hamlet, ils abrégeaient les cris d'Othello, ils estropiaient les vers de Juliette, ils « corrigeaient » les imprécations du Roi Lear! Ils accommodaient ces chefs-d'œuvre à leur goût; ils avaient de la bonne volonté, et ils le prouvaient en arrangeant tout ça pour le mieux. Ces infimes manœuvres, perdus dans les ténèbres de leur néant, maniaient et étiquetaient sans sourciller les splendeurs aveuglantes de ce radieux génie !

Pour Héminge et Condell, Shakespeare n'était pas le maître exceptionnel qui devait régner sur l'avenir; c'était un camarade qu'ils tutoyaient. C'était un bon compagnon, gentil et pas fier, qui s'était souvenu d'eux dans son testament. et, pour preuve, chacun d'eux pouvait exhiber à son doigt la belle bague en or léguée par le défunt. Quoi de plus naturel? Ce cher Will n'avait-il pas été comédien comme eux? Ils se le rappelaient encore figurant le Spectre dans *Hamlet* et le vieil Adam dans *Comme il vous plaira*. Tous trois avaient fait partie de la même bande, s'étaient barbouillés du même fard et avaient usé les mêmes tréteaux. Ils avaient joué ensemble, ils avaient été applaudis ensemble et sifflés ensemble. Ils avaient été exposés aux mêmes bravos et aux mêmes huées. Le dur préjugé public, qui pesait encore sur Héminge et Condell, avait accablé Shakespeare. Ils appartenaient à cette même caste de réprouvés qu'excommuniaient doublement la persécution fanatique du puritanisme et la protection hautaine de l'aristocratie. Tous trois étaient hors la société. L'incommensurable dédain qui bannissait du monde Héminge et Condell, en avait proscrit Shakespeare. Aussi avec quelle timidité, mêlée d'effroi, Héminge et Condell haranguent les deux grands seigneurs auxquels ils vont dédier les œuvres du défunt! En quels termes suppliants ils conjurent M. le comte de Montgomery et M. le comte de Pembroke d'excuser cette outrecuidante dédicace !

Au très-noble et incomparable couple de frères, William, comte de Pembroke, etc., lord chambellan de sa très-excellente Majesté le roi, et Philippe, comte de Montgomery, etc., gentilhomme de la chambre de Sa Majesté, tous deux chevaliers du très-noble ordre de la Jarretière, et nos particulièrement bons seigneurs.

Très-honorables,

En nous étudiant à prouver notre reconnaissance particulière pour les nombreuses faveurs que nous avons reçues de Vos Seigneuries, nous sommes tombés sur cette mauvaise chance de mêler les deux choses les plus diverses qui puissent être, — la témérité et la crainte, — la témérité dans l'entreprise, et la crainte de ne pas réussir. Car, quand nous examinons les hautes fonctions occupées par Vos Honneurs, *nous ne pouvons pas ne pas reconnaître que leur dignité est trop grande pour qu'ils condescendent à la lecture de ces bagatelles*, et, en disant que ce sont des *bagatelles*, nous nous sommes privés de l'excuse de notre dédicace. Mais, puisque Vos Honneurs ont daigné jusqu'ici considérer ces bagatelles comme quelque chose, et ont poursuivi et ces bagatelles et leur auteur vivant de tant de faveur, puisqu'elles lui survivent et qu'il n'a pas eu la chance, commune à tant d'autres, d'être l'éditeur de ses propres écrits, vous userez envers elles de la même indulgence que vous avez montrée pour leur père. C'est une grande différence pour un ouvrage de choisir ses patrons ou de les trouver; cet ouvrage-ci a fait l'un et l'autre. Car Vos Seigneuries en ont si fort goûté les diverses pièces, quand elles ont été jouées, qu'avant sa publication même ce volume demandait à vous appartenir. Nous n'avons fait que les colliger, et nous avons rendu au mort le service de procurer des tuteurs à ses orphelins, — sans aucune ambition de profit personnel ni de gloire, — uniquement dans l'intention de maintenir vivante la mémoire de notre digne ami et camarade, de notre Shakespeare, en offrant humblement ses pièces à votre très-noble patronage. Aussi, comme nous avons justement observé que personne n'approche de Vos Seigneuries sans une sorte de religieuse adresse, nous nous sommes attachés hautement, nous, les donateurs, à rendre le don digne de Vos Seigneuries par sa perfection même. Mais là aussi nous devons vous supplier, Milords, de considérer nos capacités. Nous ne pouvons pas faire ce qui est au-dessus de nos propres forces. Des mains rustiques offrent du lait, de la crème, des fruits, ce qu'elles ont; et nous avons ouï dire que bien des nations, qui n'avaient ni myrrhe ni encens, ont obtenu leur requête avec un gâteau de levain. Il n'y avait aucun tort de leur part à s'approcher de leurs dieux par les seuls moyens qui leur fussent permis ; et les choses les plus chétives acquièrent du prix quand elles sont dédiées à des temples. A ce titre donc nous consacrons très-humblement à Vos Honneurs ces restes de votre serviteur Shakespeare. Que les jouissances qu'ils recèlent soient pour toujours attribuées à Vos Seigneuries, la gloire à l'auteur, et les fautes à nous, si quelques fautes ont pu être commises par deux êtres aussi désireux de prouver leur gratitude envers vivants et mort que le sont les obligés de Vos Seigneuries,

John Héminge,
Henry Condell.

C'est avec cette platitude inouïe que les éditeurs de

l'in-folio de 1623 présentent le grand homme à ces deux
gentilshommes. Leurs seigneuries seront vraiment bien
généreuses si elles consentent à agréer ces *bagatelles*
qui s'appellent *Hamlet*, *Othello*, *le Roi Lear*, *Macbeth*. O
myopie de la bassesse humaine! Certes Héminge et Condell eussent été bien stupéfaits si quelqu'un leur avait dit
alors qu'un jour deux chevaliers de la Jarretière devraient
à l'histrion Shakespeare cet insigne honneur de préoccuper
l'histoire. Le fait est pourtant vrai. Héminge et Condell re-
cherchaient les titres qui pouvaient rendre Shakespeare agréable aux comtes de Montgomery et de Pembroke. Aujour-
d'hui nous nous demandons par quels titres les comtes de
Pembroke et de Montgomery ont mérité que Shakespeare
leur fût dédié. — Toute une école de critiques a échafaudé
des travaux considérables pour établir que l'un des deux
seigneurs à qui s'adresse cette dédicace, William Herbert,
comte de Pembroke, gouverneur de Portsmouth, en 1607,
lord chambellan du roi Jacques Ier, devait être le mystérieux M. W. H., qui inspira les sonnets de Shakespeare.
Mais ce savant échafaudage d'hypothèses s'écroule devant
ce simple fait que William Herbert, né en 1580, n'avait pas
l'âge requis pour être le héros très-viril de ces poëmes, la
plupart composés avant 1598. D'ailleurs l'histoire n'a pu
découvrir jusqu'ici aucun document attestant une intime
liaison, ou même des rapports directs, entre Shakespeare
et lord Pembroke. Comment s'est manifestée cette excessive bienveillance dont, à en croire Héminge et Condell, William Herbert « poursuivait » l'auteur d'*Hamlet?* On l'ignore
absolument. Quant à l'enthousiasme du comte de Montgomery pour notre poëte, il devait être assez tiède, s'il faut
s'en rapporter à une mention passablement dédaigneuse
que ce seigneur a faite de Shakespeare, sur la marge d'un
livre publié en 1642, *la Vie de Thomas Morus*, par Roper,
— livre qui a fait partie de la bibliothèque d'Horace Wal-

pole. Voici, d'après cette note, comment le comte classait les principaux écrivains de son temps : « Maître Chapman » au style achevé et élevé; maître Jonson et ses œuvres » châtiées et ingénieuses; M. Beaumont, M. Fletcher (frère » de Nathaniel Fletcher, le cavalier servant de mistress » White, fils de l'évêque de Londres Fletcher, ce grand par- » tisan du tabac, qui épousa milady Baker), *M. Shakespeare,* » M. Deckar, M. Heywood, etc. » Si l'on se rappelle que cette note est postérieure à la dédicace de l'in-folio de 1623, on ne peut s'empêcher de trouver que M. de Montgomery n'appréciait guère l'œuvre qui lui avait été spécialement présentée, et était par conséquent bien indigne d'une si glorieuse distinction. La vérité est qu'Héminge et Condell, chefs de la troupe du roi, avaient des raisons personnelles de flatter deux seigneurs fort puissants en cour, dont l'un, comme lord chambellan, était l'omnipotent surintendant des théâtres. Les hautes fonctions exercées par ces gentilshommes expliquent, si elles ne justifient pas, l'écœurante adulation des comédiens.

Mais les éditeurs de l'in-folio de 1623 n'étaient pas au bout de leur tâche. Le plus important était à faire. Il ne suffisait pas d'avoir mis ce Shakespeare aux pieds de deux influents patrons; il restait à l'offrir au public. L'édition in-folio se tirait à environ deux cent cinquante exemplaires qui devaient se vendre chacun une guinée. Une guinée! plus de vint-cinq francs de notre monnaie! c'était un gros denier pour cette époque [1]. Mais les frais de gravure, d'impression et de papier avaient été considérables, et il était urgent de rentrer dans ces frais. Un insuccès eût été un désastre. Or, pour que l'opération fût fructueuse, pour que « l'article » s'écoulât, il fallait bien se garder de le dé-

---

[1] Un de ces mêmes exemplaires a été acquis, en août 1864, à une vente aux enchères pour la somme de 17,802 fr. 50 c.

précier. Il fallait au contraire écarter toute fausse modestie pour stimuler l'acheteur. De là ce brusque changement de ton qui distingue l'*Adresse à la grande variété des lecteurs* de la Dédicace au *très-noble et incomparable couple de frères*. Présentées à deux pairs d'Angleterre, les pièces de Shakespeare étaient des « bagatelles » pour lesquelles on demandait grâce ; mais offertes à la plèbe des acheteurs, elles devenaient subitement des œuvres inattaquables, ayant gagné leur cause « par arrêt de la cour, » et l'on ne dissimulait pas au lecteur qui ne les comprendrait pas qu'il ferait concevoir des inquiétudes sur son état mental. Du reste, peu importait aux éditeurs que le livre fût censuré, pourvu qu'il se vendît. Héminge et Condell avouaient sans vergogne qu'ils s'adressaient aux bourses plutôt qu'aux intelligences, et ils se gardaient bien de contester le droit de critique, pourvu qu'il eût été acheté en bonne monnaie légale à la porte de leur échoppe. — Voici, traduite dans notre langue pour la première fois, cette curieuse adresse qui, dans l'in-folio, suit immédiatement la dédicace aux comtes de Montgomery et de Pembroke :

ADRESSE A LA GRANDE VARIÉTÉ DES LECTEURS.

Vous tous, lecteurs, depuis le plus capable jusqu'à celui qui ne sait qu'épeler, vous faites nombre ici. Nous aimons mieux toutefois la qualité que la quantité. Spécialement par cette raison que le sort de tous les livres dépend de la capacité — non pas de vos têtes seulement, mais de vos bourses. Enfin, l'œuvre est maintenant publique, et vous allez revendiquer le traditionnel privilége de lire et de censurer. Faites, mais achetez d'abord. C'est la meilleure recommandation pour un livre, à ce que dit l'éditeur. Si bizarres que soient vos cervelles et vos sagesses, usez de votre licence, et ne vous gênez pas. Jugez pour vos six pence, pour votre shilling, pour vos cinq shillings d'un coup ou pour plus encore ; pourvu que vous vous éleviez jusqu'à la juste valeur, vous êtes les bienvenus. Mais quoi que vous fassiez, achetez. La critique ne suffit pas à faire aller le commerce ou marcher les ressorts. Fussiez-vous un magistrat de l'esprit, siégeant sur la scène à Blackfriars ou au Cockpit pour juger les pièces journellement représentées, sachez que ces pièces-ci ont déjà subi leur procès, qu'elles ont gagné dans tous les appels, et qu'elles paraissent aujourd'hui acquittées par arrêt de la cour et non en vertu de lettres de recommandation vénales.

Il eût été, nous en convenons, fort à désirer que l'auteur lui-même eût vécu pour éditer et surveiller ses propres écrits. Mais, puisqu'il en a été ordonné autrement, et que la mort lui a retiré ce droit, nous vous prions de ne pas être trop sévères pour ses amis qui ont entrepris la tâche laborieuse et pénible de les colliger et de les publier, — de les publier, alors que déjà vous étiez abusés par diverses copies volées ou subreptices, mutilées et défigurées par les fraudes et les larcins des imposteurs injurieux qui les ont mises au jour. Ces mêmes ouvrages sont maintenant offerts à votre examen, assainis et parfaits dans tous leurs membres; ils vous sont présentés, ainsi que tous les autres, dans l'intégrité absolue où l'auteur les a conçus. Celui-ci, étant un heureux imitateur de la nature, en était aussi un fort gracieux interprète. Son esprit et sa main allaient de pair; et ce qu'il pensait, il l'exprimait avec une aisance telle que c'est à peine si nous avons reçu de lui une rature dans ses papiers. Mais ce n'est pas à nous de le louer, — à nous qui ne faisons que réunir ses œuvres et vous les offrir; c'est à vous, qui le lisez. Et nous espérons, pour vos capacités diverses, que vous trouverez dans cet auteur de quoi vous attirer et vous retenir : car son esprit ne peut pas plus être dissimulé que perdu. Lisez-le donc, et encore, et encore. Et si alors vous ne l'aimez pas, c'est qu'assurément vous courez le risque manifeste de ne pas le comprendre. Et alors nous vous renvoyons à d'autres de ses amis qui pourront être vos guides, en cas de besoin ; si vous n'avez pas besoin d'eux, c'est que vous pouvez diriger et vous-mêmes et les autres. Et tels sont les lecteurs que nous lui souhaitons.

John Héminge,
Henry Condell.

Je n'insisterai pas sur le ton extrêmement choquant de cette épître où les éditeurs de Shakespeare étalent si complaisamment le cynisme de leur cupidité mercantile. Je me bornerai à relever ici et à discuter certaines affirmations qui importent à l'histoire littéraire. Héminge et Condell insinuent que ce sont les manuscrits mêmes du maître qui ont servi à l'impression de leur édition, — en donnant ce curieux détail que les papiers de Shakespeare, (qui pourtant a retouché presque toutes ses pièces), ne contenaient pas une seule rature ; ils traitent d'escrocs et de filous les libraires qui ont publié, avant eux, les œuvres du poëte, et ils prétendent que toutes les éditions parues avant l'édition in-folio, c'est-à-dire toutes les éditions in-quarto, ont été imprimées « sur diverses copies volées et subreptices, mutilées et défigurées par les fraudes et les larcins des imposteurs injurieux qui les ont mises au jour ; » enfin ils déclarent que l'édition publiée par eux est la seule qui donne les ouvrages de l'auteur « dans l'intégrité absolue où il les a conçus. » Ces allégations sont graves ; voyons si elles sont justifiées.

Je commence par reconnaître qu'effectivement l'in-folio de 1623 nous révèle « dans leur intégrité absolue » quatre pièces, *Henry IV*, *les Joyeuses épouses de Windsor*, la seconde et la troisième partie de *Henry VI*, dont les in-quartos de 1600, de 1602 et de 1619 ne publiaient que les esquisses.

Je conviens également que l'in-folio de 1623 nous offre un *Richard III* plus complet que l'in-quarto de 1597, un *Othello* plus complet que l'in-quarto de 1622. Mais déjà, pour *Othello*, je suis obligé de faire des réserves ; je m'aperçois que, si le texte de 1623 est plus complet, il est beaucoup moins correct que le texte de 1622. En maints endroits, celui-ci rend à la pensée originale la justesse et la précision que lui retire celui-là. La version de 1623 contient, dans les plus importants passages, des altérations grossières que rectifie la version antérieure. Ainsi l'in-folio transforme en *un coche* d'acier cette *couche d'acier* de la guerre qui est le lit de plumes d'Othello. Ainsi, à la fin de ce récit fameux où Othello explique au sénat comment il s'est fait aimer de Desdémone, l'in-folio, imprimant *kisses* au lieu de *sighs*, substitue un monde de *baisers* au monde de *soupirs* que la Vénitienne accorde au More pour récompense. Voyez-vous d'ici la chaste patricienne qui, à première vue, se jette au cou de cet étranger et le dévore de caresses? Fort heureusement nous avons la version *frauduleuse* de 1622 qui rétablit le texte véritable et rend à l'héroïne toute la modestie de sa virginale figure.

Continuons notre revue.

L'in-folio réimprime *Peines d'amour perdues* d'après l'in-quarto de 1598 en se bornant à y marquer la division en cinq actes.

Il réédite *le Songe d'une nuit d'été* selon l'in-quarto de Fisher (1600), et si aveuglément qu'il en reproduit même les fautes typographiques.

Du *Marchand de Venise*, il existait deux éditions anciennes, publiées la même année, en 1600, l'une, par le libraire Heyes, l'autre par le libraire Roberts. Que fait l'in-folio? Entre les deux éditions, il choisit la moins bonne, et la copie servilement.

La première partie de *Henry IV* avait été réimprimée fréquemment depuis 1598. Entre ces réimpressions successives, l'in-folio n'a que l'embarras du choix; il opte pour celle de 1613, la plus récente, par conséquent la plus fautive, et la calque.

Richard II est plus maltraité encore. L'in-folio choisit, parmi les nombreuses éditions de ce drame, la moins correcte, celle qu'avait publiée en 1615 le libraire Mathew Law, mais, hélas! il ne sait pas même copier cette mauvaise édition, il l'empire en la tronquant dans huit endroits différents.

Il mutile *Beaucoup de bruit pour rien* autant que *Richard II*, en écourtant le texte de l'in-quarto de 1600. Égaré par cet in-quarto, il le suit même dans ses bévues ; c'est ainsi qu'il appelle indifféremment don *Peter* et don *Pedro* le prince d'Aragon, et qu'au beau milieu de la comédie, il substitue aux noms de deux personnages fictifs, *Dogberry* et *Verges*, les noms des comédiens *Kempe* et *Cowley*, chargés de remplir ces deux rôles.

Pour *Roméo et Juliette*, l'in-folio emploie-t-il le manuscrit de Shakespeare ? Nullement. Il reproduit mot à mot l'édition de 1609 qui elle-même calque l'édition de 1599. Et si scrupuleuse est cette copie qu'elle répète jusqu'aux absurdités du modèle. Ainsi, dans la plus illustre scène du drame, la scène du balcon, au moment le plus pathétique, l'in-folio estropie ainsi la déclaration de Juliette à Roméo :

« Ton nom seul est mon ennemi ; tu es toi-même et non un Montague. Qu'est-ce qu'un Montague ? Ce n'est ni une main, ni un pied, ni un bras, ni un visage. *Oh ! sois quelque autre nom appartenant à un homme ! Quoi ! ce que nous appelons une rose en un nom*, sous un autre nom aurait un parfum aussi doux. »

Et il faut avoir recours à l'in-quarto « frauduleux » de 1597 pour recouvrer dans sa pureté première cette poésie exquise :

« Ton nom seul est mon ennemi ; tu es toi-même et non un Montague. Qu'est-ce qu'un Montague ? Ce n'est ni une main, ni un pied, ni un bras, ni un visage, *ni rien qui fasse partie d'un homme. Oh ! sois quelque autre nom ! Qu'y a-t-il dans un nom ? Ce que nous appelons une rose*, sous un autre nom aurait un parfum aussi doux. »

Pour *le Roi Lear* et pour *Hamlet*, le cas est différent. L'in-folio imprime en effet son texte sur deux manuscrits, qui lui sont spéciaux ; mais ces deux manuscrits écourtés pour les prétendues convenances de la représentation ne nous donnent qu'imparfaitement la conception originale du poëte. De là cette particularité que l'in-folio est ici à la fois plus complet et moins complet que les in-quartos. Il contient maints passages qui font défaut aux in-quartos; et il lui manque maints passages que les in-quartos renferment. La pensée entière du maître ne peut donc être obtenue qu'à la condition de fondre les deux textes en un seul et de combler à l'aide de l'un les lacunes de l'autre.

C'est grâce à l'édition *subreptice* publiée en 1608 par Nathaniel Butter que nous avons pu retrouver cent quatre-vingt-six vers ou lignes raturés par l'in-folio dans *le Roi Lear*. C'est grâce à la même édition que nous avons recouvré toute la scène XIX du drame, cette pittoresque scène du camp français près de Douvres où un gentilhomme dépeint en termes si touchants la filiale douleur de Cordélia.—C'est encore une édition *frauduleuse*, l'édition publiée en 1604 par N. L., qui nous restitue les cent vingt-six vers éliminés d'*Hamlet* par l'in-folio de 1623 et qui nous rend un monologue capital que Schlegel considère comme la *clef* de la pièce,—cet indispensable monologue dans lequel le prince de Danemark, voyant défiler l'armée norvégienne, stimule si éloquemment sa fatale inactivité : « Que suis-je donc
» moi, qui ai l'assassinat d'un père, le déshonneur d'une
» mère, pour exciter ma raison et mon sang, et qui laisse
» tout dormir, tandis qu'à ma honte je vois vingt mille
» hommes marcher à une mort imminente et, pour une
» fantaisie, pour une gloriole, aller au sépulcre comme
» au lit ! »

Je pourrais prolonger ce rapprochement entre les éditions publiées du vivant de Shakespeare et l'édition posthume. Mais ce rapide examen suffit pour réduire à leur juste valeur les affirmations d'Héminge et de Condell. Les deux comédiens affirment que toutes les œuvres du poëte, imprimées par eux sur les manuscrits originaux, sont publiées dans leur intégrité absolue; et nous les surprenons copiant sournoisement sept pièces au moins dans les éditions antérieures. Ils dénoncent les in-quartos comme des contrefaçons frauduleuses, et ils contrefont ces contrefaçons. Ils crient sus aux voleurs, et eux-mêmes ils les volent! Ils pillent ces pillards! Ils dénoncent le sacrilége, et ils font pis. Ils accusent les précédents éditeurs d'avoir défiguré les pièces du maître, et eux-mêmes ils dégradent *Hamlet*, ils mutilent *le Roi Lear!* Eux, les exécuteurs testamentaires de ce génie, ils châtient les chefs-d'œuvre de Shakespeare sur sa tombe à peine fermée!

Mais au moins, si Héminge et Condell se permettent de lacérer ainsi les pièces de Shakespeare, les publient-ils toutes? Ont-ils livré à l'impression tout ce qu'il a écrit? Tous les manuscrits que le défunt a laissés ont-ils été scrupuleusement remis à Blount et à Jaggard? Nous avons vu que les éditeurs ont failli omettre *Troylus et Cressida*. N'auraient-ils pas par mégarde laissé au fond d'un tiroir quelque *Macbeth* inconnu, quelque *Cymbeline* inédit? Sur ce point, je ne suis nullement rassuré par ce titre équivoque et vague de l'in-folio de 1623 : *Comédies, pièces historiques et tragédies de M. William Shakespeare, publiées conformément aux vraies copies originales.* Voilà, en vérité, trente-cinq « comédies, pièces historiques et tragédies. » Mais sont-ce bien là toutes les comédies, toutes les pièces historiques, toutes les tragédies?

Et d'abord une réflexion m'inquiète. Les savantes recherches de M. Charles Knight, confirmées par les investigations de la critique allemande, ont établi qu'il fallait fixer non pas à 1589, comme l'ont fait Malone et Chalmers, ni à 1592, comme l'a fait M. Drake, mais bien à 1584 ou 1585 l'époque à laquelle Shakespeare commença à travailler pour le théâtre. J'ai démontré au premier volume de cette traduction que l'esquisse d'*Hamlet* est antérieure à

1587. Un document authentique prouve que dès 1589 Shakespeare était au nombre des actionnaires importants de la Compagnie du lord chambellan. De 1585, date probable de la première composition dramatique de Shakespeare, à 1615, date présumée de son dernier ouvrage, il y a trente ans, trente ans employés à un labeur sans relâche par le glorieux novateur. Et pour ces trente années de travail incessant l'in-folio ne nous donne que trente-cinq pièces, — soit un peu plus d'une pièce par an.

Or, rappelons-nous que dès 1592 l'activité du jeune écrivain, et comme auteur et comme réviseur d'ouvrages dramatiques, était telle qu'elle provoquait les fureurs de Greene qui le dénonçait comme « un corbeau paré des plumes d'autrui, » comme un arrogant parvenu aspirant à la dictature du théâtre et prétendant être le seul « ébranlescène » de toute l'Angleterre. A cette période si féconde de lutte littéraire qui précéda l'attaque publique de Greene, la critique ne peut imputer que quatre ou cinq des ouvrages authentiques publiés par l'in-folio. Quatre ou cinq ouvrages joués en sept années suffisent-ils pour expliquer cette véhémente accusation d'accaparement que Greene lance contre son rival? — D'autre part, le révérend John Ward, vicaire de Stratford-sur-Avon, affirme, vous vous en souvenez, que, retiré à Stratford dans les dernières années de sa vie, le poëte livrait régulièrement au théâtre deux pièces par an. Or, la retraite de Shakespeare à Stratford date, selon la conjecture la plus probable, de l'année 1604. La période de *onze* années, comprise entre 1604 et 1615, devrait nous fournir *vingt-deux* ouvrages, d'après l'information donnée par le vicaire, et à cette période la critique, après avoir fait la part des vingt années précédentes, ne peut attribuer que *onze* au plus des ouvrages authentiques insérés dans l'infolio. Que sont devenus les *onze* autres ouvrages que le vicaire John Ward nous autorise à réclamer? Que sont devenues également les productions par lesquelles se manifestait la fécondité du jeune William, à la grande indignation de Greene et de sa clique?

Pour justifier l'in-folio de 1623, la critique serait tentée d'abord de croire à une erreur de John Ward ou à une exagéraration de Robert Greene; mais rassemblons nos souvenirs : songeons avec quelle déplorable facilité pouvaient disparaître les ouvrages dramatiques dont les théâtres acquéreurs empêchaient l'impression, par crainte de la concurrence; rappelons-nous que, des deux cent soixante-six pièces jouées de 1591 à 1601 par la seule troupe du lord amiral, — troupe rivale de la troupe du lord chambellan, — quinze ou seize au plus ont pu parvenir jusqu'à nous; rappelons-nous que nous connaissons à peine sept ou huit des deux cent vingt ouvrages composés par John Heywood, le plus fécond des contemporains de Shakespeare, et nous ne pourrons nous empêcher de soupçonner d'irréparables lacunes dans l'in-folio de 1623.

Ce qui est tout au moins certain, c'est qu'une pièce de Shakespeare, expressément nommée par son admirateur Francis Meres en 1598, *Love's Labours Won*, Peines d'amour gagnées, pièce qui devait sans doute être la contre-partie de *Peines d'amour perdues*, n'a jamais été retrouvée. D'ingénieux commentateurs, pour expliquer cette disparition, se sont attachés à prouver que ce titre, *Peines d'amour gagnées*, désignait originairement la comédie définitivement nommée dans l'in-folio *Tout est bien qui finit bien*. Par contre, d'autres commentateurs non moins ingénieux ont soutenu que ce même titre était primitivement attaché au chef-d'œuvre que nous admirons aujourd'hui sous ce nom illustre : *la Tempête*. Mais ce sont là de pures conjectures, et il n'est malheureusement que trop possible qu'un ouvrage du maître ait été perdu.

Assurément la génération qui suivit immédiatement celle

à laquelle appartenait Shakespeare, n'avait pas une foi aveugle dans l'infaillibilité, aujourd'hui si consacrée, de l'in-folio de 1623. Il est bien vrai qu'en 1632 cet in-folio a été réimprimé à peu près exactement par l'imprimeur Thomas Cotes, pour le compte de cinq libraires de Londres. Mais deux ans plus tard, en 1634, nous voyons le même Thomas Cotes, imprimer pour le libraire John Waterson un ouvrage complétement inédit, *The Two Noble Kinsmen*, *les Deux nobles parents*, en tête duquel le nom de Shakespeare resplendit associé au nom de Fletcher, — ouvrage inégal, mais souvent admirable, où l'on reconnaît le coup de plume souverain du maître.

Vingt-huit ans plus tard, en 1662, le libraire Kirksman publie une autre pièce entièrement inédite, *la Naissance de Merlin*, sur le titre de laquelle le nom de Shakespeare est accouplé à celui de Samuel Rowley. Rowley était en effet un des plus célèbres contemporains de Shakespeare. C'était un poëte d'un certain mérite, attaché à la troupe du prince de Galles, et auteur estimé d'une comédie reprise de nos jours avec succès au théâtre de Covent-Garden, — *la Nouvelle merveille, ou une Femme jamais vexée*. Il était le collaborateur assidu de Middleton, de Heywood et de Webster. A-t-il été réellement assisté par Shakespeare dans la composition de *la Naissance de Merlin?* C'est ce qu'un examen minutieux pourrait seul élucider. La pièce, publiée en 1662, n'a jamais été réimprimée depuis, et les deux exemplaires du British Museum sont les seuls, je crois, qui aient survécu. Tieck, pour en faire la traduction qui parut en 1829 dans son *Shakspeares Vorschule*, dut recourir à une copie manuscrite qui lui avait été envoyée de Londres tout exprès. Le savant traducteur allemand conjecture que l'ouvrage fut écrit vers 1643 par les deux auteurs associés, et y reconnaît sans hésiter la main de notre poëte, notamment dans le troisième et dans le quatrième acte dont la supériorité lui paraît éclatante. Quoi qu'il en soit de cette hypothèse, c'est à coup sûr une composition curieuse que cette pièce où sont entassés tant d'épisodes étranges, — la préservation de l'armée bretonne par un miracle de Saint-Anselme, — l'empoisonnement du roi Aurelius par la reine Artesia, sa femme, — le châtiment d'Artesia enterrée vive par ordre du nouveau roi Uter Pendragon, — la naissance du prophète Merlin qui renie le diable son père et finit par l'emprisonner dans un roc. Ce drame fantastique, plein de visions et d'évocations, d'enchantements et de sortiléges, est tiré de la chronique de Geoffroy de Monmouth qui jusqu'au dix-septième siècle a eu l'autorité même de l'histoire et qui, on s'en souvient, a fourni à Shakespeare le cadre de deux chefs-d'œuvre, *le Roi Lear* et *Cymbeline*.

La publication des *Deux nobles parents*, en 1634, de *la Naissance de Merlin*, en 1662, — publication qui révèle au monde deux pièces inédites attribuées partiellement à Shakespeare, — a déjà ébranlé puissamment l'autorité de l'in-folio de 1623. Mais ce n'est pas encore le coup suprême. En 1664, après la chute de ce sombre régime puritain qui avait proscrit Shakespeare et fait fermer son théâtre, un libraire de Londres, Philipp Chetwinde, croit le moment venu de réimprimer les œuvres complètes du maître. Va-t-il faire ce qu'ont fait Smethwick et Aspley en 1632, — reproduire purement et simplement l'in-folio de 1623? Nullement. Convaincu que Condell et Héminge n'ont accompli qu'imparfaitement leur tâche, partant de ce principe que les trente-cinq pièces publiés en 1623 ne représentent pas intégralement le labeur trentenaire d'un si fécond génie, Chetwinde entreprend une minutieuse enquête; il se met à la recherche des œuvres qui ont pu être omises par inadvertance ou de parti pris; il interroge les vieux familiers de la scène anglaise, il consulte les archives des théâtres, il compulse les registres du *Stationers' hall*, il fouille les bibliothèques et parvient ainsi à retrouver sept pièces, non comprises dans l'infolio de 1623, qui ont été publiées du vivant de Shakespeare, soit avec son nom, soit avec ses initiales.

Parmi ces sept ouvrages, tous édités primitivement en format in-quarto, trois ont paru avec les initiales *W. S.*

Le premier ouvrage est un drame pseudo-historique, enregistré au *Stationers' hall* le 20 juillet 1594, et publié à Londres en 1595 par le libraire Thomas Creede, sous ce titre : *La lamentable tragédie de Locrine, le fils aîné du roi Brutus, racontant les guerres des Bretons et des Huns, avec leur déconfiture ; la victoire des Bretons avec leurs aventures, et la mort d'Albanact. — Non moins agréable que profitable. — Nouvellement éditée, révisée et corrigée par W. S.* — On le voit, cet *agréable* drame qui, s'il faut en croire son titre, aurait été retouché par W. S., est extrait, comme *la Naissance de Merlin*, de l'histoire légendaire de la Grande-Bretagne. *La Naissance de Merlin* exposait la guerre des Bretons contre les Saxons ; *Locrine* nous représente la lutte des Bretons contre les Huns. Locrine, petit-fils d'Hector, est le second roi de cette dynastie fabuleuse à laquelle appartiendront Lear, Cymbéline et Aurelius, oncle d'Arthur. Les malheurs de Locrine sont causés, comme ceux d'Aurelius, par une alliance avec les ennemis de la Bretagne : Locrine périt pour avoir aimé et épousé Estrildis, la fille d'un roi germain, comme Aurelius succombe pour avoir aimé et épousé Artesia, fille d'un général saxon. Sous la variante des événements transparaît la même préoccupation patriotique.

Le second ouvrage est une comédie de mœurs, enregistrée au *Stationers' hall* en 1607 et publiée à Londres la même année par G. Eld ; il a pour titre : *La Puritaine ou la veuve de Watling Street. — Jouée par les enfants de Saint-Paul. Écrite par W. S.* — Cette comédie nous transporte bien loin de la légendaire Albion que nous apercevions tout à l'heure, et nous ramène en riant à la très-réelle Angleterre du temps d'Élisabeth. C'est l'histoire, fort plaisamment développée, d'une veuve puritaine qui, après s'être lamentée bruyamment sur la tombe de son feu mari, un brave bourgeois de la Cité, après avoir fait vœu de rester à jamais fidèle à sa mémoire, se laisse consoler par un chevalier d'industrie qu'elle épouserait follement, si elle n'était fort à propos désabusée au moment de prononcer le *oui* fatal.

Le troisième ouvrage (*La vraie chronique historique de la vie entière et de la mort de Thomas lord Cromwell, telle qu'elle a été jouée publiquement diverses fois. Écrite par W. S. Londres. Imprimée pour William Jones. 1602.*) est la biographie dialoguée de ce personnage historique qui apparaît épisodiquement dans *Henry VIII*, pour annoncer à Wolsey disgracié l'avènement de Cranmer et le mariage du roi avec Anne de Boleyn. Satellite de Wolsey, Thomas Cromwell est destiné au même éclat et à la même éclipse. Sorti du peuple, et devenu ministre tout puissant, comme le cardinal, il ne lui survit que pour tomber, comme lui, du sommet où un caprice souverain l'a porté, d'où un caprice souverain le précipite. Dans le drame signé W. S., nous le voyons parcourir d'un bout à l'autre cette tragique carrière qui commence à l'échoppe du forgeron de Putney et finit sous la hache du bourreau.

Les quatre autres pièces remises en lumière par l'infolio de 1664 et publiées originairement sous le nom du maître, sont :

1° *La Première partie de la vie de sir John Oldcastle, le bon lord Cobham, telle qu'elle a été jouée par les serviteurs du très-honorable comte de Nottingham, lord grand-amiral d'Angleterre. — Écrite par William Shakespeare. A Londres. Imprimée pour T. P. 1600.*— C'est le récit tragi-comique des persécutions qu'eut à subir ce courageux sectateur de Wiclef qui, martyr de sa foi, fut brulé, en 1419, sur la place publique de Smithfield.

2° *Le Prodigue de Londres. Tel qu'il a été joué par les serviteurs de Sa Majesté le roi. — Par William Shakespeare. A Londres. Imprimé par T. C., pour Nathaniel Butter.* 1605. — C'est l'exposition purement comique des aventures d'un jeune débauché, maître Flowerdale, qui arrive à la vertu par le chemin détourné du vice, commet toutes les vilenies, triche, vole, blasphème, pille, insulte son oncle, fête la mort supposée de son père, épouse par une supercherie une fille charmante qu'il chasse en emportant sa dot, est accusé de l'avoir tuée, et finirait par être pendu haut et court si sa femme elle-même, qui l'a constamment suivi sous un déguisement, ne se faisait reconnaître pour le justifier et le convertir.

3° *Une Tragédie dans l'Yorkshire. Moins neuve que lamentable et réelle. Jouée par les comédiens de Sa Majesté au Globe. Imprimée par R. B. pour Thomas Pavier.* — Très-sombre et très-dramatique histoire d'un gentilhomme qui, égaré par la passion du jeu, fait le malheur des siens et son propre malheur, se ruine, ruine sa famille, et assassine ses enfants pour les soustraire à la misère à laquelle il les a réduits.

4° *La pièce, récente et fort admirée, intitulée Périclès, prince de Tyr. Avec la vraie relation de toute l'histoire dudit prince. Comme elle a été jouée par les serviteurs de Sa Majesté au Globe. Par William Shakespeare. Imprimée à Londres, par Henry Gosson.* 1609.— C'est la mise en scène d'une vieille légende latine du xi° siècle. Le héros, prince fabuleux de Tyr, traverse les plus romanesques péripéties, encourt la colère de son suzerain le roi Antiochus, dont il a deviné les incestueuses amours, est obligé de fuir, naufrage, conquiert dans une joute chevaleresque la main de la princesse Thaïsa, tente de la ramener chez lui, est séparé d'elle par un nouveau naufrage au milieu duquel elle accouche d'une jolie petite fille qu'on nomme Marina, et, après maintes tribulations nouvelles, se retrouve dans ses États étonnés, heureux époux, heureux père, heureux prince.

Telles sont les sept pièces remises au jour en 1664, par le libraire Chetwinde : deux comédies, une tragi-comédie, deux drames légendaires, deux drames historiques. Qu'importe à Chetwinde que ces pièces aient été omises par l'in-folio de 1623 ! Voici, sur la première page des exemplaires originaux, le nom du maître ou du moins ses initiales. Cela suffit au nouvel éditeur, et il insère bravement les sept ressuscitées à côté d'*Hamlet* et de *la Tempête*. Cette innovation hardie ne soulève aucune réclamation. Loin de là, elle va être acceptée, consacrée par l'acquiescement universel pendant près d'un siècle, et jusqu'en 1735, il ne paraîtra pas une seule édition des œuvres complètes de Shakespeare qui ne contienne les sept ouvrages ainsi réimprimés par l'in-folio de 1664.

La Restauration, en veine de résurrection, ne s'arrête pas encore. Tandis que *Périclès, une Tragédie dans l'Yorkshire, le Prodigue de Londres, Sir John Oldcastle, Lord Cromwell, la Puritaine, Locrine* sont présentés au public comme les productions les plus légitimes du maître, trois ouvrages restés jusqu'ici anonymes prennent place dans la bibliothèque du roi Charles II reliés en un volume unique qui porte au dos ces majuscules éclatantes : SHAKESPEARE. Ces trois ouvrages, ainsi imputés au grand poëte par le bibliothécaire royal, sont trois comédies représentées sous les règnes d'Élisabeth et de Jacques Ier.

1° Le *Joyeux diable d'Edmonton. Comme il a été joué plusieurs fois par les serviteurs de Sa Majesté le Roi au Globe, sur le Bankside,* 1608. — Le *joyeux diable* d'Edmonton n'est autre que le magicien Pierre Fabel qu'on suppose avoir vécu du temps de Henry VI. Ce bon enchanteur a pour élève le jeune Raymond Mounchensey dont il protége les amours contre une coalition de grands parents avares et ganaches ; par une succession de mystifications réjouissantes, il parvient, en dépit de tous les obstacles, à marier son favori à la charmante Millisent, dont celui-ci est passionnément épris.

2° *La Très-plaisante comédie de Mucédorus, le fils du roi de Valence, et d'Amadine, la fille du roi d'Aragon, avec les joyeuses plaisanteries de Mouse. Londres,* 1598.—Le prince Mucédorus, déguisé en berger, s'introduit à la cour d'Aragon et se fait aimer d'Amadine qu'il a délivrée fort à propos des griffes d'un ours mal léché. Chassé de la cour à cause de son outrecuidante passion, le prétendu pâtre enlève sa princesse, l'emmène dans les bois, lui sauve l'honneur en exterminant sur place un sauvage qui tente de la violer, et, après cette prouesse triomphale, n'hésite plus à déclarer qui il est pour demander en mariage la belle qu'il a si bien méritée.

3° *La Plaisante comédie de la belle Emma, la fille du meunier de Manchester, avec les amours de Guillaume le Conquérant. Comme elle a été diverses fois jouée publiquement dans l'honorable cité de Londres par les serviteurs du très-honorable lord Strange,* 1631.— Cette comédie est composée de deux intrigues qui se nouent et se dénouent parallèlement. — Guillaume le Conquérant s'énamoure de Blanche, princesse de Danemark, dont il n'a fait qu'apercevoir le portrait sur l'écu d'un chevalier ; il part incontinent pour la cour d'Elseneur et, reniant brusquement son premier caprice, transfère ses hommages à la jolie Mariana, captive suédoise, dont, un beau soir, la princesse délaissée endosse les habits pour se faire enlever et épouser par le roi. —En même temps la gentille Emma, fille d'un chevalier qui exerce pour la forme l'état de meunier, est courtisée pour le bon motif par trois seigneurs de la suite de Guillaume, Manville, Mountney et Valingford ; hésitant entre les trois prétendants, elle feint d'être devenue sourde et muette, est aussitôt abandonnée par Manville et Mountney, et n'est plus aimée que du fidèle Valingford qu'elle récompense en l'épousant.

Récapitulons. Depuis la publication de l'in-folio de 1623, *douze* pièces, attribuées au maître, soit totalement, soit partiellement, ont été successivement ajoutées au répertoire shakespearien dans le courant du dix-septième siècle. Mais patience ! Les éditeurs du dix-huitième siècle vont continuer la tâche de leurs devanciers et poursuivre les fouilles dans la poussière des bibliothèques. Longtemps tous les efforts sont infructueux. Enfin, en 1760, l'éditeur Capell pousse un cri de victoire. Il a découvert et il remet au grand jour de la publicité une œuvre qui, selon lui, ne peut être attribuée qu'à l'auteur du *Roi Jean* et de *Henry IV*. C'est une pièce historique anonyme, imprimée pour la première fois en 1596 sous cette simple rubrique : *Le règne du roi Édouard III comme il a été joué plusieurs fois dans la cité de Londres*. Cet ouvrage, extrêmement remarquable et tout à fait digne en effet de la jeunesse de Shakespeare, est une sorte d'épopée en deux parties qui nous montre le roi chevalier Édouard, tour à tour galant et héroïque, humilié en amour, irrésistible à la guerre, échouant auprès de la comtesse de Salisbury et triomphant de la France à Poitiers.

En 1770, nouvelle découverte importante. Un libraire de Feversham, qui a écrit une histoire de cette petite ville, Edward Jacobs, réédite une autre composition anonyme qu'il déclare être de Shakespeare : *La lamentable et vraie tragédie de M. Arden de Feversham dans le Kent*, publiée originairement en 1592. Ce drame domestique d'une beauté sinistre a pour sujet un crime affreux trop réellement commis en 1551, — le meurtre d'un gentleman, nommé Arden, qui fut assassiné par Alice sa femme et par l'amant de sa femme, un misérable ouvrier appelé Mosby.

Est-ce là tout? Non ! attendez encore. Le dix-neuvième siècle nous réserve d'autres surprises. En 1831, Tieck, le célèbre critique d'outre-Rhin, appelle l'attention du monde littéraire sur un ouvrage anonyme, imprimé dès 1599, *la Comédie plaisamment conçue de George-à-Greene, le pâtre de Wakefield*, qu'il attribue aux débuts du grand Will. Cette comédie n'est que l'exhibition grossièrement amusante des prouesses d'un paysan, George-à-Greene, qui aida le roi Édouard Ier à réprimer violemment une insurrection des nobles et fut récompensé de ses services en obtenant du roi l'autorisation d'épouser une belle fille que lui refusait obstinément un père avare.

Au moment même où j'écris ces lignes (octobre 1865) les nombreux visiteurs que le chemin de fer transporte chaque jour de Londres à Sydenham peuvent voir exposé dans une vitrine, au palais de Cristal, un petit volume in-quarto auquel est annexée une étiquette portant ces mots : « *Pièce qu'on suppose, d'après de bonnes autorités, avoir été écrite par William Shakespeare en* 1603, *avec notes manuscrites, additions, et corrections de sa propre écriture.* » En tête du petit volume on lit ce qui suit : *Albumazar, Comédie représentée devant Sa Majesté le roi à Cambridge, le 9 mars 1614, par les gentlemen du Collége de la Trinité. Londres. Imprimé par Nicolas Oke pour Walter Burre et en vente à sa boutique au cimetière de Saint-Paul.* Cet *Albumazar*, longtemps attribué à un certain Tomkins, et qu'aujourd'hui on veut imputer à Shakespeare, est une pièce intéressante qui, selon Dryden, a servi de modèle à *l'Alchimiste* de Ben Jonson et qui, après un long oubli, a été reprise avec succès par Garrick au siècle dernier.

C'est ainsi que s'est accru et que s'accroît toujours le *Pseudo-Shakespeare*. A côté des productions illustres publiées par l'in-folio de 1623, se sont étagées peu à peu, grâce à d'infatigables efforts, les compositions apocryphes, douteuses, hybrides, inégales, parfois admirables, souvent défectueuses, que des traditions diverses rattachent au génie souverain qui a transformé l'art du moyen âge. En regard des trente-cinq pièces légitimes du maître se sont entassés, pendant plus de deux siècles, seize ouvrages plus ou moins bâtards qui s'offrent désormais au jugement public pour être légitimés : *Les Deux nobles parents, la Naissance de Merlin, Locrine, la Puritaine, lord Cromwell, Sir John Oldcastle, le Prodigue de Londres, une Tragédie dans l'Yorkshire, Périclès, le Joyeux diable d'Edmonton, Mucédorus, la Belle Emma, Édouard III, Arden de Feversham, George-à-Greene, Albumazar.*

Si ces ouvrages étaient reconnus et adoptés comme les productions authentiques du maître, le théâtre shakespearien, augmenté de plus d'un tiers, devrait comprendre désormais au moins cinquante pièces. Toutes les éditions publiées jusqu'ici devraient être remaniées et complétées par l'addition de ces seize compositions jusqu'ici dédaignées. *Locrine* précéderait *le roi Lear*; *Cymbeline* serait suivi de *la Naissance de Merlin*; *Sir John Oldcastle* serait l'appendice de *Henry IV*, comme *Lord Cromwell* le serait de *Henry VIII*; *le Joyeux Diable d'Edmonton* prendrait place, parmi les féeries, à côté du *Songe d'une Nuit d'été*, comme *Albumazar*, à côté de la *Tempête*; *Édouard III* relierait *le Roi Jean* à *Richard II*; *Mucédorus* et *la Belle Emma* figureraient, comme pièces pastorales, entre *Peines d'amour perdues* et *Comme il vous plaira*; enfin, *Arden de Feversham* et *une Tragédie dans l'Yorkshire* graviteraient, comme drames domestiques, autour d'*Othello*. Cette révolution dans le monde créé par Shakespeare s'accomplira-telle jamais ? Je ne le crois pas. Depuis le jour où les protestations de Pope ont fait proscrire du répertoire shakespearien six des sept pièces remises au jour par l'in-folio de 1664, la critique anglaise n'a cessé de renier et d'excommunier les œuvres non comprises dans l'in-folio sacré de 1623. Un seul drame, *Périclès*, a trouvé grâce devant elle, et a pu, par une contradiction devenue séculaire, être admis parmi les créations légitimes du poëte. La critique allemande, moins exclusive et plus philosophique que la critique anglaise, mieux initiée aux mystères du verbe shakespearien, moins esclave de la lettre et plus fidèle à l'esprit, a généralement reconnu et affirmé l'authenticité des pièces réputées apocryphes au delà de la Manche. Tieck les a presque toutes traduites et insérées dans sa belle édition. Lessing a voulu faire jouer *le Prodigue de Londres* sur la scène germanique. Schlegel rangeait *lord Cromwell*, *Sir John Oldcastle*, *une Tragédie dans l'Yorkshire* parmi « les conceptions les meilleures et les plus mûres » de Shakespeare. L'ingénieux commentateur Ulrici retrouve la grande ironie du maître dans la partie comique de *Locrine*, et demande spirituellement qu'on lui nomme le Shakespeare inconnu qui a écrit *Édouard III*.

Entre la critique d'outre-Manche et la critique d'outre-Rhin, une place est marquée d'avance pour la critique française, si éclairée et si sagace. Sans préjugé et sans passion, à la fois précise comme sa sœur d'Angleterre et élevée comme sa sœur d'Allemagne, la critique française semble désignée par son impartialité même à prononcer en dernier ressort dans ce débat littéraire qui divise aujourd'hui la patrie de Schiller et la patrie de Pope. C'est à elle que j'en appelle ici humblement. Je la convie à évoquer à ses assises ce procès séculaire et à déterminer par son verdict cette grande question de paternité idéale. Entre les seize drames attribués au maître, il en est quatre dont, après mûr examen, j'ai cru reconnaître l'origine shakespearienne. Je présente aujourd'hui ces quatre drames à la haute critique de France, et je la conjure solennellement de rendre leurs titres de noblesse à ces enfants perdus du génie dont j'ose me faire devant elle l'interprète et l'avocat : *Une Tragédie dans l'Yorkshire, les Deux nobles Parents, Édouard III, Arden de Feversham.*

I

Titus Andronicus a été longtemps considéré comme apocryphe. Pope, dans sa préface, conteste vivement l'authenticité de cette pièce qu'il attribue à quelque dramaturge inconnu. Théobald pense comme Pope, tout en admettant qu'elle a été çà et là retouchée par Shakespeare. Johnson ne veut même pas reconnaître ces retouches; « la barbarie de ces spectacles » le révolte, et ce n'est que par *une imposture* que, selon lui, l'auteur d'*Hamlet* a pu être accusé de les avoir conçus. Farmer approuve Johnson et suppose que *Titus Andronicus* est d'un certain Kid. Upton déclare qu'il faut purement et simplement expulser cet intrus du théâtre de Shakespeare. Steevens, plus indulgent, consent à l'admettre, mais à condition que *Titus Andronicus* soit, parmi les drames de Shakespeare, « comme Thersite au milieu des héros, introduit seulement pour être bafoué. » Enhardi par la plaisanterie de Steevens, Malone n'hésite pas à décerner le bonnet d'âne à un de ses confrères, l'éditeur Capell, qui s'est permis d'admirer certaines scènes de *Titus Andronicus*; il maintient, avec l'approbation de M. Mason et de Tyrwhitt, que *Titus* ne peut pas être de Shakespeare;

il rappelle, à l'appui de son assertion, la haute antiquité de cet ouvrage qui a été enregistré, puis publié sans nom d'auteur et joué par des théâtres rivaux de celui de Shakespeare : « l'allure emphatique du vers, l'ensemble de la composition, son analogie avec les drames primitifs de la scène britannique, la différence de style, tout prouve avec une force irrésistible que *Titus* a été par erreur imputé à Shakespeare. » Au commencement de ce siècle, la sentence de Malone est acceptée sans réserve par la critique anglaise. Chalmers adhère à l'arrêt; Hazlitt le consacre de sa glose, ne voulant voir dans *Titus* « qu'une accumulation d'horreurs physiques où la puissance manifestée par le poëte est hors de proportion avec la répulsion provoquée par le sujet. »

Cependant des protestations arrivent d'Allemagne contre ce verdict unanime des commentateurs anglais. Schlegel leur reproche hautement d'avoir une opinion préconçue et de ne pas tenir compte des faits qui militent contre cette opinion. Il leur rappelle que *Titus Andronicus* est nommé, parmi les ouvrages authentiques de Shakespeare, entre *Richard III* et *Roméo et Juliette*, par Meres, un contemporain et un admirateur de Shakespeare, dans un livre publié à Londres en 1598, *Wit's Commonwealth*; il leur fait remarquer que *Titus* a été publié dans l'in-folio de 1623 par les éditeurs Heminge et Condell. Quels arguments pourraient prévaloir contre de pareils témoignages ? Schlegel admet les défauts d'un ouvrage « conçu sur une fausse idée du tragique, » mais aussi il n'hésite pas à admirer « nombre de beaux vers, d'images hardies, de traits caractéristiques qui trahissent la conception particulière de Shakespeare, » et il entend distinctement gronder dans les imprécations de Titus la douleur colossale du roi Lear. Selon lui, *Titus Andronicus* doit être considéré comme le premier essai du jeune Shakespeare. Qu'importe la faiblesse de ce début ! « Rome en a-t-elle moins conquis le monde parce que Rémus pouvait enjamber sa première muraille ? » Horn reprend la thèse de Schlegel et la justifie philosophiquement. A l'entendre, *Titus* a été l'effort primitif et nécessaire d'un génie qui se cherchait, et cette monstrueuse composition était l'ébauche indispensable d'un chef-d'œuvre accompli plus tard. Ulrici, comme Horn, considère *Titus* comme l'aberration inévitable d'un esprit sublime, et, suivant lui, les commentateurs anglais ont prouvé l'étroitesse de leurs vues en éliminant du théâtre de Shakespeare une œuvre qui en est l'assise naturelle.

Devant cette protestation unanime de la critique allemande, une réaction complète s'est opérée depuis vingt-cinq années dans le public lettré d'Angleterre. Les raisonnements de Schlegel et de Horn ont eu définitivement raison des objections de Johnson et de Pope, et le jugement prononcé par Malone a été cassé en dernier ressort. Emportée par la ferveur même de sa conversion, la critique britannique a entrepris de réhabiliter ce drame qu'elle avait flétri pendant un siècle et demi. M. Collier, dans sa récente édition, proclame que le moment est venu de remettre à sa place *Titus Andronicus* et de reconnaître dans cette composition « maints passages qui sont de remarquables preuves d'habileté et de puissance chez un auteur inexpérimenté. » Quant à M. Charles Knight, l'érudit éditeur du *Pictorial Shakspere*, il a une telle dévotion pour l'in-folio de 1623, qu'il tient pour impiété le moindre doute sur l'authenticité de *Titus Andronicus*. A ses yeux, Pope, Johnson et Malone, déclarant apocryphe un ouvrage inséré dans ce saint livre, sont de véritables hérésiarques. L'in-folio fait foi. Tout ce qui dans ce texte sacré est attribué au maître est l'œuvre du maître. Shakespeare a écrit *Titus Andronicus*, comme il a écrit *Hamlet*. Que vient-on nous dire ? Que Shakespeare a révisé là le travail de quelque faiseur inconnu ! M. Knight n'admet pas cette doctrine hétérodoxe, et il affirme que *Ti-*

tus est de Shakespeare, et de Shakespeare seul. Anathème aux incrédules !

J'ai résumé brièvement les contradictions des experts. Maintenant, de quel côté est la vérité ? Est-elle avec ceux qui, comme Johnson, ne reconnaissent nullement Shakespeare dans *Titus Andronicus*, ou bien avec ceux qui, comme M. Knight, prétendent que Shakespeare est l'unique et primitif auteur de ce drame ? Ni les uns ni les autres ne me paraissent être dans le vrai. Il est évident pour moi que Shakespeare seul a pu écrire certaines scènes de *Titus*, comme il est clair qu'il n'a pas pu écrire certaines autres. *Titus Andronicus*, pas plus que *Henry VI*, n'est une œuvre homogène. D'étranges beautés y apparaissent à côté des plus tristes platitudes. A travers une scène médiocre, soudain étincelle un trait splendide. A côté du vulgaire, voici le grand. A côté du niais, voilà presque du sublime. Comment méconnaître ce contraste ? Le cerveau qui a conçu cet emphatique et fastidieux prologue où les deux frères Saturninus et Bassianus se disputent l'empire, a-t-il pu rêver cette scène si singulièrement belle où Titus, à bout de souffrances, réclame du ciel la justice que lui refuse la terre, en visant de ses flèches suppliantes les inexorables constellations ?

Partout, dans *Titus Andronicus*, je découvre deux styles distincts, — deux styles, c'est-à-dire deux hommes.

Cette impression, produite par un examen attentif de *Titus Andronicus*, est-elle justifiée par les faits qui ont été recueillis jusqu'ici sur les origines de ce drame ? Nous allons le voir. Tout d'abord une tradition considérable vient à l'appui de ma conclusion. Ravenscroft, remaniant sous Jacques II *Titus Andronicus*, dit dans une préface publiée en 1687 : « Un ancien familier des théâtres m'a affirmé que ce drame ne fut pas originairement composé par Shakespeare, *mais proposé pour la scène par un auteur ano-*

nyme, et que Shakespeare se contenta de donner quelques retouches magistrales à un ou deux des principaux rôles. » Quel est cet auteur anonyme que signale Ravenscroft? Le sagace commentateur Farmer conjecture que c'est Kid. Et en effet *Titus Andronicus* est positivement associé à une œuvre authentique de Kid, *Jeronimo*, par Ben Jonson, dans le prologue de *la Foire de la Saint-Barthélemy* : « Celui qui jurera que *Jeronimo* et *Andronicus* sont encore aujourd'hui les meilleures pièces, sera respecté ici, comme un homme dont le jugement est d'une constance reconnue et est resté immuable *depuis vingt-cinq ou trente ans*. Quoique ce soit une bévue, c'est une vertueuse bévue; après la vérité, ce qui sied le mieux, c'est une bévue consciencieuse. » Ben Jonson parlait ainsi en 1614; cet *Andronicus*, qu'il disait avoir été représenté vingt-cinq ou trente ans auparavant, a donc été composé dans l'intervalle de 1584 à 1589; c'est, comme on le voit, une des plus anciennes œuvres de la scène britannique, datant de cette période transitoire où Marlowe était encore le chef reconnu du théâtre naissant. En effet, par la sauvagerie même de sa fable, *Titus Andronicus* appartient bien à cette époque où la curiosité populaire, brutale encore, ne se rassasiait que de spectacles cruels et où l'intérêt dramatique ne se soutenait et ne renouvelait que par la multiplicité des péripéties atroces, — époque rude et sombre, antérieure à l'aurore de Shakespeare, où, par un étrange obscurcissement du goût public, les plus répulsives exhibitions étaient les plus attrayantes, où l'épouvante était une séduction, et l'horreur, le charme suprême.

Rappelez-vous les pièces *à sensation* d'alors. Rappelez-vous les massacres de la Saint-Barthélemy complaisamment exhibés sur la scène, et ce hideux Barabbas, meurtrier de sa fille, bouilli vivant à la vue de la foule par le poëte Marlowe; rappelez-vous toutes les variétés de morts violentes, —

suicides, parricides, pendaisons, assassinats, empoisonnements, — entassées par le dramaturge Kid dans un seul dénoûment, et dites-moi si *Titus Andronicus*, avec ses jeux de scène féroces, ses viols, ses mutilations et ses tueries, n'est pas le digne contemporain du *Juif de Malte* et de *Jeronimo*.

Titus Andronicus m'apparaît donc comme un ouvrage type, caractérisant ce genre dramatique primitif dont devait faire justice la réforme shakespearienne et qui avait encore ses partisans au dix-septième siècle, ainsi que le prouve le sarcasme de Ben Jonson. Ce sauvage *Titus Andronicus*, si contraire au génie civilisateur de Shakespeare, était-il une conception de Shakespeare, comme le prétendent les commentateurs allemands? Un fait incontestable et resté jusqu'ici inaperçu permet d'affirmer que non. Le compilateur Langbaine, ayant sous les yeux un exemplaire de la première édition de *Titus Andronicus*, — édition publiée à Londres en 1594 et aujourd'hui complétement disparue, — déclare, dans son *Histoire des poëtes dramatiques anglais* (1691), que ce *Titus* primitif fut joué, non par la troupe du lord chambellan pour laquelle Shakespeare travaillait exclusivement, mais par des troupes rivales, *les troupes des comtes de Derby, de Pembroke et d'Essex*. On n'a jusqu'à présent tenu aucun compte de cette assertion de Langbaine, et elle me semble absolument décisive. Si dans l'origine *Titus Andronicus* n'a pas été représenté par la troupe dont Shakespeare était membre, c'est qu'évidemment Shakespeare n'en était pas l'auteur. Le drame, imprimé en 1594, portait d'ailleurs un titre différent de celui qui lui fut assigné plus tard par les deux éditions de 1600 et de 1611 ; il s'appelait, non pas comme dans ces deux éditions, *la très-lamentable tragédie romaine de Titus Andronicus*, mais bien *la noble tragédie romaine*, ainsi que le prouve cette inscription encore visible sur les registres du *Stationers' hall* :

1593-4

Feb. 6. *John Danter. A book entitled a noble Roman Historye of Tytus Andronicus.*

De tous ces documents s'éclairant les uns les autres, il résulte qu'il existait dès les origines du théâtre anglais une *Noble histoire romaine de Titus Andronicus*, représentée dans l'intervalle de 1584 à 1589 (assertion de Ben Jonson), jouée exclusivement par des scènes rivales du théâtre de Shakespeare (assertion de Langbaine), imprimée en 1594 par le libraire John Danter, réimprimée en 1602 par Thomas Pavier, et complétement distincte de la *Très-lamentable tragédie romaine*, révisée par Shakespeare, jouée par la troupe du lord chambellan, imprimée en 1600 par Édouard White, réimprimée en 1611 par le même, et insérée définitivement dans le grand in-folio de 1623. Est-ce clair?

Maintenant, à quelle époque et dans quelles circonstances l'auteur d'*Hamlet* a-t-il été amené à remanier un ouvrage originairement conçu et exécuté par un auteur rival pour un théâtre rival? Sur ce point intéressant l'histoire va répondre. En 1594, la peste sévissant à Londres, la troupe du lord chambellan quitta le faubourg de Southwark où elle était établie, et chercha un refuge à Newington Butts où était déjà installée la troupe du lord amiral, dirigée par Henslowe. Là, les deux troupes, si longtemps ennemies, oublièrent un moment leur vieille hostilité et s'associèrent pour donner ensemble sur le même théâtre une série de représentations dont elles devaient partager les bénéfices. Cette association dura du 3 juin au 15 novembre 1594, et pendant tout ce temps les répertoires distincts des deux compagnies furent exploités en commun. C'est ainsi que le 9 juin la troupe du lord amiral eut sa part des recettes d'*Hamlet* qui, jusque-là, avait été la propriété exclusive de la troupe du lord chambellan. C'est ainsi que *Titus Andronicus*, joué le 23 janvier et le 6 février 1594 par la seule troupe du lord amiral, fut repris le 5 juin au profit des deux compagnies réunies. Le journal du chef de troupe Henslowe, à la page 35, mentionne expressément cette reprise, et c'est pour cette circonstance, il y a tout lieu de le croire, que *Titus Andronicus* fut remanié par Shakespeare. La troupe du lord chambellan, ayant alors un intérêt direct à rajeunir la vieille popularité d'un ouvrage qui traînait depuis neuf ou dix ans sur tous les tréteaux de la capitale, dut charger son poëte spécial de cette rénovation délicate, et le poëte dut se résigner à la tâche qui lui était en quelque sorte imposée par les circonstances. Shakespeare remania donc généreusement ce drame misérable dont la donnée répugnait à son génie, et par un coup de plume magnanime le voua à l'immortalité.

Il faut être étrangement aveuglé, en effet, pour ne pas reconnaître dans *Titus Andronicus* la retouche souveraine du maître. Cette retouche est à peine distincte, j'en conviens, dans les cinq premières scènes, mais elle éclate déjà dans le monologue de Marcus courant après Lavinia violée, et dès lors elle suit le drame de péripétie en péripétie jusqu'à la scène X, effleure la scène XI, omet la scène XII, et pour la dernière fois reparaît superbe dans ce tableau où Tamora se présente, comme le spectre de la vengeance, à la porte de Titus désespéré. Certes un ouvrage aussi magistralement révisé avait droit de fixer l'attention de la postérité, et, quoi qu'en disent Malone et Johnson, Héminge et Condell ont eu parfaitement raison d'insérer dans l'in-folio de 1623 ce *Titus Andronicus* auquel Shakespeare avait si certainement collaboré.

Est-ce à dire qu'on puisse placer *Titus Andronicus* à la hauteur des compositions incontestées du maître? Loin de moi une telle pensée! Shakespeare a pu retoucher une ancienne farce représentée par la troupe du comte de Pembroke, *The Taming of a shrew*, et en faire cette rare comédie, *la Sauvage apprivoisée*. Il a pu relire le *Promos and Cassandra* de George Whetstone, et en extraire ce poëme profond, *Mesure pour mesure*. Il a pu revoir le vieux *King John* anonyme, et nous léguer ce drame si grandement épique, *le roi Jean*. Il a pu réviser le primitif *King Leir*, et le transfigurer dans son prodigieux *Roi Lear*. Mais, malgré toute sa puissance, Shakespeare n'a pu faire de *Titus Andronicus* une œuvre sympathique. Il y a dans ce drame un irrémédiable vice originel que le génie n'a pu pallier; ce vice, c'est le sujet lui-même. Quelque effort que le grand peintre de l'humanité ait fait pour lui donner de la vie et de l'éclat, *Titus Andronicus* n'en reste pas moins un horrible écorché. La poésie shakespearienne, malgré tous ses charmes, n'a pu dissiper l'horreur de cette sinistre légende :

Titus Andronicus, général romain, ordonne, après une victoire, que, sur la tombe de ses enfants morts à la guerre, on égorge le fils aîné de la reine vaincue, Tamora; malgré les supplications de la reine, l'ordre est exécuté, et le jeune prince est dépecé à coups d'épée, puis brûlé. Tamora a juré de venger son enfant. Devenue impératrice par son mariage avec l'empereur Saturninus, elle complote avec son amant, le more Aaron, la perte d'Andronicus et de sa famille. Excités par Tamora, ses fils, Chiron et Démétrius, assassinent Bassianus que Lavinia, fille de Titus, vient d'épouser, puis violent Lavinia sur le cadavre de son mari, puis lui arrachent la langue et lui coupent les bras pour empêcher une dénonciation, et enfin imputent l'assassinat commis aux deux fils de Titus, Quintus et Martius, qui, malgré leur innocence, sont décapités par ordre de l'empereur; en vain Titus s'est coupé la main droite pour sauver ses enfants; en échange de cette main coupée, il reçoit, au lieu de la grâce promise, leurs deux têtes sanglantes. — Ces effroyables représailles en provoquent de plus effroyables. Titus, à bout de résignation, s'empare des deux fils de Tamora, les éventre, fait recueillir par Lavinia violée le sang qui coule, puis avec la chair broyée, dont ce sang est la sauce, compose un pâté qu'il offre comme en-cas à l'impératrice. Cette collation achevée, Titus poignarde sa propre fille Lavinia, poignarde Tamora, et est à son tour poignardé par Saturninus. Sur quoi le dernier fils de Titus, Lucius, assassine Saturninus et, ayant été proclamé empereur, fait enterrer vivant le more Aaron.

Cette fable, indiquée sommairement par un conteur du seizième siècle, Paynter, dans un recueil de nouvelles intitulé *The Palace of pleasure* (1567), combine, comme l'a remarqué Schlegel, les atrocités de la légende de Philomèle, violée et mutilée par Térée, avec les horreurs du festin d'Atrée et de Thyeste. Elle entasse, comme à plaisir, les monstruosités. Elle blesse hideusement les sentiments les plus doux et les plus sacrés ; elle outrage l'amour filial, l'amour conjugal, l'amour paternel, l'amour maternel, tous les amours. Elle révolte l'humanité. Dans cette barbare fiction, ni merci ni clémence. Nulle part il n'y a place pour la sympathie. A qui s'intéresser ici? A qui s'attacher? Qui peut-on aimer et admirer dans ce drame coupe-gorge? Est-ce Lavinia violée et mutilée? Mais Lavinia elle-même trouvera des forces, au moment suprême, pour tenir entre ses moignons rouges la cuvette où doit couler le sang de ses ennemis, et cette victime sera à son tour un bourreau. Est-ce le héros de la pièce, Titus Andronicus? Mais Titus a donné lui-même l'exemple de la férocité. Il s'arrache les cheveux quand un messager lui apporte, de la part de Tamora, les têtes de ses fils, mais lui-même n'a-t-il pas de sang-froid fait tuer le fils aîné de la reine prisonnière? Et, quand Tamora le suppliait à genoux d'épargner le jeune captif, il répondait par l'ordre d'allumer le bûcher. De quel droit donc invoque-t-il pour lui et pour les siens cette clémence qu'il a lui-même bannie? Et pourquoi cet impitoyable obtiendrait-il pitié?

Ce qui manque ici, c'est une figure où nous nous reconnaissions. Tous les personnages qui traversent cette scène n'ont de commun avec nous que le visage : ils n'ont pas d'âme. Si une telle peinture était réelle, si une pareille collection résumait effectivement le monde des vivants, c'en serait fait de toute civilisation. Les hommes, égarés de crimes en crimes par une férocité fatale, s'entretueraient indéfiniment dans la nuit funèbre de la barbarie, et l'univers deviendrait un pandémonium. Mais heureusement ce drame n'est qu'une affreuse et exceptionnelle fiction contre laquelle proteste le théâtre entier de Shakespeare. Regardez les plus sombres tableaux exposés par le maître, et vous y apercevrez toujours une attrayante et lumineuse figure qu'éclaire le rayonnement de l'humanité : dans *Macbeth*, Macduff; dans *le Roi Lear*, Cordelia; dans *Jules César*, Brutus. Toujours, au milieu des crises les plus désespérées, aux époques même où les agents de malheur et de ruine semblent tenir à jamais la victoire, le poëte fait surgir quelque caractère vénérable ou charmant qui sauvegarde l'avenir menacé en conservant inviolable, pour le léguer aux générations futures, le dépôt sacré des plus nobles instincts et des affections les plus hautes. Toujours il oppose aux succès les plus éclatants des passions funestes quelque militante protestation des éléments sublimes de notre essence. Toujours il donne au mal apparemment triomphant le démenti suprême de l'invincible idéal.

C'est ce démenti que nous demanderions vainement à *Titus Andronicus*, et voilà pourquoi *Titus Andronicus* est une conception absolument anti-shakespearienne. Shakespeare a pu être réduit par l'obscure pression des circonstances à remanier ce drame; il a pu un jour en raviver le morne dialogue sous le souffle de sa jeune poésie; mais certes il n'eût jamais de lui-même conçu et prémédité un pareil poëme. Son génie profondément humain répudiait avec horreur l'idée désespérante exprimée par cette fable barbare. Et, en effet, tout en révisant *Titus Andronicus*, le poëte a pris soin de nous faire sentir qu'à ses yeux cette effroyable exhibition n'est pas un symbole fidèle, mais une chimérique hallucination : « *Ah!* s'écrie Titus Andronicus en regardant sa fille mutilée, ses fils assassinés et sa propre main coupée, *quand finira cet effrayant sommeil?* »

When will this fearful slumber have an end?

Le cri que profère là Titus, c'est Shakespeare lui-même qui le pousse. Pour le poëte, comme pour nous, ce drame n'est qu'une impossible vision; tous les personnages qu'il nous montre ont le masque étrange et lugubrement indécis des spectres entrevus dans un mauvais rêve; ce sont autant de fantômes hideux qui nous hantent; nous avons beau vouloir leur échapper, ils nous poursuivent sans cesse, celui-ci avec la poitrine trouée, celui-là avec la langue arrachée, cet autre avec le bras haché, cet autre encore avec la tête tranchée, cet autre enfin avec un pâté de chair humaine. La pensée, à peine engagée dans ce songe, est saisie par on ne sait quel monstrueux incube qui l'entraîne, de secousse en secousse, vers l'épouvantable catastrophe. En vain essaie-t-elle de résister à cet entraînement vertigineux; en vain cherche-t-elle, pour s'y cramponner, quelque providentiel obstacle. Le cauchemar l'étreint et la pousse avec une irrésistible violence; et ce n'est que quand la pensée, accablée et meurtrie, a atteint le fond sanglant du gouffre, qu'il lui est permis de s'éveiller, de relever les yeux et de revoir le ciel.

II

Dans le courant de l'année 1608, le libraire Thomas Pavier, — le même qui, en 1600, avait publié l'esquisse de *Henry V* et qui en 1619 devait éditer, sous leur forme primitive, *la seconde et la troisième partie de Henry VI*, — mit en vente un petit volume in-quarto de seize pages, portant ce titre : *A Yorkshire Tragedy. Not so new as lamentable and true. Acted by his maiesties Players at the Globe. Written by W. Shakespeare.* — *Une Tragédie dans l'Yorkshire. Moins neuve que lamentable et vraie. Jouée par les comédiens de Sa Majesté au Globe. Écrite par W. Shakespeare.* — Cette publication, faite au centre de Londres, sous le nom de Shakespeare et du vivant de Shakespeare, était-elle une opération équivoque ou suspecte? Était-ce une spéculation coupable ayant pour but d'allécher le public par l'appât d'un nom glorieux indignement attaché à un opuscule infime? Pour que nul ne pût l'accuser de fraude ou d'imposture, le libraire Pavier s'était mis en règle avec la loi; il s'était rendu le 2 mai 1608 au *Stationers' Hall*, et là, sur le registre officiel, il avait fait consigner son droit de publication par une mention parfaitement explicite.

> *Thomas Pavier.* A Book *the Yorkshire Tragedie, Written by Wylliam Shakespere.*

Donc, plus de doute. L'acte était complètement légal et loyal. Pavier avait dûment acquis le droit de publier *une Tragédie dans l'Yorkshire*, avec le nom de Shakespeare, et Shakespeare était officiellement désigné comme l'auteur de cette pièce qui d'ailleurs avait été jouée publiquement par les camarades de Shakespeare, au *Globe*, théâtre d'été exploité par la troupe de Shakespeare. Les contemporains de Shakespeare, ne pouvant avoir aucun doute sur la légitimité de l'œuvre mise en vente par Pavier, l'achetèrent sans hésitation, et le libraire en publia bientôt une seconde édition qui portait, comme la première, le nom de Shakespeare.

Comment se fait-il qu'un ouvrage, dont la publication a été entourée primitivement de toutes les garanties, soit aujourd'hui universellement rejeté du théâtre de Shakespeare, et qu'aucun éditeur, depuis Pope, n'ait osé l'insérer dans les œuvres du maître? L'unique raison alléguée pour cette exclusion est que la *Tragédie dans l'Yorkshire* n'a pas été réimprimée par Héminge et Condell dans l'in-folio de 1623. J'ai déjà expliqué longuement combien cette raison est, à mon sens, insuffisante. Si elle est décisive pour eux, de quel droit les éditeurs modernes insèrent-ils tous d'un commun accord dans les œuvres complètes de Shakespeare une comédie qui ne figure pas dans l'in-folio de 1623, *Périclès*? Il y a là une flagrante contradiction. La *Tragédie dans l'Yorkshire* est exactement dans les mêmes conditions d'authenticité que *Périclès*; comme *Périclès*, elle a été jouée par la troupe du roi Jacques Ier; comme *Périclès*, elle a été enregistrée au *Stationers'Hall;* comme *Périclès*, elle a été imprimée du vivant de Shakespeare avec le nom de Shakespeare. Pourquoi est-elle rejetée du répertoire shakespearien, alors que *Périclès* y est admis? Pourquoi cette sentence inique proscrivant une œuvre, amnistiant l'autre? Serait-ce que la *Tragédie dans l'Yorkshire* est un opuscule indigne de Shakespeare? Serait-ce que nulle part la manière du maître n'est reconnaissable dans ce drame? Serait-ce que, ni par le style, ni par la conception, ni par la composition, la *Tragédie dans l'Yorkshire* ne rappelle le faire shakespearien?

Commençons par interroger les critiques qui, avant nous, ont étudié ce drame. En Allemagne, Schlegel ose le premier déclarer qu'à ses yeux la *Tragédie dans l'Yorkshire* est une des meilleures œuvres de Shakespeare. Ulrici la regarde comme une pièce de circonstance, qui diffère par le caractère de toutes les autres productions de notre poëte, mais dans laquelle tout lecteur impartial reconnaîtra la main de Shakespeare. Réveillée par les cris d'admiration partis d'outre-Rhin, l'Angleterre ouvre enfin les yeux pour considérer cette œuvre qu'elle a si longtemps méconnue. Hazlitt avoue qu'en vérité l'effet en est saisissant, *the effect is indeed overpowering*, mais qu'elle est dans la manière de Heywood bien plus que dans celle de Shakespeare. M. Knight n'en conteste pas « le mérite sterling, » il y voit « un remarquable spécimen d'une espèce de drame fort rare à l'époque shakespearienne; » mais il doute fort que Shakespeare *eût voulu* écrire une pareille pièce, tout en étant bien sûr que Heywood eût *pu* l'écrire. La *Revue rétrospective* confesse qu'après tout il se peut fort bien que Shakespeare ait écrit la *Tragédie dans l'Yorkshire* : car « à supposer qu'il l'eût écrite, il ne pouvait guère faire mieux que ce qui a été fait. » Enfin M. Collier, moins timide que tous ses compatriotes, se rallie simplement à l'opinion de Schlegel, et proclame que sans aucun doute Shakespeare est l'auteur de la *Tragédie dans l'Yorkshire.*

J'ai résumé les opinions. Voyons maintenant l'œuvre.

En l'année 1604 toute l'Angleterre fut émue par un événement terrible qui est ainsi raconté dans *la Chronique de Stowe* : « Walter Calverly, de Calverly, en Yorkshire,
» esquire, a assassiné deux de ses enfants, poignardé sa
» femme en pleine poitrine avec la pleine intention de la
» tuer, et immédiatement s'est échappé de sa maison pour
» tuer son plus jeune fils qui était en nourrice, mais il en
» a été empêché. Jugé pour ce crime à York, il est resté

» muet et a été condamné a être pendu ; en vertu de la-
» quelle sentence il a été exécuté au château d'York le 5
» août. »

C'est sur ce fait historique qu'est fondée *une Tragédie dans l'Yorkshire*. Le drame va nous donner les raisons de la catastrophe, sèchement relatée par la chronique. Quel a été le mobile du forfait commis par Calverly? De quel vertige a-t-il été saisi? Quelle fureur s'est emparée de ce gentleman, et en a fait le plus épouvantable criminel? Écoutez; le drame commence. Le mari entre dans l'appartement de sa femme et, dès son premier cri, nous révèle toute la situation.

— Peste soit du dernier coup ! il a fait évanouir cinq cents anges d'or de ma vue. Je suis damné, je suis damné ! Les anges m'ont abandonné !

Cet homme est un joueur. Il est possédé par cette passion fatale qui dessèche et brûle le cœur. Il est désormais insensible à toutes les affections et à toutes les tendresses humaines : il ne connaît plus ni parent ni ami. Fi de la famille ! Peste soit du foyer domestique ! Il ne se croit plus le père de ses enfants, et il traite leur mère de catin. Que lui importent les gémissements de cette créature ! Il lui faut de l'argent, il en aura. Sa femme a encore ses bijoux et sa dot : il faut qu'elle lui livre tout cela. En vain l'infortunée le supplie de songer à l'avenir de ses trois fils :

— Peuh ! des bâtards ! des bâtards ! des bâtards ! nés d'intrigues ! nés d'intrigues !

— Le ciel sait combien vos paroles m'outragent, mais j'endurerai cette douleur entre mille autres. Oh ! songez que vos terres sont déjà engagées, que vous-même vous êtes criblé de dettes, que votre frère, si plein d'avenir, a souscrit des billets pour vous et peut être arrêté. Et puis...

— As-tu fini, prostituée? Penses-tu que tes paroles tueront mes désirs? Va retrouver tes parents ; va mendier avec tes bâtards. Je ne rabattrai rien de mes goûts. O minuit! je t'aime toujours, et je mènerai encore vie joyeuse avec toi!

— Soit.

— Dépêchez-vous. Faute d'une misérable limaille, serai-je réduit, comme un gueux, à ne mettre dans mes poches que mes mains nues, pour les encombrer de mes ongles? Faites vite... Je n'ai pas été fait pour être le maquereau des cartes; je veux moi-même étreindre ces gourgandines et les forcer à me céder. Dépêchez-vous, vous dis-je!

La femme, atterrée, obéit et sort pour aller chercher ses bijoux et sa dot. Mais, au moment d'accomplir ce dernier sacrifice, elle songe à ses enfants et se ravise; une idée lui vient : si elle demandait à la cour un emploi pour son mari? Vite elle fait la démarche, obtient la charge par l'entremise de son oncle, et revient joyeuse avec cette bonne nouvelle. Mais cet expédient exaspère le mari, loin de le satisfaire. Le joueur n'a plus qu'une idée fixe : jouer. «Va-t-il, lui qui s'est voué au plaisir, être désormais astreint à un service, à se courber et à faire le pied de grue comme un vieux courtisan, chapeau bas! Lui qui n'a jamais pu s'habituer à se découvrir à l'église! » Fi donc! Ce que veut cet homme, c'est de l'argent. La bourse ou la vie!

— De l'argent! prostituée! de l'argent! ou je...

Et, frénétique, il lève le couteau sur sa femme. A ce moment, un domestique entre et annonce une visite : « c'est quelqu'un de l'Université qui attend en bas. » Aussitôt le joueur songe à son jeune frère, l'étudiant, qui a souscrit des billets pour lui : « De l'Université! l'Université! ce long mot me pénètre tout entier. » Et il descend pour recevoir le visiteur. Il apprend alors que son frère, ne pouvant payer les billets souscrits, a été arrêté et jeté en prison. Que va-t-il faire pour libérer le cher prisonnier? Le joueur demande à réfléchir, et invite le messager à faire un tour dans le jardin pour y attendre sa décision. Le voilà seul. Sa femme, accablée, est rentrée dans sa chambre à coucher, et s'est jetée sur un lit de repos. Le malheureux, à bout de ressources, mesure alors avec le regard de la pensée l'abîme où l'a précipité sa passion néfaste :

— O prodigue ! te voilà ruiné par tes péchés chéris ! Ta damnation, c'est ta misère... Qu'y a-t-il donc dans trois dés, qu'ils font ainsi jeter à un homme trois fois trois mille acres dans le cercle d'une petite table ronde, qu'ils forcent un gentilhomme à lancer ses enfants d'une main tremblante dans le vol ou dans la mendicité ? C'est fini ! j'ai fait cela, moi ! O misère terrible ! horrible ! Quel bel héritage était le mien ! si beau ! si beau ! Mon domaine brillait comme une pleine lune autour de moi, mais maintenant la lune est à son dernier quartier, elle décroît, elle décroît... Ah ! je suis fou quand je pense que cet astre était à moi, à moi et à mon père, et aux pères de mon père, de génération en génération. Maintenant notre nom est : mendiant !... Ma prodigalité, c'est le geôlier de mon frère, c'est la désolation de ma femme, c'est la misère de mes enfants et c'est ma propre ruine... Pourquoi ai-je encore des cheveux sur ma tête maudite ? Est-ce que ce poison-là ne les fera pas tomber ?

Et il s'arrache les cheveux... A cet instant il voit entrer l'aîné de ses enfants, frais, rose, joyeux, faisant gaîment tourbillonner une toupie avec un fouet. Il enlève le marmot par le pan de sa longue robe, et le tient d'une main, tandis que de l'autre il tire son poignard :

— En l'air ! monsieur, car ici-bas vous n'avez plus d'héritage.

— Oh ! qu'est-ce que voulez, père ? Je suis votre enfant blond.

— Tu seras mon enfant rouge, alors. A toi ceci !

— Oh ! vous me faites mal, père.

— Mon mendiant aîné, je ne veux pas que tu vives pour demander du pain à un usurier, pour geindre à la porte d'un grand seigneur, ou pour suivre un carrosse en criant : *Votre Excellence est si bonne!* Non! ni toi, ni ton frère! il y a charité à vous faire sauter la cervelle !

Ce disant, il poignarde l'enfant et monte avec le corps sanglant dans la chambre conjugale; là, il trouve son second fils dans les bras d'une servante et le lui enlève de vive force en le précipitant du haut en bas de l'escalier. La mère s'éveille au bruit et ressaisit l'enfant : « Droit au cœur! » s'écrie le forcené, et il cloue le bébé sur le sein qui l'a nourri. La malheureuse femme tombe blessée en étreignant un cadavre. Un domestique survient et essaie d'arrêter le meurtrier. Vains efforts! L'assassin terrasse son agresseur, s'élance hors de la maison, saute sur un cheval, et se dirige à bride abattue vers la ville voisine pour y tuer son dernier enfant qui a été confié là aux soins d'une nourrice. Mais heureusement la bête s'abat; il tombe et reste à terre affreusement meurtri. La foule accourt et s'empare de lui. Il est garrotté, mené devant le magistrat, jugé et condamné. — On le conduit au lieu d'exécution en le faisant passer devant sa maison. Sa femme apparaît alors, portée dans une chaise, et lui jette, avec des sanglots dans la voix, l'adieu le plus touchant. Elle ne récrimine pas, elle pardonne; elle ne maudit pas, elle bénit; et la miséricorde de l'épouse produit le repentir de l'époux. Le condamné ne sera pas damné. Il pleure, et le ciel se reflète dans cette larme qui tombe :

— Tiens! voilà que le démon s'enfuit de moi, il s'échappe par tous mes membres, il soulève mes ongles! Oh! attrapez-le, tortures inconnues! Enchaînez-le de mille liens, anges bienheureux, dans l'insondable abîme! qu'il n'en sorte plus jamais pour faire jouer aux hommes de monstrueuses tragédies, pour s'emparer d'un père et faire de ce père furieux le bourreau de ses enfants!... O mes enfants, s'il était permis que vos jolies âmes regardassent du haut du ciel dans les yeux de votre père, vous en verriez le cristal se fondre dans le repentir, vous verriez votre double meurtre ruisseler sur mes joues. Mais vous êtes à jouer sur les genoux des anges, et vous ne voulez pas me regarder, moi qui, privé de la grâce, vous ai tués par misère! Oh! si mes désirs pouvaient encore être exaucés, je voudrais vous voir revivre, dussé-je, ce que je craignais tant, demander l'aumône avec vous! »

Par cette rapide analyse, le lecteur peut se faire une idée de l'ouvrage qui lui est soumis.

La *Tragédie dans l'Yorkshire* a tout le caractère d'une improvisation. C'est une ébauche rapide, violente, heurtée, mais magistrale. Une crise et une catastrophe, voilà ce drame. Pas de prologue ni d'exposition. L'action, à peine nouée, se précipite furieuse vers le dénoûment. On voit bien que cette œuvre, conçue à l'occasion d'un événement terrible, a été prématurément menée à fin sous la pression des circonstances. Il y avait dans la vie et dans la mort de ce joueur pendu à York au mois d'août 1604 le motif d'un drame profondément philosophique et humain qui pouvait être largement développé et prendre aisément les proportions du *Roi Lear* ou d'*Othello*. Au lieu de cela, nous avons à peine quelques scènes formant un ensemble plus court de moitié que la plus courte pièce de Shakespeare. Quelle est la raison de cette étrange brièveté? C'est qu'évidemment *la Tragédie dans l'Yorkshire* a été produite avant l'heure sur la scène. Il n'a pas été permis à l'auteur d'exécuter le plan très-vaste qu'il avait primitivement conçu. Nous retrouvons dans l'ouvrage inachevé les traces incontestables d'un scénario abandonné. Ainsi, dès la première scène, un domestique nommé Olivier parle d'une jeune fille que le joueur avait dans l'origine promis d'épouser et qu'il a délaissée pour se marier à la femme dont il fait aujourd'hui le malheur. Qu'est-ce que cette jeune fille ? Que devient-elle ? Il n'en est plus question. — A la fin de la seconde scène, un gentleman, que nous n'avons pas encore vu et dont la brusque apparition ne nous est point expliquée, entre chez le joueur, lui reproche ses torts envers sa femme, le provoque, se bat en duel avec lui, et le laisse blessé sur le carreau. A quel titre ce gentleman se fait-il ainsi le champion de l'épouse outragée ? Nul renseignement sur ce point, si ce n'est une exclamation du mari qui l'accuse d'être l'amant de sa femme. Le gentleman repousse avec fureur l'imputation ; mais quel est donc le motif qui le détermine à risquer ainsi sa vie ? Nous l'ignorerons toujours, car ce chevaleresque défenseur se retire pour ne plus revenir. — Le mari, grièvement blessé à la fin de la scène II, reparaît parfaitement rétabli au commencement de la scène III, et cette miraculeuse guérison s'est accomplie dans un intervalle à peine suffisant pour échanger quelques paroles : invraisemblance choquante qui prouve que, dans le projet primitif, il y avait là un incident intermédiaire, ultérieurement omis, qui devait donner au blessé le temps de se guérir.

Toutes ces lacunes, qui frappent les yeux du lecteur, eussent été évidemment comblées, si l'auteur n'avait pas été prématurément interrompu au milieu de son travail. Les causes de cette brusque interruption nous échappent ; et, pour les découvrir, nous en sommes réduits aux conjectures. La *Tragédie dans l'Yorkshire* étant la reproduction scénique d'un drame réel qui avait mis en émoi toute l'Angleterre, les comédiens du *Globe* étaient intéressés à en précipiter la représentation pour ne pas laisser s'éteindre une émotion universelle qui devait contribuer puissamment au succès de la pièce, et le manuscrit de l'auteur a pu ainsi lui être enlevé d'office par un chef de troupe impatient, pour faire recette, de profiter de l'*actualité*. Peut-être aussi l'auteur a-t-il craint, en développant pleinement son œuvre, de blesser les susceptibilités de la famille Calverly qui venait d'être si tragiquement et si cruellement éprouvée. Cette famille, influente, bien apparentée, en relation avec l'aristocratie et avec la cour, pouvait d'un jour à l'autre réclamer en haut lieu contre une exhibition publique qui offensait son deuil; et, dans ce cas, le *veto* du lord chambellan aurait suspendu soudainement la série des représentations. Il est fort possible que cette appréhension ait fait reculer l'écrivain, et l'ait empêché d'achever l'ouvrage qu'il avait si magistralement ébauché. Une particularité qui donne force à cette dernière hypothèse, c'est que l'auteur a évité de nommer par leurs noms véritables les personnages mis en scène : Walter Calverly et mistress Calverly sont prudemment désignés dans la pièce par ces vagues appellations, *le mari, la femme*; et cette précaution discrète attestait tout au moins chez l'écrivain l'intention de ménager une famille dont les malheurs occupaient le pays tout entier et faisaient même le sujet d'une complainte publiquement chantée dans les rues de Londres [1].

Les imperfections d'*une Tragédie dans l'Yorkshire* ainsi expliquées et justifiées, nous n'avons plus qu'à rendre justice aux surprenantes qualités de cette esquisse. Comment ne pas admirer ce dialogue si nerveux, si incisif, si coloré? Qui ne reconnaît la poésie shakespearienne dans ce vers si souple et si pittoresque qui, par la variété de sa coupe et la liberté de ses rejets, se plie si aisément à toutes les ondulations de la pensée? Ce langage, à la fois si vrai et

---

[1] Sur les registres du Stationers'Hall, à l'année 1605, est inscrite « La ballade du lamentable meurtre commis en Yorkshire par un gentilhomme sur la personne de deux de ses enfants et des blessures cruelles faites par lui à sa femme et à une nourrice. »

si imagé, qui exprime toutes les trivialités de la vie usuelle comme toutes les grandeurs de la passion échevelée, n'est-ce pas la langue même de Shakespeare? Sans doute les figures que nous distinguons dans cette ébauche n'ont pas tout le relief des figures que le poëte nous montre dans ses tableaux les plus achevés. Ce ne sont, si vous voulez, que des silhouettes. Mais que d'originalité et de mouvement dans ces profils si légèrement indiqués !

Regardez le personnage principal, le mari. Remarquez-vous au-dessous de ce sourcil froncé et de cet œil terrible ce sourire sardonique? Cet homme est tellement joueur qu'il joue avec la misère même. Il tourne en plaisanterie sa propre douleur. C'est avec un jeu de mots qu'il nous apprend sa ruine. A-t-il perdu cinq cents anges d'or? C'est que « les anges l'ont abandonné et qu'il est damné! » Quelqu'un « de l'Université » vient-il lui annoncer l'emprisonnement de son frère? Il prétend que ce long mot, *université*, le pénètre tout entier, et il veut boire un verre de vin avec ce visiteur dont « les syllabes lui ont fendu le cœur. » Alors même qu'il joue du poignard, c'est toujours avec un jeu d'esprit : « Je suis votre enfant blond, » s'écrie l'enfant sur qui le couteau est levé. — « Tu vas être mon enfant rouge alors. » Et l'enfant est frappé à mort. A tant de traits surprenants comment ne pas reconnaître la plume du maître? Ces saillies puissantes suffisent à l'originalité d'un type. C'est par cette verve parfois presque bouffonne que le lugubre héros du drame parvient à nous faire surmonter l'épouvante qu'il nous inspire. Dans ce grand coupable, nous sentons toujours une intelligence supérieure égarée par une monomanie néfaste. Caractère à la fois sinistre et comique, ironique et passionné, tempérant la frénésie d'Othello par le sarcasme d'Iago, le principal personnage d'*une Tragédie dans l'Yorkshire* est une création vraiment shakespearienne. Cette supériorité intellectuelle dont il fait preuve constamment n'est pas seulement nécessaire pour provoquer et pour soutenir l'intérêt, elle l'est surtout pour justifier l'amour unique dont il est l'objet. Grâce à ces séductions de l'esprit, l'affection extraordinaire inspirée par le mari à la femme est parfaitement admissible et explicable, et nous nous inclinons devant cette affection, quand elle devient le mobile de si touchants sacrifices. Cette femme nous est d'ailleurs sympathique à tous les titres. Elle est douce, elle est tendre, elle est généreuse, elle est vaillante. Elle aime son mari, mais non de cet amour passif qui ne sait que se prosterner dans le martyre. Elle trouve dans sa tendresse même le point d'appui des plus nobles résistances. Elle sait, quand il le faut, disputer au prodigue le bien de ses enfants, et c'est en essayant d'un expédient tout maternel qu'elle surexcite la fureur mortelle du joueur. Éveillée au moment du crime, elle ressaisit l'enfant menacé, et ne lâche le cher petit que quand elle est blessée elle-même. Enfin, quand l'heure suprême de l'expiation est venue, elle rouvre ses bras endoloris au meurtrier que le gibet attend. Après avoir résisté, elle fait grâce. Ayant montré dans la lutte l'héroïque énergie d'Imogène, elle n'a plus, pour cet homme qui l'a frappée et comme épouse et comme mère, que l'angélique pitié de Desdémone.

Dans ce pardon magnanime, que la femme accorde à son mari du seuil de son veuvage, je retrouve la miséricorde immense qui émane des profondeurs de la raison shakespearienne. Pour Shakespeare en effet, l'homme n'est qu'à demi responsable des actions que les passions lui font commettre. Les passions sont des fièvres irrésistibles qui, à certaines crises, nous donnent le délire de la destruction. C'est fatalement que l'amour entraîne au suicide Antoine et Cléopâtre, Roméo et Juliette. C'est fatalement que la jalousie fait prononcer par Posthumus l'arrêt de mort d'Imogène, par Léontes l'arrêt de mort d'Hermione, par le More de Venise l'arrêt de mort de la Vénitienne. C'est fatalement que l'ambition pousse Macbeth à tuer Duncan et le roi Jean à assassiner Arthur. Aussi, pour tous ces misérables, le poëte a-t-il des paroles de pitié. Du haut de cette équité suprême qui juge les effets et les causes et qui proportionne la peine à la liberté, il absout tous ces fiévreux de l'instinct : il pleure sur Antoine et sur Cléopâtre, il sanglotte sur Roméo et sur Juliette, il rend à Posthumus et à Léontes leurs victimes ressuscitées, il se lamente sur Othello, il plaint Macbeth et il fait entrevoir le ciel au roi Jean pénitent.

Et voilà pourquoi, logique toujours, le poëte conclut par un mot de clémence cette *Tragédie dans l'Yorkshire*. Voilà pourquoi il finit par accorder le pardon, avec le repentir, à ce malheureux que l'irrésistible passion du jeu a affolé jusqu'au crime. Voilà pourquoi, généreux enchanteur, il exorcise par une bénédiction suprême le démon qui possédait cet homme et en faisait un monstre.

III

J'ai sous les yeux un livre curieux qui m'a été obligeamment prêté par la Bibliothèque de Bruxelles. C'est un exemplaire de la première édition du drame *les Deux nobles parents*, « tel qu'il a été joué à Blackfriars, avec grand succès, par les serviteurs de Sa Majesté le roi, écrit par ces maîtres mémorables de leur époque, M. John Fletcher et M. William Shakspeare [1], gentlemen, et imprimé à Londres

---

[1] Parmi les monuments littéraires du seizième et du dix-septième siècle, voici le seul où le nom de notre poëte soit épelé : *Shakspeare*. Cette épellation apocryphe se retrouve bien en tête de la première édition in-quarto du *Roi Léar* (1608), mais dans la seconde édition publiée la même année, elle fut rectifiée ainsi : *Shake-spcare*.

par Th. Cotes pour John Waterson (1684). » Sur la page faisant titre s'épanouit le même fleuron que nous avons déjà remarqué au titre de la première édition du *Roi Lear*, un œillet entouré d'un cadre de la Renaissance portant cette inscription mystérieuse : HEBDDIM. HEB. DDIEV. — Sur le verso opposé au titre de la pièce sont deux notes d'une encre déjà jaunie, écrites au siècle dernier par deux commentateurs de Shakespeare qui ont successivement possédé le volume, le docteur Grey et le docteur Farmer. La note de Farmer est ainsi conçue : « Cette pièce, *les Deux nobles parents*, est empruntée au *Conte du chevalier* de Chaucer. Morrell dans son édition de Chaucer dit « que
» les auteurs du drame ont ponctuellement observé l'ordre
» et les incidents du conte original, tout en omettant cer-
» taines circonstances, comme les grands et nobles prépa-
» ratifs du tournoi, la belle description des divers temples,
» et la solennité des funérailles d'Arcite. Toutefois la pièce
» est fort digne d'être lue et renferme d'inimitables traits
» qui attestent la main magistrale de Shakespeare. » Voici la note de Grey : « Presque tout, sinon tout le premier acte, semble avoir été écrit par Shakespeare ; ainsi que la première scène de l'acte III, et tout le dernier acte, à l'exception de la scène II. »

Cette note de Grey, qui n'a pas encore été mise au jour, est particulièrement intéressante en ce qu'elle résume exactement les conclusions d'un travail publié en 1833 par un professeur de l'Université d'Édimbourg, M. William Spalding. Dans une savante analyse des *Deux nobles parents*, M. Spalding fait très-minutieusement la part des deux auteurs qui ont collaboré à ce drame ; comme Grey, il attribue à Shakespeare tout le premier acte, la première scène du troisième acte, et tout le dernier acte, à l'exception de la scène II, et il impute à Fletcher le reste de la pièce, y compris l'action secondaire dont la fille du geôlier est l'héroïne. En étudiant *les Deux nobles parents*, j'ai pu contrôler moi-même la justesse des assertions émises par les deux critiques anglais, et, sauf une réserve, je me rallie complétement à leur verdict. La part faite par eux à Shakespeare, si large qu'elle soit, ne me semble pas tout à fait assez vaste, et je réclame pour le maître la scène II de l'acte IV, cette scène, à la fois si habile et si belle, où Émilie, regardant l'un après l'autre les portraits des deux amoureux qui se battent pour la posséder, fait tour à tour pour l'un et pour l'autre des vœux qu'elle rétracte aussitôt, ne sachant auquel des deux champions souhaiter définitivement la victoire. Cette scène exceptée, j'abandonne à Fletcher tout ce que lui laissent les critiques anglais. Pas plus qu'eux, je ne veux disputer à Fletcher l'invention de ces incidents subalternes qui mêlent dans un fantasque amalgame des réminiscences plus ou moins heureuses d'*Hamlet*, de *Peines d'amour perdues* et du *Songe d'une nuit d'été*. Cette fille du geôlier, qui s'affole du prince Palémon et finit par se guérir en épousant un galant quelconque, est une bien pâle contrefaçon d'Ophélia; Gerrold, ce maître d'école qui assaisonne toutes ses phrases de citations latines et improvise le spectacle offert au duc d'Athènes, est la caricature du pédant Holopherne qui, vous vous rappelez, fait représenter devant le roi de Navarre la tragi-comédie des *Neuf preux*; enfin les paysans qui répètent dans les bois sous la direction de Gerrold les rôles qu'ils doivent jouer devant Thésée, singent tout simplement la troupe de Bottom ânonnant dans la forêt d'Athènes les tirades qu'elle doit déclamer devant le duc. Ce n'est certainement pas à Shakespeare qu'il faut attribuer ces pastiches de Shakespeare. Une imagination si féconde et si variée n'a pas pu se répéter ainsi, et c'est pourquoi je laisse à Fletcher toute la responsabilité de l'intrigue secondaire qui est superficiellement mêlée au drame des *Deux nobles parents*.

D'ailleurs la méprise ici est impossible. Il faut avoir traduit les *Deux nobles parents* pour se rendre compte de l'immense différence qui existe entre le style de Shakespeare et celui de Fletcher. Autant la phrase du premier est rebelle et hostile à l'interprétation, autant la phrase du second lui est docile et aisée. Le traducteur des *Deux nobles parents* reconnaît ainsi presque infailliblement, à la mesure même des obstacles qu'il rencontre, l'auteur auquel il a affaire. Est-il en face de Shakespeare? Mille difficultés surgissent; ici, une ellipse des plus hardies; là, une hyperbole vertigineuse; là, une antithèse énorme; plus loin, une image frappante qui va se perdant dans le clair-obscur du rêve; plus loin encore, un amas de métaphores disparates qui jaillissent de la même idée et se précipitent inachevées les unes sur les autres; pour essayer de rendre tout cela, il faut que le traducteur s'évertue continuellement, et c'est après maintes hésitations, après maints échecs, après maintes ratures, qu'il parvient à conquérir la parole définitive qui se rapproche le plus du mot original.

Au contraire est-il devant Fletcher? Tout change : la langue, élégante et souple, prend tout à coup la familiarité moderne; elle s'éclaircit en s'amoindrissant; plus de brusques raccourcis, ni d'insondable pénombre; plus de métaphores entrechoquées; l'image, unie comme la pensée, se développe nettement dans sa plénitude logique; la phrase est agréable, touchante, éloquente, pathétique même; elle charme souvent, mais elle n'étonne plus; la grâce est restée, mais le génie a disparu. Aussi la tâche du traducteur, naguère si pénible, devient brusquement facile, et l'expression décisive dont il a besoin se place, pour ainsi dire, d'elle-même sous le texte qu'il doit rendre. Aidé de ce critérium tout spécial, que je signale à tous ceux qui seront tentés d'y avoir recours, j'ai donc pu affronter sans présomption le délicat problème que *les Deux nobles parents* présentent depuis plus de deux siècles à la curiosité des érudits, et je puis sans témérité affirmer la solution qui m'a été, en quelque sorte, suggérée par la plus patiente étude.

La fable qui fait le sujet principal des *Deux nobles parents* a le même caractère et a eu presque les mêmes destinées que le roman de *Troylus et Cressida*. Issue, comme ce roman, de l'imagination gréco-latine, elle participe, comme lui, de l'antiquité et du moyen âge dont elle résume les deux traditions, en donnant aux héros du monde païen les mœurs de la chevalerie féodale. Comme ce roman, elle a été importée de Grèce en Italie, et d'Italie en Angleterre; comme lui, avant d'inspirer Shakespeare, elle avait inspiré Chaucer; avant d'inspirer Chaucer, elle avait inspiré Boccace.

Qui connaît aujourd'hui *la Théséide*, ce poëme épique que l'auteur du *Décaméron* dédia à la Fiammetta, par une épître datée de Naples, le 15 avril 1341, et qui, après avoir circulé en mille manuscrits du quatorzième siècle au quinzième, fut imprimé à Ferrare en 1475? Qui d'entre vous a lu les dix mille vers de ces douze chants que savaient par cœur les contemporains de Pétrarque? Eh bien, c'est cet ouvrage, jadis si illustre, aujourd'hui si ignoré, qui a révélé à l'Europe barbare la fable jusque-là ensevelie dans quelque grimoire byzantin. Secouons donc la poussière quatre fois séculaire qui couvre cette *Iliade* oubliée, et feuilletons-en rapidement les pages vermoulues. — *La Théséide* commence par une pompeuse description de la guerre entreprise par Thésée contre les Amazones. Thésée triomphe et épouse Hippolyte. Mais le peuple d'Athènes commence à se plaindre de l'absence prolongée de son bon duc qui guerroie depuis deux ans en Scythie, et Thésée, ayant entendu dans une vision l'appel de son frère d'armes Pirithoüs, revient immédiatement à Athènes avec Hippolyte et sa sœur, la charmante Émilie. Entrée triomphale. En passant devant le temple de la Clémence, le héros est abordé par des dames grecques qui se jettent à ses pieds en le suppliant de venger leurs époux occis par le roi Créon. Thésée n'hésite pas ; il s'arrache aux bras d'Hippolyte, marche sur Thèbes, défait et tue Créon, puis ramène captifs deux neveux du tyran, Palémon et Arcite. — Condamnés à la détention perpétuelle, les deux amis sont enfermés ensemble dans une prison dont la fenêtre domine un beau jardin attenant au palais ducal. Un jour Émilie traverse en chantant ce jardin. Arcite, qui était à la croisée, l'aperçoit, pousse un cri d'admiration et appelle Palémon qui, comme lui, tombe en extase devant cette apparition radieuse. L'un et l'autre se font part de leurs impressions, et, sans jalousie, sans colère, s'avouent qu'ils sont épris de la même beauté. Émilie, se sentant admirée, lève les yeux vers la fenêtre, rougit, et répond par un sourire de sympathie à ce double regard d'amour. — Un incident sépare alors les deux prisonniers. Arcite, rendu à la liberté par l'intercession de Pirithoüs, fait ses adieux à Palémon qui l'embrasse en pleurant. Il s'éloigne quelque temps d'Athènes, puis y revient sous un faux nom et entre ainsi au service de Thésée. Seule, Émilie sait qui il est, et lui garde fidèlement le secret. C'est alors qu'il est reconnu par Pamphilo, serviteur de Palémon. Palémon apprend tout par ce valet et devient jaloux d'Arcite. Il réussit à s'évader de prison en changeant d'habits avec le docteur Alimeto, son médecin, court à la recherche de son rival, trouve Arcite endormi dans un bois, le réveille, et le somme de renoncer à Émilie ou de se battre. Arcite tient moins à la vie qu'à Émilie. Les deux amis, devenus dès lors ennemis, mettent l'épée à la main ; mais Émilie a entendu le bruit de l'estocade et appelle Thésée pour séparer les combattants. Le duc accourt, et, furieux, leur commande de cesser. Les deux adversaires s'arrêtent, se nomment et révèlent la cause de leur duel. Thésée leur pardonne, et décide que les deux rivaux videront leur différend dans un combat solennel de cent chevaliers contre cent chevaliers; Émilie devra appartenir au vainqueur. — Nous voici au livre VI. — Palémon et Arcite se préparent à ce tournoi décisif, et chacun convoque par des hérauts ses partisans. Les princes de la Grèce se rendent, bannières au vent, à ce double appel. D'un côté se présentent Lycurgue, Pélée, Phocus, Télamon, Agamemnon, Ménélas, Castor et Pollux; de l'autre Nestor, Évandre, Pirithoüs, Ulysse, Diomède, Minos, Pygmalion, tous héros ou demi-dieux, tous chevaliers. Le moment fatidique approche; un jour seulement nous sépare de la bataille. Arcite, Palémon, Émilie passent en prières cette veillée des armes; Arcite s'adresse à Mars, Palémon à Vénus, Émilie à Diane; et, chose surprenante, les trois divinités infaillibles ont répondu aux trois invocations par des signes favorables. — Enfin a lieu l'épreuve suprême qui tient attentifs la terre et le ciel. La mêlée est terrible. Après des efforts prodigieux, Palémon est vaincu et fait prisonnier. Mais à ce moment même la destinée se rétracte : le cheval d'Arcite se cabre, épouvanté par une furie que Vénus a tout exprès déchaînée de l'enfer. Arcite tombe. On le relève mortellement blessé. Il entre agonisant dans Athènes, ayant Émilie à ses côtés sur le char de triomphe devenu un char funèbre. Bientôt ses forces le trahissent, et il expire en léguant sa bien-aimée à Palémon délivré. Palémon épouse Émilie et témoigne sa reconnaissance envers son généreux vainqueur en lui élevant un monument.

Telle est l'épique légende que nous retrouvons dans le récit du Chevalier [1] au commencement des *Contes de Cantorbéry*. Chaucer a condensé en deux mille vers les dix mille vers de Boccace. Mais le poëte anglais ne s'est pas borné à résumer l'épopée italienne, il l'a souvent remaniée d'une

---

[1] Voir la traduction de ce conte à l'Appendice.

manière caractéristique. Ainsi, dans cet incident capital où Émilie, se promenant au jardin, apparaît aux deux prisonniers, ce n'est plus Arcite, mais Palémon qui l'aperçoit le premier; c'est Palémon qui le premier a possédé Émilie du regard, et cette antériorité de possession idéale lui crée un titre, dont il se prévaudra pour accuser Arcite d'usurpation, et dont Arcite lui-même reconnaîtra la valeur en mourant. Modification ingénieuse qui donne au dénoûment une sorte de justice poétique. — Dans ce même incident du jardin, Émilie, telle que la présente Chaucer, n'encourage plus d'un sourire les deux amoureux qui la contemplent; elle traverse le jardin sans lever les yeux et sans se douter qu'elle a conquis deux cœurs par sa seule apparition. Innovation délicate qui substitue au provoquant abandon de la fille du midi la froide réserve de la fille du nord et qui met à l'abri de tout reproche futur la fatale beauté de l'héroïne. — Enfin, toujours dans le même incident, les deux amis, qui, suivant le récit de Boccace, se confiaient sans animosité leur passion commune pour Émilie, sont brouillés par Chaucer dès les premiers mots; à peine se sont-ils avoué leurs impressions que l'hostilité éclate; ils n'attendent pas une minute pour se déclarer mutuellement la guerre; ils se défient, ils se bravent, ils se provoquent. Tout à l'heure frères, les voilà désormais ennemis jurés. La jalousie les a envahis en même temps que l'amour. Ce changement profond, qu'autorise l'omnipotence des passions humaines, ajoute à la fable italienne un élément très-dramatique. Mais ce n'est pas tout; nous devons encore à Chaucer une conception fort remarquable : au moment où les deux héros se rejoignent dans le bois où ils veulent s'exterminer, le poëte anglais établit entre eux une sorte de trêve de Dieu; Arcite a retrouvé Palémon mourant de faim, exténué de fatigue et désarmé; vite il apporte à son adversaire tout ce qui lui est nécessaire, lui donne à boire et à manger, lui dresse un lit sous la feuillée et lui souhaite le bonsoir; le lendemain, il revient avec les harnais de bataille et les épées. Sur quoi, ces jeunes gens, qui dans un moment vont se battre à outrance, se prêtent silencieusement la plus intime assistance; ils s'aident l'un l'autre, avec la plus curieuse sollicitude, à revêtir, pièce à pièce, ces armures dont ils essaieront tout à l'heure de trouver le défaut. Avant de se frapper, ils tâchent de se rendre invulnérables. Quoi de plus touchant et de plus gracieux que ce tacite échange de courtoisies chevaleresques?

Ainsi modifiée par Chaucer, la fable de Boccace est devenue le sujet des *Deux nobles parents*. Le drame, signé de Shakespeare et de Fletcher, est, dans ses éléments essentiels, strictement conforme à la narration du Chevalier dans les *Contes de Cantorbéry*. Si parfois il altère le plan indiqué par Chaucer, c'est uniquement pour justifier l'introduction des épisodes secondaires qui compliquent l'action principale. — Ainsi, dans le *Conte du Chevalier*, Palémon s'échappe de prison, aidé d'un ami, après avoir grisé le geôlier avec un vin opiacé; dans la pièce, il est mis en liberté par la fille même du geôlier dont le fol amour donne lieu à une série de scènes nouvelles. — Dans le *Conte du Chevalier*, Arcite, déguisé et méconnaissable, entre au service de Thésée en qualité de pauvre journalier et devient ainsi, grâce à son zèle, page de la chambre d'Émilie; dans la pièce, il n'est attaché à la personne d'Émilie qu'après avoir remporté le prix de la lutte dans des joutes athlétiques qui forment un important intermède. Mais, sauf ces modifications de détail nécessitées par les digressions de l'action, le poëme est le scénario exact du drame. La fable, que Boccace raconte en dix mille vers et Chaucer en deux mille, remplit quinze scènes dans les *Deux nobles parents*. De ces quinze scènes, dix sont attribuées à Shakespeare et cinq seulement à Fletcher.

Si je ne me trompe, nous devons à Shakespeare cet admirable prélude où la fête nuptiale de Thésée se heurte à la douleur des trois reines dont Créon a tué les époux. C'est par un contraste tout shakespearien que sont mis face à face ces deux cortéges si diversement majestueux, l'un guidé par l'hymen, l'autre mené par le deuil, l'un, avec ses chants d'allégresse et ses joyeux épithalames, l'autre, avec ses plaintes déchirantes et ses nénies funèbres, l'un, couronné de roses, l'autre, couronné de cendre. Magnifique rapprochement qui donne au mariage l'éternelle réplique du veuvage et qui symbolise l'inévitable croisement de la vie avec la mort!

C'est à Shakespeare également que nous devons tous les nobles tableaux qui se succèdent dans le premier acte : Hippolyte sacrifiant son bonheur au malheur des trois augustes suppliantes et décidant Thésée à la quitter pour aller châtier Créon, — Palémon et Arcite se déterminant par patriotisme à combattre pour leur oncle Créon qu'ils détestent et qu'ils méprisent, — Pirithoüs faisant ses adieux à Émilie et à Hippolyte pour aller rejoindre son frère d'armes Thésée, — puis les deux armées s'entrechoquant sous les murs de Thèbes, dans cette décisive lutte où Créon est tué et où Palémon et Arcite sont faits prisonniers, — enfin les trois veuves ensevelissant pieusement les chers cadavres qui sont pour elles les trophées de la victoire.

Avec le second acte commence la tâche de Fletcher.

C'est Fletcher qui nous décrit successivement la brouille subite des deux amis prisonniers à l'apparition d'Émilie, — la mise en liberté d'Arcite à la sollicitation de Pirithoüs, — l'évasion de Palémon à qui la fille du geôlier donne la clef des champs, — le triomphe d'Arcite dans les joutes publiques et son admission au service d'Émilie.

Ici, au commencement du troisième acte, Shakespeare reprend la plume pour une scène unique et nous présente les deux rivaux, face à face, dans la forêt; il nous montre

Palémon affamé, s'échappant d'un buisson et menaçant de ses poings enchaînés Arcite qui répond à toutes ces injures en promettant à son adversaire une lime pour le délier, des aliments pour le nourrir, une épée et une armure pour l'équiper.

L'accomplissement de cette promesse amène deux scènes très-pathétiques, les scènes où Palémon et Arcite, faisant trêve pour un moment à leur animosité, boivent à la santé l'un de l'autre en devisant des beaux jours passés, puis s'aident mutuellement à revêtir leur panoplie, se saluent, se défient et se battent dans une lutte à mort que la toute-puissance de Thésée peut seule interrompre. Ces deux scènes paraissent être de Fletcher, et, si elles sont de lui, comme on doit le croire, ce sont les plus belles qu'il ait jamais écrites.

Après ces deux scènes, le drame se poursuit et s'achève dans cette forme suprême dont Shakespeare seul a le secret. Shakespeare, par un merveilleux monologue, met à nu l'âme vierge de l'héroïne; il nous peint le trouble d'Émilie essayant de choisir entre les deux amours qui s'offrent à elle. La pauvre enfant contemple-t-elle le portrait du doux et blond Arcite? C'est Arcite qu'elle préfère. Regarde-t-elle la brune et virile figure de Palémon? C'est Palémon qu'elle voudrait. A mesure qu'approche le moment fatal, l'anxiété de la jeune fille augmente. Elle se jette éperdue au pied de l'autel de Diane, et conjure la déesse de choisir elle-même entre les amants et de lui accorder le plus digne. Puis, quand le duel commence, elle se tient palpitante aux abords du champ clos et tâche de deviner l'issue du combat aux acclamations de la foule. Mille voix crient : *Vive Palémon!* Vite Émilie, croyant Palémon vainqueur, tire de son sein le portrait d'Arcite : « Tu as donc perdu, mon pauvre serviteur! dit-elle en le regardant. J'ai constamment porté ton portrait à ma droite, celui de Palémon à ma gauche. Pourquoi? Je ne sais pas; je n'avais pas de but en les plaçant ainsi ; c'est le hasard qui l'a voulu. Du côté gauche est le cœur : Palémon avait la meilleure chance ! » Mais écoutez! de nouveaux cris se font entendre! Ce n'est plus Palémon qu'on acclame, c'est Arcite. En effet Arcite, un instant acculé par son adversaire, a été dégagé par ses seconds et a ressaisi l'avantage. Décidément c'est Arcite qui l'emporte. La fortune s'est déjugée, et voilà Émilie qui se dédit à son tour. « Les moins clairvoyants voyaient bien qu'Arcite n'était pas un enfant! Dieu du ciel! la splendeur du courage rayonnait en lui... Je croyais bien qu'il arriverait malheur à Palémon, mais je ne savais pas pourquoi je croyais cela... Hélas! pauvre Palémon! » Et, suffoquée par les sanglots, elle va se livrer à Arcite dont elle s'imagine être la femme. Mais Émilie se trompe encore : elle croit se marier avec Arcite, et c'est Palémon qu'elle épousera. Elle plaint Palémon, et c'est Arcite qu'elle doit pleurer. Car, au moment même où Arcite, couronné de lauriers, accourait vers Émilie, il a été précipité à terre par le cheval qu'Émilie elle-même lui avait donné, et on l'apporte expirant sur la scène :

— Palémon! murmure le mourant, prends Émilie et avec elle toutes les joies du monde... Tends-moi ta main... Adieu! J'ai compté ma dernière heure... J'ai été infidèle, mais jamais traître. Pardonne-moi, cousin!... Un baiser d'Émilie!... C'est fait... Prends-la, je meurs.

Et Émilie, devenue la femme de Palémon, ferme les yeux d'Arcite.

Ces dernières scènes sont d'un maître. Shakespeare seul a pu faire retentir si distinctement les battements les plus intimes et les plus délicats d'un cœur de femme. Ces tergiversations d'Émilie, ces doutes, ces contradictions, ces aveux et ces désaveux, ces déclarations et ces réticences fiévreuses sont comme les grondements orageux qui précèdent et qui annoncent le coup de foudre de l'amour. Philosophiquement, rien n'est plus vrai que cette peinture des prodromes de la passion ; dramatiquement, rien n'est plus habile. C'est par l'indécision de l'héroïne que se justifie le dénoûment. Pour que ce dénoûment soit équitable, il faut qu'Émilie ait hésité jusqu'au bout entre Arcite et Palémon. Il faut que sa prédilection soit restée suspendue à l'arrêt du sort. Le oui définitif doit tomber de sa bouche en même temps que des lèvres de la destinée. Une si noble créature ne peut accorder son amour qu'à l'homme auquel elle se donnera tout entière.

J'ai essayé d'indiquer quelle est la part de Shakespeare et quelle est la part de Fletcher dans la composition des *Deux nobles Parents*. L'exposition et la conclusion du drame ont été traitées par Shakespeare ; toutes les péripéties intermédiaires, hormis deux scènes, ont été développées par Fletcher. Voilà pour moi l'évidence, telle qu'elle ressort de l'expertise la plus scrupuleuse. Mais de grosses objections s'élèvent contre cette évidence. La collaboration de Shakespeare et de Fletcher est par elle-même un fait tellement extraordinaire qu'un grand nombre de critiques la nient *à priori*, sans se préoccuper des preuves qui ici doivent dominer leur raisonnement. Comment admettre, s'écrient-ils, que Shakespeare, dans la plénitude de sa puissance créatrice, ait appelé à son secours un de ses élèves pour terminer une œuvre exécutée aux trois quarts par lui-même ? Se figure-t-on Rembrandt faisant peindre par Metzu ou par Nicolas Maës le plan le plus important d'un de ses principaux tableaux ? Quoi de plus étrange que cette distribution de la besogne entre le maître et le disciple ? On comprendrait à la rigueur que Shakespeare eût abandonné à Fletcher le développement de l'intrigue secondaire qui complique le scénario des *Deux nobles Parents*; mais est-il possible d'admettre qu'il ait laissé traiter par un inférieur les incidents les plus dramatiques de l'action principale, en ne réservant à son inspiration personnelle que le prologue et le dénoûment de cette action? S'imagine-t-on le génie suspendant arbitrairement son souffle au milieu même de l'œuvre qu'il a prétendu vivifier?—Toutes ces objections, si concluantes qu'elles paraissent, tombent devant une simple hypothèse qui nous est suggérée par la tradition du dix-septième siècle. D'après cette tradition, Shakespeare aurait laissé en mourant le manuscrit inachevé des *Deux nobles Parents*, et ce manuscrit inachevé aurait été complété par Fletcher après la mort de Shakespeare. Toutes ces invraisemblances, qui provoquent les doutes de la critique, sont dissipées par une explication si simple. Shakespeare, sur la fin de sa carrière, a choisi pour sujet de drame l'antique fable de *Palémon et Arcite*. Déjà tous les personnages et toutes les situations se dressent devant son imagination avec le relief saisissant de la réalité ; l'ouvrage est tout fait dans le cerveau du poëte, il n'y a plus qu'à l'écrire ; Shakespeare s'approche d'une table, et jette sur le papier les premières et les dernières scènes. Loin de lui la pensée d'appeler un collaborateur ! A-t-il eu besoin d'un coup de main pour terminer son colossal *Hamlet?* A d'autres ces faiblesses ! Shakespeare veut achever seul la besogne que seul il a entreprise. Mais au moment où il va poursuivre sa tâche, au moment où il va relier par les scènes centrales le commencement et la fin du drame rêvé, la mort le frappe et lui arrache la plume. Que se passe-t-il alors? Le manuscrit, resté sur la table du glorieux défunt est remis, tel quel, à la Compagnie des Serviteurs du roi qui a acquis le monopole des pièces du maître. La Compagnie transmet ces feuillets épars à Fletcher et charge celui-ci de terminer le travail incomplet. Certes, si quelqu'un est capable de mener à fin cette tâche, c'est bien Fletcher, le meilleur élève du maître, Fletcher, ce poëte ingénieux et élégant qui a de tout temps pris Shakespeare pour modèle et qui a su si bien s'inspirer de *la Tempête* dans le *Voyage sur mer*, du *Songe d'une Nuit d'été* dans la *Fidèle Bergère*, d'*Antoine et Cléopâtre* dans *la Perfide*, du *Roi Jean* dans *Valentinien*, et de *Richard III* dans *Rollon*. Le jeune auteur, qui a l'habitude des collaborations, accepte la mission qui lui est confiée par l'impresario de Blackfriars; guidé par le poëme de Chaucer, il écrit toutes les scènes qui manquent encore à la pièce; il complète l'action principale, il y intercale l'intrigue secondaire qu'il remplit de réminiscences toutes shakespeariennes, et *les Deux nobles Parents*, ainsi achevés, sont représentés avec grand succès, « with great applause, » devant le parterre anglais qui, dans cette circonstance unique, peut acclamer à la fois les deux noms de Shakespeare et de Fletcher.

Il est temps que le public de nos jours, comme le public d'autrefois, rende justice aux réelles beautés que renferment *les Deux nobles Parents*. Ne soyons pas moins déférents que nos pères envers un ouvrage extraordinaire que la catastrophe d'avril 1616 a seule peut-être empêché d'être un chef-d'œuvre. Pour le lecteur attentif il doit se dégager de ces pages une émotion presque religieuse. Je ne sais quelle mélancolie respire dans ce drame ébauché au bord d'un sépulcre. N'y a-t-il pas comme un pressentiment de la tombe imminente dans ces vers qui concluent le premier acte ?

> This world's a city, full of straying streets;
> And death's the market-place where each one meets.

> Ce monde est une cité pleine de rues divergentes,
> Et la mort est la place publique où chacune se rencontre.

Cette belle pensée pourrait servir d'épigraphe à l'œuvre tout entière. *Les Deux nobles Parents* nous présentent en effet la vie par son côté le plus sombre, dans son rapport essentiel et nécessaire avec la mort. Le premier acte, commencé par la noce de Thésée, se termine par l'ensevelissement des chefs thébains; le dernier acte s'achève à la fois par le mariage de Palémon et par les funérailles d'Arcite. Quelle critique de notre destinée que cette inéluctable conclusion! Voilà deux jeunes hommes accomplis, charmants, beaux, magnanimes et chevaleresques; l'idéal illumine leurs fronts; ils s'aiment; leurs âmes sont sœurs; ce ne sont pas des compagnons, ce sont des jumeaux; soudain, près de ces inséparables une jeune fille passe, et ils sont à jamais divisés! L'amour souffle sur leur amitié et la transforme en haine. Les voilà rivaux. L'un n'a plus qu'une idée, se défaire de l'autre. Ils se cherchent, l'épée à la main; ils se défient, et dès lors s'impose le dénoûment lamentable : pour que celui-ci soit heureux, il faut que celui-là succombe. Il faut qu'on prépare un cercueil en même temps que le lit nuptial. Palémon ne reposera près d'Émilie que quand Arcite sera couché dans le linceul. Quel crime avait-il donc commis, cet Arcite, pour être si tôt condamné à mort? Ce crime : aimer!

— O malheur infini! dit Hippolyte éplorée, ces quatre beaux yeux ne devaient-ils se fixer sur un seul objet que pour qu'il y en eût deux d'aveuglés!

— Il en doit être ainsi, réplique froidement Thésée.

Et Thésée a raison; car telle est la loi suprême. Dans le monde mystérieux et inexpliqué où nous sommes, la destruction est la condition nécessaire de l'existence. Toutes nos voluptés sont sanglantes, toutes nos félicités sont meurtrières; notre satiété se complique toujours d'une boucherie. Le bonheur est doublé de deuil. Tout berceau ébauche une tombe. Qu'on me dise quel est le plaisir qui ne contienne pas une larme! Qu'on me trouve une joie qui ne soit pas expiée par une affliction! « O célestes charmeurs! s'é-
» crie le poëte en s'adressant aux dieux à la fin du drame,

» que faites-vous de nous ! Après un échec, nous nous
» prenons à rire; après un succès, à pleurer ; et toujours
» nous sommes des enfants de façon ou d'autre. » Ici-bas,
en effet, qui dit satisfaction, dit souffrance. La fatalité exige
un désastre de chaque triomphe. Bourreaux innocents que
nous sommes, nous ne jouissons qu'en torturant. Nos délices sont des supplices. Hélas ! l'homme est un angélique
démon qui fait son paradis d'un enfer.

Bruxelles, 10 novembre 1865.

LA

TRÈS LAMENTABLE TRAGÉDIE ROMAINE DE

TITUS ANDRONICUS

Telle qu'elle a esté iouée souuentes fois par
les serviteurs des Très Honorables, le Comte de
Pembroke, le Comte de Darbie, le Comte de Sussex,
et le lord Chambellan.

.A LONDRES.

Imprimé par I. R. pour Édouard White et
mis en vente à sa boutique, à la petite
porte du nord de Saint-Paul, à l'enseigne du Canon.

1600

PERSONNAGES :

SATURNINUS, fils aîné du dernier empereur romain.
BASSIANUS, frère de Saturninus.
TITUS ANDRONICUS, général romain.
MARCUS ANDRONICUS, tribun, frère de Titus.
LUCIUS,
QUINTUS,
MARTIUS,
MUTIUS,
} fils de Titus Andronicus.
LE JEUNE LUCIUS, fils de Lucius, petit-fils de Titus.
PUBLIUS, fils de Marcus.
ÆMILIUS, noble romain.
ALARBUS,
CHIRON,
DÉMÉTRIUS,
} fils de Tamora.
AARON, le more, amant de Tamora.

UN CAPITAINE. UN PAYSAN.
UN TRIBUN. DES MESSAGERS.

TAMORA, reine des Goths, puis impératrice.
LAVINIA, fille de Titus.
UNE NOURRICE.

PARENTS DE TITUS, SÉNATEURS, TRIBUNS, OFFICIERS, SOLDATS
et serviteurs.

La scène est à Rome et dans les environs.

SCÈNE I

[Rome. Une place devant le Capitole. Sur un des côtés, le tombeau de famille des Andronicus (1).]

Les sénateurs et les tribuns sont placés sur une plate-forme supérieure. Entrent par une porte SATURNINUS et ses partisans, par l'autre, BASSIANUS et ses partisans, tambour battant, enseignes déployées.

SATURNINUS.

— Nobles patriciens, patrons de mes droits, — défendez par les armes la justice de ma cause; — et vous, concitoyens, mes chers partisans, — faites valoir avec vos épées mon titre héréditaire. — Je suis le fils aîné de celui qui, le dernier, — a porté le diadème impérial de Rome; — faites donc revivre en moi la dignité de mon père, — et n'outragez pas mon âge par une dégradation.

BASSIANUS.

— Romains, amis, partisans, défenseurs de mes droits, — si jamais Bassianus, le fils de César, — a trouvé grâce aux yeux de la royale Rome, — gardez cette entrée du Capitole, — et ne souffrez pas que le déshonneur approche — du trône impérial, consacré à la vertu, — à la justice, à la continence, et à la noblesse; — mais faites que le mérite brille dans une pure élection, — et combattez, Romains, pour assurer la liberté de votre choix.

Marcus Andronicus *apparaît au sommet de la scène, portant la couronne.*

MARCUS.

— Princes qui, à l'aide des factions et de vos partisans, vous disputez — ambitieusement le pouvoir et l'empire, — sachez que le peuple de Rome, dont nous soutenons — spécialement les intérêts, a, d'une voix unanime, — dans une élection pour l'empire romain, — choisi Andronicus, surnommé le Pieux, — en considération de tous les grands et loyaux services qu'il a rendus à Rome. — Il n'existe pas aujourd'hui dans les murs de la cité — un homme plus noble, un plus brave guerrier. — Il est rappelé ici par le sénat — de sa rude campagne contre les Goths barbares, — après avoir, avec le concours de ses fils, terreur de nos ennemis, — subjugué une nation redoutable et nourrie dans les armes. — Dix années se sont écoulées depuis le jour où, se chargeant — de la cause de Rome, il châtia par les armes — l'orgueil de nos ennemis. Cinq fois il est revenu — ensanglanté dans Rome, rapportant ses vaillants fils — du champ de bataille dans des cercueils; — et aujourd'hui enfin, chargé des dépouilles de l'honneur, — il revient à Rome, le bon Andronicus, — l'illustre Titus, dans toute la fleur de sa gloire. — Nous vous en conjurons, au nom de celui — que vous désirez maintenant voir dignement remplacé, — au nom des droits du sénat, des droits du Capitole, — que vous prétendez honorer et adorer, — retirez-vous, renoncez à la violence, — congédiez vos partisans, et, en loyaux candidats, — faites valoir vos mérites avec une pacifique humilité.

SATURNINUS.

— Comme la belle parole de ce tribun calme mes pensées !

BASSIANUS.

— Marcus Andronicus, je me fie — à ta droiture et à ton intégrité, — et j'ai tant de sympathie, tant de respect pour toi et pour les tiens, — pour ton noble frère Titus et pour ses fils, — pour celle devant qui ma pensée s'humilie, — pour la gracieuse Lavinia, le riche ornement de Rome, — que je veux ici même congédier mes fidèles amis, — et confier ma cause à ma fortune et à la faveur du peuple, — pour qu'elle soit pesée dans la balance.

Les partisans de Bassianus sortent.

SATURNINUS.

— Amis, qui avez été si zélés pour mes droits, — je vous remercie tous et vous congédie, — et je confie mon existence, ma personne et ma cause — à l'amour et à la bienveillance de mon pays.

Les partisans de Saturninus sortent.

— Rome, sois aussi juste, aussi gracieuse pour moi — que je suis confiant et affectueux envers toi !... — Ouvrez les portes et laissez-moi entrer.

BASSIANUS.

— Tribuns ! et moi aussi, humble candidat !

Fanfares. Bassianus et Saturninus se retirent dans le Capitole avec le sénat.

Entre UN CAPITAINE, *entouré de la foule.*

LE CAPITAINE.

— Romains, faites place. Le brave Andronicus, — le patron de la vertu, le meilleur champion de Rome, — heureux dans toutes les batailles qu'il livre, — est revenu, sous l'égide de la gloire et de la fortune, — de la guerre où il a circonscrit de son épée — et mis sous le joug les ennemis de Rome.

Bruit de tambours et de trompettes. Entrent deux des fils survivants de Titus; derrière eux, des hommes portant un cercueil tendu de noir; puis les deux derniers fils de Titus. Derrière eux, TITUS ANDRONICUS; *puis* TAMORA, *reine des Goths, et ses deux fils,* CHIRON *et* DÉMÉTRIUS, *suivis d'*AARON *le More et d'une multitude aussi nombreuse que possible. On met à terre le cercueil, et Titus parle.*

TITUS.

— Salut, Rome, victorieuse dans tes vêtements de deuil ! — Ainsi que la barque, qui a porté au loin sa cargaison, — retourne avec une précieuse charge à la baie — d'où elle a naguère levé l'ancre, — ainsi Andronicus, couronné de lauriers, revient — pour saluer sa patrie avec ses larmes, — larmes de vraie joie que lui fait verser son retour à Rome... — O toi, grand défenseur de ce Capitole, — préside gracieusement à la cérémonie qui nous occupe ! — Romains, de vingt-cinq vaillants fils, — la moitié du nombre qu'avait le roi Priam, — voyez les pauvres restes, vivants et morts ! — A ceux qui survivent, que Rome accorde en récompense son amour ; — à ceux que je conduis à leur dernière demeure, — la sépulture au milieu de leurs ancêtres ! — Ici les Goths m'ont permis de rengaîner mon épée. — Titus, cruel, indifférent aux tiens, — pourquoi souffres-tu que tes fils, non ensevelis encore, — errent sur la redoutable rive du Styx ?

On ouvre le tombeau des Andronicus.

— Recevez là l'accueil silencieux auquel sont habitués les morts, — et dormez en paix, victimes des guerres de votre patrie ! — O réceptacle sacré de mes joies, — sanctuaire auguste de la vertu et de la noblesse, — combien de mes fils as-tu accaparés, — que tu ne me rendras plus !

LUCIUS.

— Donnez-nous le plus fier des prisonniers goths, — que nous hachions ses membres, et que, sur un bûcher,

— nous les offrions en sacrifice *ad manes fratrum*, — devant cette prison terrestre de leurs ossements ; — en sorte que les ombres de nos frères soient apaisées, — et que nous ne soyons pas obsédés sur terre de prodigieuses apparitions !

TITUS.

— Je vous donne celui-ci, le plus noble de ceux qui survivent, — le fils aîné de cette reine en détresse.

TAMORA.

— Arrêtez, frères romains... Gracieux conquérant, — victorieux Titus, aie pitié des larmes que je verse, — larmes d'une mère passionnée pour son fils ; — et, si jamais tes fils te furent chers, — oh ! songe que mon fils m'est également cher. — Ne suffit-il pas que nous soyons amenés à Rome, — pour embellir ton triomphal retour, — asservis à toi et au joug romain ? — Faut-il encore que mes fils soient égorgés dans les rues — pour avoir vaillamment défendu la cause de leur pays ? — Oh ! si c'est piété chez toi de combattre — pour le prince et pour la patrie, c'est piété aussi chez eux. — Andronicus, ne souille pas ta tombe de sang. — Veux-tu te rapprocher de la nature des dieux ? — Eh bien, tu te rapprocheras d'eux en étant clément. — La douce merci est le véritable insigne de la noblesse. — Trois fois noble Titus, épargne mon premier-né.

TITUS.

— Contenez-vous, madame, et pardonnez-moi. — Voici les frères vivants de ceux que vous, les Goths, vous avez vus — mourir ; pour leurs frères égorgés — ils demandent religieusement un sacrifice. — Votre fils est marqué pour cet holocauste ; et il faut qu'il meure, — pour apaiser les ombres gémissantes de ceux qui ne sont plus.

LUCIUS.

— Qu'on l'emmène et qu'on fasse vite un feu ; — puis de nos épées, sur le bûcher même, — coupons ses mem-

Sortent Lucius, Quintus, Martius et Mutius, emmenant Alarbus.

TAMORA.

— O cruelle, irréligieuse piété!

CHIRON.

Jamais la Scythie fut-elle, à moitié près, aussi barbare?

DÉMÉTRIUS.

— Ne comparez pas la Scythie à l'ambitieuse Rome. — Alarbus va reposer; et nous, nous survivons — pour trembler sous le regard menaçant de Titus. — Donc, madame, du courage; mais espérez en même temps — que les mêmes dieux, qui armèrent la reine de Troie — d'une occasion de châtier — pleinement le tyran de Thrace dans sa tente (2), — pourront aider Tamora, la reine des Goths, — (quand les Goths étaient Goths et que Tamora était reine,) — à venger sur ses ennemis ces sanglants outrages.

Lucius, Quintus, Martius et Mutius rentrent avec leurs épées sanglantes.

LUCIUS.

— Voyez, mon seigneur et père, comme nous avons accompli — nos rites romains : les membres d'Alarbus sont dépecés, — et ses entrailles alimentent le feu du sacrifice, — dont la flamme parfume le ciel, comme un encens. — Il ne nous reste plus qu'à enterrer nos frères, — et à les accueillir dans Rome au bruit des fanfares.

TITUS.

— Qu'il en soit ainsi, et qu'Andronicus — adresse à leurs âmes ce dernier adieu.

Les trompettes sonnent, et le cercueil est déposé dans le tombeau.

— Dans la paix et l'honneur reposez ici, mes fils; — champions les plus hardis de Rome, dormez ici — à l'abri des hasards et des malheurs de ce monde! — Ici pas de trahison qui rôde; ici pas d'envie qui écume; — ici pas de rancunes maudites; ici, pas de tempêtes, — pas de bruit, mais le silence et l'éternel sommeil.

Entre LAVINIA.

— Dans la paix et l'honneur reposez ici, mes fils!
LAVINIA.
— Dans la paix et l'honneur que le seigneur Titus vive longtemps! — Vis dans la gloire, mon noble seigneur et père! — Vois, j'apporte mes larmes tributaires — à cette tombe, pour les obsèques de mes frères; — et je m'agenouille à tes pieds en versant sur la terre — des larmes de joie, pour ton retour à Rome. — Oh! bénis-moi ici de ta main victorieuse, — toi, dont les meilleurs citoyens de Rome acclament la fortune.

TITUS.
— Bonne Rome qui as ainsi conservé avec amour, — pour la joie de mon cœur, ce cordial de ma vieillesse! — Vis, Lavinia; puisses-tu survivre à ton père, — et puisse le renom de ta vertu survivre à l'éternité de la gloire!

Entrent MARCUS ANDRONICUS, SATURNINUS, BASSIANUS et autres.

MARCUS.
— Vive le seigneur Titus, mon frère bien-aimé, — triomphateur si gracieux aux yeux de Rome!
TITUS.
— Merci, généreux tribun, noble frère Marcus.
MARCUS.
— Et vous, mes neveux, soyez les bienvenus au retour de cette heureuse guerre, — vous qui survivez et vous qui dormez dans la gloire. — Beaux seigneurs, vous avez eu un égal succès, — vous tous qui avez tiré l'épée pour le service de votre patrie; — mais les vrais triomphateurs sont

les héros de cette pompe funèbre — qui ont atteint au bonheur de Solon (3), — et triomphé du hasard dans le lit de l'honneur. — Titus Andronicus, le peuple romain, — dont tu as toujours été le loyal défenseur, — t'envoie par moi, son tribun et son mandataire, — ce pallium d'une blancheur sans tache, — et t'admet à l'élection pour l'empire, — concurremment avec les fils ici présents de l'empereur défunt. — Sois donc *candidatus*; mets ce manteau, — et aide à donner une tête à Rome décapitée.

TITUS.

— A ce glorieux corps il faut une meilleure tête — que celle qui tremble de vieillesse et de débilité. — Quoi! je revêtirai cette robe pour vous importuner! — Je me laisserai proclamer aujourd'hui, — et demain je céderais le pouvoir, j'abdiquerais la vie, — et je vous créerais à tous une nouvelle besogne! — Rome, j'ai été ton soldat quarante ans; — j'ai enterré vingt et un fils, — tous armés chevaliers sur le champ de bataille, tous tués vaillamment, les armes à la main, — pour la cause et le service de leur noble patrie. — Qu'on me donne un bâton d'honneur pour ma vieillesse, — mais non un sceptre pour gouverner le monde! — Il l'a bien porté, seigneurs, celui qui l'a porté le dernier.

MARCUS.

— Titus, tu obtiendras l'empire en le demandant.

SATURNINUS.

— Fier et ambitieux tribun, peux-tu dire?...

TITUS.

— Patience, prince Saturninus!

SATURNINUS.

Romains, faites-moi justice. — Patriciens, tirez vos épées, et ne les rengaînez pas — que Saturninus ne soit empereur de Rome. — Andronicus, mieux vaudrait pour toi être embarqué pour l'enfer — que me voler les cœurs des peuples.

SCÈNE I.

LUCIUS.

— Présomptueux Saturninus, qui interromps le magnanime Titus, — quand il veut ton bien!

TITUS.

— Contiens-toi, prince; je te rendrai — les cœurs des peuples, dussé-je les détacher d'eux-mêmes.

BASSIANUS.

— Andronicus, je ne te flatte point, — mais je t'honore, et je t'honorerai jusqu'à ma mort. — Si tu veux fortifier mon parti de tes amis, — je t'en serai profondément reconnaissant, et la reconnaissance, pour les hommes — à l'âme généreuse, est une noble récompense.

TITUS.

— Peuple de Rome, et vous, tribuns du peuple, — je vous demande vos voix et vos suffrages; — voulez-vous les confier amicalement à Andronicus?

UN TRIBUN.

— Pour complaire au bon Andronicus, — et pour célébrer son heureux retour à Rome, — le peuple consent à accepter celui qu'il désignera.

TITUS.

— Tribuns, je vous remercie, et je demande — que vous élisiez le fils aîné de votre empereur, — le seigneur Saturninus, dont j'espère que les vertus — rayonneront sur Rome, comme Titan sur la terre, — et mûriront la justice en cette république : — si donc vous voulez élire qui je désigne, — couronnez-le et criez : *Vive notre empereur!*

MARCUS.

— Par la voix et aux acclamations de toutes les classes, — des patriciens et des plébéiens, nous créons — le seigneur Saturninus empereur suprême de Rome, — et nous crions : *Vive Saturninus, notre empereur!*

Longue fanfare.

SATURNINUS.

— Titus Andronicus, pour le service que tu nous as rendu — aujourd'hui dans notre élection, — je te remercie comme tu le mérites, — et je veux par des actes reconnaître ta générosité ; — et tout d'abord, Titus, pour honorer — ton nom et ta noble famille, — je veux faire de Lavinia mon impératrice, — la royale maîtresse de Rome, la maîtresse de mon cœur, — et l'épouser dans le Panthéon sacré. — Dis-moi, Andronicus, cette motion te plaît-elle?

TITUS.

— Certes, mon digne seigneur ; en cette alliance, — je me tiens pour hautement honoré par votre grâce ; — et ici, à la vue de Rome, à Saturninus, — le roi et le chef de notre république, — l'empereur du vaste univers, je dédie — mon épée, mon char et mes prisonniers : — présents bien dignes de l'impérial seigneur de Rome ! — Accueille-les donc, comme le tribut que je te dois, — ces trophées de ma gloire humiliés à tes pieds.

SATURNINUS.

— Merci, noble Titus, père de ma vie ! — Combien je suis fier de toi et de tes dons, — Rome l'attestera à jamais. Le jour où j'oublierais — le moindre de tes inestimables services, — Romains, oubliez votre féauté envers moi.

TITUS, à Tamora.

— Maintenant, madame, vous voilà prisonnière d'un empereur, — d'un homme qui, par égard pour votre dignité et votre rang, — vous traitera noblement, vous et votre suite.

SATURNINUS.

— Charmante dame, assurément ; une beauté — que je choisirais, si mon choix était encore à faire !... — Rends la sérénité, belle reine, à ce front nébuleux ; — bien que les chances de la guerre aient produit ce changement dans ta situation, — tu n'es pas venue ici pour être la risée de

Rome. — Tu y seras partout traitée en princesse. — Fiez-vous à ma parole, et ne permettez pas que la tristesse — abatte toutes vos espérances. Madame, celui qui vous encourage — peut vous faire plus grande que la reine des Goths. — Lavinia, vous n'êtes pas mécontente de ceci?

LAVINIA.

— Nullement, monseigneur; votre loyale noblesse — m'est garant que ces paroles ne sont qu'une courtoisie princière.

SATURNINUS.

— Merci, chère Lavinia... Romains, partons; — nous mettons ici nos prisonniers en liberté sans rançon. — Proclamez notre élévation, seigneurs, au son de la trompette et du tambour.

Il s'entretient avec Tamora.

BASSIANUS, s'emparant de Lavinia.

— Seigneur Titus, ne vous déplaise, cette jeune fille est à moi.

TITUS.

— Comment! Parlez-vous sérieusement, monseigneur?

BASSIANUS.

— Oui, noble Titus, et je suis résolu — à me faire justice de mes propres mains.

MARCUS.

— *Suum cuique* est un axiome de notre droit romain; — c'est à bon droit que ce prince ressaisit son bien.

LUCIUS.

— Et il veut le garder, et il le gardera, tant que Lucius vivra.

TITUS.

— Traîtres, arrière!... Où est la garde de l'empereur?... — Trahison, monseigneur! Lavinia est enlevée!

SATURNINUS.

— Enlevée! par qui?

BASSIANUS.

Par celui qui aurait le droit — de reprendre au monde entier sa fiancée !

Marcus et Bassianus sortent avec Lavinia.

MUTIUS.

— Mes frères, aidez à l'emmener d'ici, — et moi je garderai cette porte l'épée à la main.

Sortent Lucius, Quintus et Martius.

TITUS, à Saturninus.

— Suivez-moi, seigneur, et je vais bientôt vous la ramener.

MUTIUS, à Titus.

— Monseigneur, vous ne passerez pas là.

TITUS.

Quoi, misérable enfant ! — Tu me barres mon chemin dans Rome !

MUTIUS.

Au secours, Lucius, au secours !

Titus tue Mutius.

Rentre LUCIUS.

LUCIUS.

— Monseigneur, vous êtes injuste, et plus qu'injuste ; — vous avez tué votre fils dans une querelle inique.

TITUS.

— Ni toi, ni lui, vous n'êtes plus des fils pour moi ; — mes fils ne m'auraient jamais ainsi outragé. — Traître, rends Lavinia à l'empereur.

LUCIUS.

— Morte, si vous voulez, mais non pour devenir sa femme, — étant légitimement promise à un autre.

Il sort.

SATURNINUS, empereur, monte sur la plate-forme supérieure, accompagné de TAMORA, des deux fils de celle-ci, et du more AARON.

SATURNINUS.

— Non, Titus, non! L'empereur n'a pas besoin d'elle, — ni d'elle, ni de toi, ni d'aucun de ta race. — Je ne me fierai plus légèrement à qui s'est une fois moqué de moi, — à toi, pas plus qu'à tes fils, ces insolents, ces traîtres, — tous ligués pour m'outrager ainsi! — N'y avait-il donc à Rome que Saturninus — dont on pût faire un jouet? Ces actes, Andronicus, — ne s'accordent que trop bien avec ton arrogante assertion — que j'ai mendié l'empire de ta main.

TITUS.

— Oh! monstrueux! que signifient ces paroles de reproche?

SATURNINUS.

— Mais va ton chemin; va, abandonne cette capricieuse — à celui qui pour elle a fait parade de son épée. — Tu auras un gendre vaillant, — un homme bien fait pour s'associer avec tes fils incorrigibles — et pour mettre le désordre dans la république de Rome.

TITUS.

— Ces paroles sont des rasoirs pour mon cœur blessé!

SATURNINUS.

— Et maintenant, aimable Tamora, reine des Goths, — toi qui, pareille à la majestueuse Phébé au milieu de ses nymphes, — éclipses les plus galantes beautés de Rome, — si tu agrées mon brusque choix, — écoute, Tamora, je te choisis pour femme, — et je veux te créer impératrice de Rome. — Parle, reine des Goths, applaudis-tu à mon choix? — J'en jure ici par tous les dieux de Rome, — puisque le prêtre et l'eau sacrée sont si proches, — puisque les flambeaux jettent une clarté si vive et que tout — est prêt pour l'hyménée, — je ne reverrai point les rues de Rome, — je ne monterai point à mon palais, que d'ici même — je n'aie emmené avec moi cette épousée.

TAMORA.

— Et ici, à la vue du ciel, je jure à Rome — que, si Saturninus élève à lui la reine des Goths, — elle sera pour ses désirs une servante, — une nourrice aimante, une mère pour sa jeunesse.

SATURNINUS.

— Montons, belle reine, au Panthéon... Seigneurs, accompagnez — votre noble empereur et son aimable fiancée, — destinée par les cieux au prince Saturnin, — et dont l'infortune est vaincue désormais par ma sagesse. — C'est là que nous accomplirons la cérémonie nuptiale.

Sortent Saturninus et sa suite; Tamora et ses enfants; Aaron et les Goths.

TITUS.

— Je ne suis pas invité à escorter la fiancée. — Titus, quand t'est-il arrivé de rester ainsi seul, — déshonoré et abreuvé d'outrages?

Rentrent MARCUS, LUCIUS, QUINTUS et MARTIUS.

MARCUS, *montrant le cadavre de Mutius.*

— Oh! Titus, vois, oh! vois ce que tu as fait. — Tu as tué dans une mauvaise querelle un vertueux fils!

TITUS.

— Non, tribun stupide, ce n'est point mon fils; — vous ne m'êtes rien, ni toi, ni ces traîtres, tes complices dans l'acte — qui a déshonoré toute notre famille; — indigne frère, indignes fils!

LUCIUS.

— Mais donnons-lui la sépulture convenable, — ensevelissons Mutius à côté de nos frères.

TITUS.

— Traîtres, arrière! il ne reposera pas dans cette tombe. — Depuis cinq cents ans subsiste ce monument, — que j'ai somptueusement réédifié; — c'est à des soldats, à des serviteurs de Rome — qu'est réservé ce lieu de repos glorieux, et non pas à des misérables tués dans une dispute! — Ensevelissez-le où vous pourrez, il n'entrera pas ici.

MARCUS.

— Monseigneur, c'est impiété à vous; — les hauts faits de mon neveu Mutius plaident pour lui; — il doit être enseveli avec ses frères.

QUINTUS ET MARTIUS.

— Et il le sera, ou nous le suivrons.

TITUS.

— Et il le sera? Quel est le maroufle qui a dit ce mot?

QUINTUS.

— Quelqu'un qui est prêt à le soutenir partout ailleurs qu'ici.

TITUS.

— Quoi! vous voudriez l'ensevelir malgré moi!

MARCUS.

— Non, noble Titus; mais nous te conjurons — de pardonner à Mutius et de l'ensevelir.

TITUS.

— Marcus, tu m'as toi-même frappé dans ma dignité, — et, avec ces enfants, tu as blessé mon honneur. — Je vous regarde tous comme des ennemis; — ainsi ne m'importunez plus, mais allez-vous-en.

MARTIUS.

— Il ne s'appartient plus; retirons-nous.

QUINTUS.

— Moi, non, tant que les ossements de Mutius ne seront pas inhumés.

Le frère et les fils de Titus s'agenouillent.

MARCUS.

— Frère, c'est la nature qui t'invoque par ce nom.

QUINTUS.

— Père, c'est la nature aussi qui parle par ce nom.

TITUS.

— Ne parlez plus, si vous ne voulez pas tous qu'il vous arrive malheur.

MARCUS.

— Illustre Titus, toi qui es plus que la moitié de mon âme !

LUCIUS.

— Cher père, âme et substance de nous tous !

MARCUS.

— Permets que ton frère Marcus enterre — ici, dans le nid de la vertu, son noble neveu, — qui est mort dans l'honneur pour la cause de Lavinia. — Tu es un Romain, ne sois pas barbare. — Les Grecs, mieux avisés, ensevelirent Ajax — qui s'était suicidé; et le sage fils de Laertes — plaida gracieusement pour ses funérailles. — Ne ferme pas l'entrée de ce lieu au jeune Mutius, — qui était ta joie.

TITUS.

Lève-toi, Marcus, lève-toi ! — Voici la plus affreuse journée que j'aie jamais vue ! — Être déshonoré par mes fils dans Rome ! — C'est bon, enterrez-le, et enterrez-moi après.

Ils mettent Mutius dans le tombeau.

LUCIUS.

— Repose ici, cher Mutius, avec tes parents, — jusqu'à ce que nous ornions ta tombe de trophées !

Tous s'agenouillent.

— Que nul ne verse de larmes sur le noble Mutius ; — il vit dans la gloire, celui qui est mort dans la cause de la vertu.

Tous sortent excepté MARCUS et TITUS.

MARCUS, à Titus.

— Monseigneur, pour faire diversion à ce cruel tourment, — comment se fait-il que la subtile reine des Goths — soit si soudainement intronisée dans Rome?

TITUS.

— Je ne sais pas, Marcus; mais je sais que cela est. — Est-ce par quelque machination, ou non? Les cieux seuls peuvent le dire. — Mais n'a-t-elle pas une grande obligation à l'homme — qui l'a ramenée de si loin pour cette haute fortune?

MARCUS.

— Oui, et il le récompensera noblement (4).

Fanfares. Entrent d'un côté l'empereur SATURNINUS, TAMORA, CHIRON, DÉMÉTRIUS et AARON le More; de l'autre côté, BASSIANUS, LAVINIA et autres.

SATURNINUS.

— Ainsi, Bassianus, votre coup a réussi; — que Dieu vous rende heureux dans les bras de votre belle épouse!

BASSIANUS.

— Et vous dans les bras de la vôtre, monseigneur; je ne dis rien de plus, — et ne vous souhaite rien de moins; sur ce, je prends congé de vous.

SATURNINUS.

— Traître, pour peu que Rome ait des lois ou que nous ayons le pouvoir, — toi et ta faction, vous vous repentirez de ce rapt.

BASSIANUS.

— Qu'appelez-vous un rapt, monseigneur? Reprendre mon bien, — ma fiancée bien-aimée, désormais ma femme! — Mais que les lois de Rome en décident; — en attendant, j'ai pris possession de ce qui m'appartient.

SATURNINUS.

— C'est bon, monsieur; vous avez le ton bien bref avec

nous, — mais, si nous vivons, nous serons aussi péremptoire avec vous.

BASSIANUS.

— Monseigneur, je dois répondre, du mieux que je puis, — de ce que j'ai fait, et j'en répondrai sur ma tête. — Seulement, j'en avertis votre grâce, — au nom de tous les devoirs qui m'attachent à Rome, — ce noble personnage, le seigneur Titus, que voici, — est outragé dans sa réputation et dans son honneur; — lui qui, pour vous rendre Lavinia, — a de ses propres mains tué son plus jeune fils, — par zèle pour vous, étant irrité jusqu'à la fureur — d'être contrarié dans le don sincère qu'il vous faisait. — Rendez-lui donc votre faveur, Saturninus; — dans tous ses actes il s'est montré — le père et l'ami et de Rome et de vous.

TITUS.

— Prince Bassianus, cesse de justifier mes actes. — C'est par toi, et par tous ceux-là, que j'ai été déshonoré. — Je prends Rome et le ciel juste à témoin — de l'amour et du respect que j'ai toujours eus pour Saturnin!

TAMORA, à l'empereur.

— Mon digne seigneur, si jamais Tamora — eut quelque grâce à tes yeux princiers, — permets-moi de parler pour tous indifféremment, — et à ma requête, mon bien-aimé, pardonne le passé!

SATURNINUS.

— Quoi! madame, être déshonoré publiquement, — et le supporter lâchement sans se venger!

TAMORA.

— Nullement, monseigneur. Me préservent les dieux de Rome — de consentir à votre déshonneur! — Mais, sur mon honneur, j'ose répondre — de la complète innocence du bon seigneur Titus, — dont la furie non dissimulée atteste la douleur. — Veuillez donc, à ma requête, le considérer avec faveur; — ne perdez pas un si noble ami sur une vaine supposition, — et n'affligez pas par des regards hostiles son généreux cœur.

A part, à l'empereur.

— Monseigneur, laissez-vous guider par moi ; laissez-vous enfin gagner ; — dissimulez tous vos griefs et tous vos ressentiments ; — vous n'êtes que tout nouvellement installé sur votre trône ; — craignez donc que le peuple et les patriciens, — après mûr examen, ne prennent le parti de Titus, — et ne vous renversent comme coupable d'ingratitude, — ce que Rome tient pour le plus odieux des crimes ; — cédez à mes instances, et puis laissez-moi faire. — Je trouverai un jour pour les massacrer tous, — et anéantir leur faction et leur famille, — le père, ce cruel, et les fils, ces traîtres, — à qui je demandais la vie de mon fils chéri ; — et je leur apprendrai ce qu'il en coûte de laisser une reine — se prosterner dans les rues et implorer grâce en vain.

Haut.

— Allons, allons, bien-aimé empereur ; allons, Andronicus ! — Relevez ce bon vieillard, et ranimez ce cœur — qui succombe sous les orages de votre front menaçant.

SATURNINUS.

— Debout, Titus, debout ! mon impératrice a prévalu.

TITUS.

— Je remercie votre majesté, ainsi qu'elle, monseigneur ; — ces paroles, ces regards infusent en moi une vie nouvelle.

TAMORA.

— Titus, je suis incorporée à Rome, — étant devenue Romaine par une heureuse adoption, — et je suis tenue de conseiller l'empereur pour son bien. — En ce jour toutes les querelles expirent, Andronicus ; — que j'aie l'honneur, mon bon seigneur, — de vous avoir réconcilié avec vos amis ! — Quant à vous, prince Bassianus, j'ai donné — à l'empereur ma parole solennelle — que vous serez à l'avenir plus doux et plus traitable. — Soyez sans crainte, seigneurs, et vous aussi, Lavinia; — suivant mon avis, vous allez tous tomber à genoux, — et demander pardon à sa majesté.

LUCIUS.

— Oui; et nous jurons à son altesse, à la face du ciel, — que nous avons agi avec toute la modération possible, — en défendant l'honneur de notre sœur et le nôtre.

MARCUS.

— C'est ce que j'atteste ici sur mon honneur.

SATURNINUS.

— Retirez-vous, et ne parlez plus; ne nous importunez plus davantage.

TAMORA.

— Allons, allons, cher empereur, il faut que nous soyons tous amis; — le tribun et ses neveux demandent grâce à genoux; — je ne veux pas être refusée. Mon bien-aimé, retournez-vous.

SATURNINUS.

— Marcus, à ta considération et à celle de ton frère que voici, — et à la prière de ma charmante Tamora, — j'absous les méfaits odieux de ces jeunes gens. — Relevez-vous tous. Lavinia, vous avez eu beau me laisser là comme un rustre; — j'ai trouvé une amie, et j'ai juré par l'infaillible mort — de ne pas quitter le prêtre sans être marié. — Allons, si la cour de l'empereur peut fêter deux mariées, — je serai votre hôte, Lavinia, et celui de vos amis. — Ce jour sera une journée d'amour, Tamora.

TITUS.

— Demain, s'il plaît à votre majesté — que nous chassions la panthère et le cerf — avec cor et meute, nous irons souhaiter le bonjour à votre grâce.

SATURNINUS.

— Très-volontiers, Titus, et grand merci.

              Ils sortent.

SCÈNE II

[Devant le palais impérial.]

Entre AARON.

AARON.

— Maintenant Tamora monte au sommet de l'Olympe, — hors de la portée des traits de la fortune, et trône, — à l'abri des craquements du tonnerre et des feux de l'éclair, — au-dessus des atteintes menaçantes de la pâle envie. — Tel que le soleil d'or, quand, saluant la matinée, — et dorant l'Océan de ses rayons, — il galope sur le zodiaque dans son char splendide, — et domine les plus hautes montagnes, — telle est Tamora. — A son génie tous les honneurs terrestres font cortége, — et la vertu se courbe et tremble à son sourcillement. — Donc, Aaron, arme ton cœur, et dispose tes pensées — pour t'élever avec ton impériale maîtresse, — et t'élever à sa hauteur; longtemps tu l'as traînée en triomphe — prisonnière, enchaînée dans les liens de l'amour, — et plus étroitement attachée aux regards charmants d'Aaron — que Prométhée au Caucase. — Loin de moi les vêtements d'esclave et les serviles pensées ! — Je veux être magnifique, et resplendir de perles et d'or, — pour servir cette impératrice de nouvelle date... — Pour servir, ai-je dit! Pour folâtrer avec cette reine, — cette déesse, cette Sémiramis, cette nymphe, — cette sirène qui va charmer la Rome de Saturninus, — et assister au naufrage de l'empereur et de l'empire. — Eh bien! quel est cet orage?

Entrent CHIRON et DÉMÉTRIUS, se bravant.

DÉMÉTRIUS.

— Chiron, ta jeunesse n'a pas encore assez d'esprit,

ton esprit pas encore assez de pénétration — ni d'expérience, pour que tu s'insinues ainsi près de celle qui m'a agréé — et pourrait bien, d'après tout ce que je sais, avoir de l'inclination pour moi.

CHIRON.

— Démétrius, tu es outrecuidant en tout, — et surtout dans ta prétention de m'intimider avec des bravades. — Ce n'est pas la différence d'une année ou deux — qui peut me rendre moins agréable, et te rendre plus fortuné. — Je suis aussi apte, aussi habile que toi — à servir une maîtresse, et en mériter les grâces ; — cela, mon épée te le prouvera, — en soutenant les droits de ma passion à l'amour de Lavinia.

AARON.

— A la garde! à la garde! ces amoureux-là ne veulent pas se tenir en paix.

DÉMÉTRIUS.

— Allons, enfant, parce que notre mère, par inadvertance, — vous a mis au côté une épée de bal, — êtes-vous désespéré au point de menacer vos parents? — Allons! faites coller votre latte dans son fourreau, — jusqu'à ce que vous sachiez mieux la manier.

CHIRON.

— En attendant, messire, avec le peu de talent que j'ai, — tu vas connaître tout ce que j'ose.

DÉMÉTRIUS.

— Oui-dà, enfant, êtes-vous devenu si brave?

Ils dégaînent.

AARON.

Eh bien, eh bien, seigneurs? — Si près du palais de l'empereur, vous osez dégaîner, — et soutenir ouvertement une pareille querelle! — Je sais parfaitement le motif de toute cette animosité; — je ne voudrais pas pour un million d'or — que la cause en fût connue de ceux qu'elle intéresse le plus; — et, pour bien plus encore, votre noble mère ne voudrait pas — être ainsi déshonorée à la cour de Rome... — Par pudeur, rengaînez vos épées.

DÉMÉTRIUS.

Non, tant que je n'aurai pas plongé — ma rapière dans son sein, — en lui rejetant à la gorge les paroles outrageantes — qu'il a proférées ici pour mon déshonneur.

CHIRON.

— Pour cela je suis tout préparé et pleinement résolu. — Lâche mal embouché qui tonnes avec ta langue, — sans oser rien faire avec ton épée!

AARON.

Assez, vous dis-je! — Ah! par les dieux que les Goths belliqueux adorent, — cette misérable dispute nous perdra tous. — Eh! seigneurs, mais ne songez-vous pas combien il est dangereux — d'empiéter sur les droits d'un prince? — Quoi! Lavinia est-elle à ce point dissolue, — ou Bassianus à ce point dégénéré, — que de pareilles querelles puissent être élevées pour l'amour d'elle, — sans qu'il y ait répression, justice ou vengeance? — Jeunes seigneurs, prenez garde! Si l'impératrice savait — le motif de ce désaccord, une telle musique ne lui plairait pas.

CHIRON.

— Peu m'importe qu'il soit connu d'elle et de tout l'univers; — j'aime Lavinia plus que tout l'univers.

DÉMÉTRIUS.

— Marmouset, apprends à faire un plus humble choix. — Lavinia est l'espoir de ton frère aîné.

AARON.

— Çà, êtes-vous fous? Ne savez-vous pas combien — les Romains sont furieux et impatients, — et qu'ils ne tolèrent pas de rivaux en amour? — Je vous le déclare, seigneurs, vous ne faites que tramer votre mort — par cette machination.

CHIRON.

Aaron, j'affronterais — mille morts pour conquérir celle que j'aime.

AARON.

— Pour la conquérir! Comment?

DÉMÉTRIUS.

Que trouves-tu à cela de si étrange? — Elle est femme, donc elle peut être courtisée; — elle est femme, donc elle peut être séduite; — elle est Lavinia, donc elle doit être aimée. — Allons, mon cher! il file plus d'eau par le moulin — que n'en voit le meunier; et il est aisé, — nous le savons, de voler une tranche d'un pain coupé. — Tout frère de l'empereur qu'est Bassianus, — de plus grands que lui ont déjà porté le cimier de Vulcain.

AARON, à part.

— Oui, et d'aussi grands peut-être que Saturninus.

DÉMÉTRIUS.

— Alors pourquoi désespérer, quand on sait faire sa cour — avec de douces paroles, de doux regards, et avec libéralité? — Quoi! n'as-tu pas bien souvent frappé la biche, — et ne l'as-tu pas emportée bellement sous le nez du garde-chasse?

AARON.

— Eh! mais on dirait que certain braconnage ou quelque chose comme cela — ferait votre affaire.

CHIRON.

Oui, l'affaire serait faite avec quelque chose comme cela.

DÉMÉTRIUS.

— Allons, tu as touché le but.

AARON.

Que ne l'avez-vous touché aussi! — Alors nous ne serions pas ennuyés de tout ce fracas. — Eh bien, écoutez, écoutez. Êtes-vous assez fous — de vous quereller pour cela? Seriez-vous donc fâchés, — si tous deux vous réussissiez (5)?

CHIRON.

Moi, nullement!

DÉMÉTRIUS.

Ni moi, — pourvu que je sois de la partie!

AARON.

— De grâce, soyez amis, et liguez-vous au lieu de vous quereller. — C'est l'adresse et la ruse qui doivent — vous mener à vos fins; réfléchissez-y bien, — ce que vous ne pouvez pas faire comme vous le voulez, — vous devez forcément l'accomplir comme vous le pouvez. — Prenez de moi cet avis : Lucrèce n'était pas plus chaste — que cette Lavinia, la bien-aimée de Bassianus. — Il nous faut poursuivre une marche plus expéditive — que cette traînante langueur, et j'ai trouvé la voie. — Messeigneurs, une chasse solennelle se prépare; — les aimables dames romaines y afflueront. — Les allées de la forêt sont larges et spacieuses, — et il y a bien des recoins solitaires, — ménagés par la nature pour le viol et la vilenie : — entraînez-y donc cette biche délicate, — et attrapez-la bonnement par la force, sinon par des paroles. — C'est dans cette voie, et pas ailleurs, qu'il y a pour vous de l'espoir. — Allons, allons, nous instruirons de tous nos projets — notre impératrice, dont l'esprit néfaste — est voué à la violence et à la vengeance, — et elle perfectionnera nos ressorts avec ses avis; — elle ne souffrira pas que vous vous querelliez, — mais elle vous mènera tous deux au comble de vos vœux. — La cour de l'empereur est comme la demeure de la renommée; — son palais est rempli de langues, d'yeux, d'oreilles; — les forêts sont impitoyables, terribles, sourdes et mornes. — Là, braves enfants, parlez, frappez, et usez de vos avantages; — là assouvissez votre désir, à l'abri des regards du ciel, — et gorgez-vous des trésors de Lavinia.

CHIRON.
— Ton conseil, mon gars, ne sent pas la couardise.
DÉMÉTRIUS.
— *Sit fas et nefas,* jusqu'à ce que je trouve une source — pour rafraîchir cette ardeur, un charme pour calmer ces transports. — *Per Styga, per manes vehor* (6).

Ils sortent.

SCÈNE III

[Devant le palais impérial.]

Entrent Titus Andronicus, ses trois fils, et son frère Marcus, au bruit des fanfares et des aboiements.

TITUS.
— La chasse est commencée, la matinée est brillante et azurée; — les champs sont embaumés, et les bois verdoyants; — découplez les chiens ici, et provoquons leurs abois, — pour qu'ils éveillent l'empereur et son aimable femme, — et fassent accourir le prince; sonnons un carillon de chasse — au bruit duquel toute la cour fasse écho. — Mes fils, chargez-vous, avec nous, — d'escorter attentivement la personne de l'empereur. — J'ai été troublé cette nuit dans mon sommeil, — mais le jour naissant m'a inspiré une sérénité nouvelle.

Aboiement de chiens. Fanfares de cors. Entrent Saturninus, Tamora, Bassianus, Lavinia, Chiron, Démétrius et leur suite.

TITUS.
— Mille bons jours à votre majesté! — Et autant à vous, madame! — J'avais promis à votre grâce un carillon de chasse.

SATURNINUS.

— Et vous l'avez vigoureusement sonné, messeigneurs, — un peu trop tôt pour de nouvelles mariées.

BASSIANUS.

— Qu'en dites-vous, Lavinia?

LAVINIA.

Je dis que non : — j'étais largement éveillée depuis plus de deux heures.

SATURNINUS.

— Allons! qu'on nous donne les chevaux et les chariots, — et en campagne!

A Tamora.

Madame, vous allez voir — notre chasse romaine.

MARCUS.

J'ai des chiens, monseigneur, — qui vous relanceront la plus fière panthère — et graviront la cime du plus haut promontoire.

TITUS.

— Et moi, j'ai un cheval qui suivra le gibier — par tous les chemins et franchira la plaine comme une hirondelle.

DÉMÉTRIUS, bas à Chiron.

— Chiron, nous ne chassons pas, nous autres, avec chevaux ni meute, — mais nous espérons prendre au piége une biche mignonne.

Ils sortent.

SCÈNE IV

[Un vallon désert dans la forêt. Dans un fond, un souterrain secret, dont l'ouverture est cachée par un arbre.]

Entre AARON, portant un sac d'or.

AARON.

— Quelqu'un qui aurait du sens, croirait que je n'en ai pas, — d'enterrer sous un arbre tant d'or, — pour ne jamais en jouir. — Que celui qui aurait de moi cette humiliante opinion — sache qu'avec cet or doit être forgé un stratagème — qui, habilement effectué, doit produire — un chef-d'œuvre de scélératesse. — Et sur ce, doux or, repose ici pour l'inquiétude de celui — qui recueillera cette aumône tombée de la cassette de l'impératrice.

Il enfouit le sac d'or au pied de l'arbre qui ombrage le souterrain.

Entre TAMORA.

TAMORA.

— Mon aimable Aaron, pourquoi as-tu l'air si morne, — quand toute chose est d'une provoquante gaieté? — Les oiseaux chantent une mélodie sur chaque buisson; — le serpent enroulé dort au riant soleil; — les feuilles vertes frissonnent au vent frais, — et font une ombre bigarrée sur le sol. — Sous ce doux ombrage asseyons-nous, Aaron; — et, tandis que l'écho bavard dépiste les chiens, — répliquant en fausset aux cors harmonieux, — comme si une double chasse se faisait entendre à la fois, — asseyons-nous, et écoutons les bruyants jappements; — puis, après une mêlée comme celle dont jouirent jadis, — à ce qu'on suppose, Didon et son prince errant, — alors qu'ils furent surpris par un heureux orage — et dissimulés par une discrète caverne, — nous pourrons, enlacés dans les bras l'un de l'autre, — nos passe-temps terminés, goûter un sommeil doré, — tandis que les limiers, et les cors, et les oiseaux doucement mélodieux — seront pour nous comme le chant de la nourrice — qui berce son enfant pour l'endormir.

AARON.

— Madame, si Vénus gouverne vos désirs, — Saturne domine les miens. — Que signifie mon regard sinistre et fixe, — mon silence et ma sombre mélancolie? — Pourquoi mes cheveux, laineuse toison, maintenant débouclés,

— sont-ils comme autant de vipères qui se déroulent — pour faire quelque fatale exécution? — Non, madame, ce ne sont pas là de voluptueux symptômes. — Le ressentiment est dans mon cœur, la mort est dans ma main, — le sang et la vengeance fermentent dans ma tête. — Écoute, Tamora, toi, l'impératrice de mon âme — qui n'a jamais espéré d'autre ciel que ta société, — voici le jour suprême pour Bassianus; — sa Philomèle doit perdre la langue aujourd'hui; — tes fils doivent mettre sa chasteté au pillage, — et laver leurs mains dans le sang de Bassianus... — Vois-tu cette lettre? Prends-la, je te prie, — et remets au roi ce pli fatal. — Maintenant ne me questionne pas; on nous a aperçus; — voici venir une partie de notre butin tant souhaité. — Ils ne se doutent guère de la destruction de leur existence.

TAMORA.

— Ah! mon cher More, plus cher pour moi que la vie même!

AARON.

— Plus un mot, grande impératrice. Bassianus arrive. — Cherche-lui noise; et je vais quérir tes fils — pour soutenir ta querelle, quelle qu'elle soit.

Il sort.

Entrent BASSIANUS et LAVINIA.

BASSIANUS.

— Qui trouvons-nous ici? La royale impératrice de Rome, — séparée de sa brillante escorte? — Ou bien est-ce Diane qui, assumant les traits de notre souveraine, — a abandonné ses bois sacrés, — pour voir la chasse dans cette forêt?

TAMORA.

— Insolent contrôleur de nos plus intimes démarches! — Si j'avais le pouvoir que, dit-on, avait Diane, — sur ton front seraient immédiatement plantées — des cornes, comme sur celui d'Actéon ; et les limiers — courraient sus à tes membres métamorphosés, — intrus malappris que tu es !

LAVINIA.

— Avec votre permission, gentille impératrice, — on vous croit fort généreuse en fait de cornes ; — et sans doute votre More et vous, — vous vous étiez mis à l'écart pour tenter des expériences. — Que Jupiter préserve votre mari de ses chiens aujourd'hui ! — Ce serait dommage qu'ils le prissent pour un cerf !

BASSIANUS.

— Croyez-moi, madame, votre noir Cimmérien — donne à votre honneur le reflet de sa personne, — reflet impur, détesté, abominable. — Pourquoi êtes-vous éloignée de toute votre suite ? — Pourquoi êtes-vous descendue de votre beau destrier blanc comme la neige, — et errez-vous ainsi dans ce recoin obscur, — accompagnée de ce More barbare, — si un vilain désir ne vous y a pas conduite ?

LAVINIA.

— Et, étant ainsi interrompue dans vos ébats, — il est tout juste que vous taxiez mon noble seigneur — d'insolence.

A Bassianus.

Je vous en prie, partons d'ici, — et laissons-la jouir de son amour noir comme le corbeau. — Ce vallon est passablement commode pour la chose.

BASSIANUS.

— Le roi, mon frère, sera informé de ceci.

LAVINIA.

— Voilà assez longtemps que ces escapades le font remarquer. — Ce bon roi ! être si cruellement trompé !

TAMORA.

— Comment ai-je la patience d'endurer tout cela ?

Entrent CHIRON et DÉMÉTRIUS.

DÉMÉTRIUS.

— Eh bien! chère souveraine, notre gracieuse mère, — pourquoi votre altesse est-elle si pâle et si défaillante?

TAMORA.

— Et ne croyez-vous pas que j'aie sujet d'être pâle? — Ces deux êtres m'ont attirée ici, à cette place, — dans le vallon aride et désolé que vous voyez; — les arbres, en dépit de l'été, y sont dénudés et rabougris, — surchargés de mousse et de gui délétère; — ici jamais le soleil ne brille; ici rien ne vit, — si ce n'est le hibou nocturne et le fatal corbeau. — Et, après m'avoir montré ce gouffre abhorré, — ils m'ont dit qu'ici, à l'heure la plus sépulcrale de la nuit, — mille démons, mille serpents sifflants, — dix mille crapauds tuméfiés et autant de hérissons — devaient jeter des cris confus si effrayants, — que tout être mortel qui les entendrait — deviendrait fou ou mourrait brusquement. — A peine avaient-ils achevé ce récit infernal, — qu'ils m'ont dit qu'ils allaient m'attacher ici — au tronc d'un if funeste, — et m'abandonner à cette misérable mort. — Et alors ils m'ont appelée infâme adultère, — Gothe lascive, enfin de tous les noms les plus insultants — que jamais oreille ait entendus dans ce genre. — Et, si vous n'étiez venus ici par un merveilleux hasard, — ils allaient exécuter sur moi cette vengeance. — Si vous tenez à la vie de votre mère, prenez votre revanche, — ou désormais ne vous appelez plus mes enfants.

DÉMÉTRIUS.

— Voici la preuve que je suis ton fils.

Il poignarde Bassianus.

CHIRON, le poignardant aussi.

— Et voici un coup bien asséné, pour montrer ma force.

LAVINIA.

— A ton tour, Sémiramis! ou plutôt barbare Tamora! — Car il n'y a que ton nom qui aille à ta nature.

TAMORA, à un de ses fils.

— Donne-moi ton poignard. Vous allez voir, mes fils, — que la main de votre mère va faire justice à votre mère.

DÉMÉTRIUS.

— Arrêtez, madame. Il lui faut autre chose. — D'abord, battez le blé, et puis brûlez la paille. — Cette mignonne se prévaut de sa chasteté, — de sa foi conjugale, de sa loyauté, — et, avec cette fallacieuse prétention, brave votre majesté. — Faut-il qu'elle emporte tout cela dans la tombe?

CHIRON.

— S'il en est ainsi, je consens à être eunuque. — Traînons le mari hors d'ici en quelque coin secret, — et faisons de son tronc mort un oreiller à notre luxure.

TAMORA.

— Mais, quand vous aurez goûté le miel que vous désirez, — ne souffrez pas que cette guêpe vive pour nous piquer.

CHIRON.

— Je vous le garantis, madame; nous prendrons nos précautions... — Venez, ma belle, nous allons jouir, de vive force, — de cette vertu si scrupuleusement préservée par vous.

LAVINIA.

— O Tamora! tu portes un visage de femme!...

TAMORA.

— Je ne veux pas l'entendre : emmenez-la.

LAVINIA.

— Chers seigneurs, suppliez-la de m'écouter! Rien qu'un mot.

DÉMÉTRIUS.

— Écoutez-la, madame. Faites-vous gloire — de voir ses

larmes; mais qu'elles soient pour votre cœur — comme les gouttes de pluie pour l'insensible roche.

LAVINIA, à Démétrius.

— Quand donc les petits du tigre en ont-ils remontré à leur mère? — Oh! ne lui apprends pas la fureur; c'est elle qui te l'a apprise : — le lait que tu as sucé d'elle s'est changé en marbre; — tu as puisé ta cruauté à la mamelle...
— Pourtant, toutes les mères n'engendrent pas des fils qui leur ressemblent...

A Chiron.

— Supplie-la, toi, de montrer la pitié d'une femme.

CHIRON.

— Quoi! tu veux que je prouve que je suis un bâtard!

LAVINIA.

— C'est vrai! Le corbeau n'engendre pas d'alouette. — Pourtant j'ai ouï dire (oh! puissé-je en avoir la preuve en ce moment!) — que le lion, ému de pitié, s'est laissé — couper ses griffes royales. — On dit que les corbeaux nourrissent les petits abandonnés, — tandis que leurs propres poussins ont faim dans leur nid. — Oh! quand ton cœur dur dirait non, aie pour moi, — sinon tant de bonté, du moins un peu de pitié!

TAMORA.

— Je ne sais pas ce que cela veut dire : emmenez-la.

LAVINIA.

— Oh! laisse-moi t'éclairer! Au nom de mon père, — qui t'a donné la vie, quand il était en son pouvoir de te tuer, — ne sois pas impitoyable, ne reste pas sourde.

TAMORA.

— Quand toi, personnellement, tu ne m'aurais pas offensée, — je serais implacable à cause de ton père même...
— Rappelez-vous, enfants, que de larmes j'ai vainement versées — pour sauver votre frère du sacrifice; — mais le féroce Andronicus n'a pas voulu céder. — Emmenez-la donc,

et faites d'elle ce que vous voudrez. — Plus vous lui serez cruels, plus vous serez aimés de moi.

LAVINIA.

— O Tamora, mérite le nom de bonne reine, — et tue-moi sur place de ta propre main ; — car ce n'est pas la vie que j'implore depuis si longtemps. — Je suis une pauvre assassinée, depuis que Bassianus est mort.

TAMORA.

— Qu'implores-tu donc? Femme insensée, lâche-moi.

LAVINIA.

— Ce que j'implore, c'est la mort immédiate, et quelque chose encore — que la pudeur empêche ma langue de dire. — Oh! sauve-moi de leur luxure pire que la mort, — et jette-moi dans quelque fosse horrible, — où jamais regard humain ne pourra découvrir mon corps. — Fais cela et sois une charitable assassine.

TAMORA.

— Ainsi je volerais à mes chers fils leur salaire! — Non! qu'ils assouvissent leur désir sur toi!

DÉMÉTRIUS.

— En marche! tu nous as retenus ici trop longtemps!

LAVINIA.

— Pas de grâce! rien d'une femme! Ah! monstrueuse créature! — L'opprobre et l'ennemie de tout notre sexe! — Que la ruine tombe...

CHIRON, l'entraînant.

— Ah! je vous fermerai bien la bouche.

A Démétrius.

Toi, amène le mari : — voici le souterrain où Aaron nous a dit de l'enfouir.

Ils jettent le cadavre dans le souterrain.

TAMORA.

— Au revoir, mes fils, assurez-vous bien d'elle.

Démétrius et Chiron sortent, traînant Lavinia.

SCÈNE IV.

— Puisse mon cœur ne pas connaître la vraie joie, — que tous les Andronicus ne soient exterminés ! — Je vais de ce pas trouver mon aimable More, — et laisser mes fils furieux déflorer cette drôlesse.

Elle sort.

Entre AARON, *accompagné de Quintus et de Martius.*

AARON.

— Venez, messeigneurs ; assurez le pied en marchant. — Je vais vous mener à l'affreuse fosse, — où j'ai découvert la panthère profondément endormie.

QUINTUS.

— Je ne sais ce que cela veut dire, mais j'ai les yeux appesantis.

MARTIUS.

— Et moi aussi, je vous le jure ; n'était une fausse honte, — je laisserais volontiers la chasse pour dormir un peu.

Il tombe dans le souterrain.

QUINTUS.

— Quoi ! es-tu tombé ? Quel est ce souterrain subtil — dont la bouche est couverte de ronces hérissées, — aux feuilles desquelles il y a des gouttes de sang nouvellement répandu, — aussi fraîches que la rosée du matin distillée sur les fleurs ? — Ce lieu me semble bien funeste… — Parle, frère, t'es-tu blessé dans ta chute ?

MARTIUS.

— Oh ! frère, je le suis du plus épouvantable spectacle — dont jamais le regard ait fait gémir le cœur.

AARON, à part.

— Maintenant je vais chercher le roi ; il les trouvera ici, — et fera la conjecture toute vraisemblable — que ce sont eux qui ont fait disparaître son frère.

Il sort.

MARTIUS, à Quintus.

— Pourquoi ne me prêtes-tu pas main-forte, et ne m'aides-tu pas à sortir — de cette fosse maudite et souillée de sang?

QUINTUS.

— Je suis saisi d'une frayeur étrange; — une sueur glacée envahit mes membres tremblants; — mon cœur soupçonne plus d'horreur que mes yeux n'en peuvent voir.

MARTIUS.

— Pour preuve que ton pressentiment est juste, — Aaron et toi, regardez dans cette caverne, — et voyez l'affreux spectacle de sang et de mort.

QUINTUS.

— Aaron est parti; et mon cœur ému — ne permet pas à mes yeux de regarder fixement — la chose dont le soupçon seul le fait trembler. — Oh! dis-moi ce que c'est; car jamais jusqu'ici — je n'ai eu la puérilité d'avoir peur de je ne sais quoi.

MARTIUS.

— Le seigneur Bassianus est étendu là broyé, — défiguré, pareil à un agneau égorgé, — dans cette horrible fosse ténébreuse et abreuvée de sang.

QUINTUS.

— Si elle est ténébreuse, comment peux-tu reconnaître que c'est lui?

MARTIUS.

— A son doigt sanglant il porte — une riche escarboucle qui illumine tout le souterrain; — sorte de flambeau sépulcral — qui éclaire les joues terreuses du mort — et montre les rugueuses entrailles de cette fosse. — Ainsi la lune projetait sa pâle clarté sur Pyrame, — gisant la nuit baigné dans un sang virginal. — Oh! frère, aide-moi de ta main défaillante, — si la crainte te fait défaillir autant que moi, — aide-moi à sortir de ce réceptacle terrible et dévorant, — aussi hideux que la bouche brumeuse du Cocyte.

QUINTUS.

— Tends-moi la main, que je puisse t'aider à sortir ; — si je n'ai pas la force de te rendre ce service, — je risque fort d'être entraîné dans la gueule béante — de ce gouffre profond, tombeau du pauvre Bassianus. — Je n'ai pas la force de t'attirer jusqu'au bord.

MARTIUS.

— Ni moi, la force de remonter sans ton aide.

QUINTUS.

— Ta main encore une fois ! Je ne la lâcherai pas, — que tu ne sois en haut, ou moi en bas... — Tu ne peux pas venir à moi ; c'est moi qui viens à toi.

Il glisse dans le souterrain.

Entrent SATURNINUS et AARON.

SATURNINUS.

— Venez avec moi... Je vais voir quel est ce gouffre, — et qui vient de s'y précipiter... — Parle, qui es-tu, toi qui viens de descendre — dans cette crevasse béante de la terre ?

MARTIUS.

— Le malheureux fils du vieil Andronicus, — amené ici à la male heure — pour y trouver ton frère Bassianus mort.

SATURNINUS.

— Mon frère mort ! A coup sûr, tu plaisantes. — Lui et sa femme sont au pavillon — du côté nord de cet agréable bois ; — il n'y a pas une heure que je l'ai laissé là.

MARTIUS.

— Nous ne savons où vous l'avez laissé vivant, — mais, hélas ! nous l'avons trouvé ici mort.

Entrent Tamora, Titus Andronicus et Lucius.

TAMORA.

— Où est monseigneur le roi?

SATURNINUS.

— Ici, Tamora, mais affligé d'une mortelle affliction.

TAMORA.

— Où est ton frère Bassianus?

SATURNINUS.

— Tu fouilles ma blessure jusqu'au fond; — le pauvre Bassianus est là assassiné.

TAMORA.

— J'apporte donc trop tard ce fatal écrit, — le plan de cette tragédie néfaste; — et je m'étonne grandement qu'une face humaine puisse couvrir — d'aimables sourires une si meurtrière férocité.

SATURNINUS, lisant la lettre que lui tend Tamora.

— « *Si nous ne réussissons pas à l'atteindre bellement,— cher chasseur (c'est de Bassanius que nous te parlons),— charge-toi de creuser la fosse pour lui; — tu sais ce que nous voulons dire. Ta récompense, cherche-la, — sous les orties, au pied du sureau — qui ombrage l'ouverture du souterrain, — où nous sommes convenus d'ensevelir Bassianus. — Fais cela, et acquiers en nous des amis durables.* »
— O Tamora! a-t-on jamais ouï chose pareille! — Voici le souterrain, et voici le sureau... — Voyez, messieurs, si vous pouvez y trouver le chasseur — qui doit avoir assassiné ici Bassianus.

AARON, tirant le sac d'or qu'il a enfoui précédemment.

— Mon gracieux seigneur, voici le sac d'or.

SATURNINUS, à Titus.

— Deux de tes petits, cruels limiers de race sanguinaire, — ont ici ôté la vie à mon frère.

Aux gens de sa suite.

— Messieurs, traînez-les de cette fosse en prison; — qu'ils y restent, jusqu'à ce que nous ayons imaginé — pour eux quelque torture inouie.

TAMORA.

— Quoi! ils sont dans ce souterrain! O prodigieuse chose! — Comme le meurtre est aisément découvert!

TITUS.

— Puissant empereur, sur mes faibles genoux, — j'implore une faveur, avec des larmes qui ne sont pas versées légèrement : — que ce crime odieux de mes fils maudits, — maudits, si ce crime est prouvé le leur...

SATURNINUS.

— S'il est prouvé! vous voyez qu'il est évident... — Qui a trouvé cette lettre? Tamora, est-ce vous?

TAMORA.

— C'est Andronicus lui-même qui l'a ramassée.

TITUS.

— En effet, monseigneur. Pourtant permettez que je sois leur caution; — car, par la tombe vénérable de mon père, je jure — qu'ils seront prêts, selon le bon plaisir de votre altesse, — à répondre sur leur tête du soupçon qui pèse sur eux.

SATURNINUS.

— Tu ne seras pas leur caution; allons, suis-moi. — Que les uns se chargent du corps de l'assassiné, les autres, des assassins; — qu'on ne leur laisse pas dire une parole; leur culpabilité est manifeste; — sur mon âme, s'il y avait une fin plus terrible que la mort, — cette fin leur serait infligée.

TAMORA.

— Andronicus, je supplierai le roi; — ne crains pas pour tes fils, il ne leur arrivera pas malheur.

TITUS.

— Viens, Lucius, viens; ne t'arrête pas à leur parler. —

Ils sortent par différents côtés.

Entrent DÉMÉTRIUS et CHIRON, amenant LAVINIA violée, les mains et la langue coupées.

DÉMÉTRIUS.

— Bon! Maintenant va dire, si ta langue peut parler, — qui t'a coupé la langue et qui t'a violée.

CHIRON.

— Écris ta pensée, explique ton idée; — et si tes moignons te le permettent, joue de l'écritoire.

DÉMÉTRIUS, à Chiron.

— Vois, comme avec des signes et des gestes elle peut encore griffonner!

CHIRON.

— Rentre, demande de l'eau de senteur, et lave-toi les mains.

DÉMÉTRIUS.

— Elle n'a plus de langue pour demander, ni de mains à laver! — Et sur ce laissons-la à ses silencieuses promenades.

CHIRON.

— Si c'était là mon cas, j'irais me pendre!

DÉMÉTRIUS.

— Oui, si tu avais des mains pour t'aider à attacher la corde.

Sortent Démétrius et Chiron.

Entre MARCUS.

MARCUS.

— Qui est là? Est-ce ma nièce qui s'enfuit si vite? — Nièce, un mot... Où est votre mari? — Si je rêve, que ne puis-je, pour tout ce que je possède, être réveillé! — Si je suis éveillé, que quelque planète me renverse contre terre — et me fasse dormir d'un éternel sommeil!... — Parle, gentille nièce, quelles mains atrocement cruelles — t'ont mutilée et dépecée? Quelles mains ont dépouillé ton corps — de ses deux branches, de ces douces guirlandes, — dans le cercle ombré desquelles des rois ont ambitionné de dormir, — impuissants qu'ils étaient à conquérir un bonheur aussi grand — que la moitié seulement de ton amour?... Pourquoi ne me réponds-tu pas? — Hélas! un flot cramoisi de sang chaud, — pareil à une source qui bouillonne agitée par le vent, — jaillit et s'écoule entre les lèvres rosées, — suivant le va-et-vient de ton haleine embaumée! — Mais, sûrement, quelque Térée t'a déflorée, — et, pour t'empêcher de le dénoncer, t'a coupé la langue. — Ah! voilà que tu détournes la face par confusion! — Et, nonobstant tout ce sang que tu perds — par ces trois jets béants, — tes joues sont empourprées comme la face de Titan — rougissant à la rencontre d'un nuage! — Faut-il que je réponde pour toi? que je dise : c'est cela? — Oh! que je voudrais connaître ta pensée, et connaître le misérable — pour pouvoir l'accuser à cœur-joie! — Le chagrin caché, comme un four fermé, — brûle et calcine le cœur qui le recèle. — La belle Philomèle n'avait perdu que la langue, — et sur un long canevas elle put broder sa pensée. — Mais à toi, aimable nièce, ce moyen t'est retranché. — Tu as rencontré un Térée plus astucieux, — et il a coupé ces jolis doigts, — qui auraient brodé mieux que ceux de Philomèle. — Oh! si le monstre avait vu ces mains de lis — palpiter, comme des feuilles de tremble, sur un luth — et prodiguer aux cordes soyeuses les délices de ses caresses, — il n'aurait pas voulu les toucher, au prix même de sa vie. — Ou, s'il avait entendu la céleste harmonie — qu'exhalait cette langue mélodieuse, — il aurait laissé choir son couteau, et serait tombé assoupi, — comme Cerbère aux pieds du poëte de Thrace. — Allons, partons, viens aveugler ton père; — car un tel spectacle doit rendre un père aveugle. — Un orage d'une heure suffit à noyer les prairies odorantes : — qu'est-ce que des années de larmes vont faire des yeux de ton père?... — Ne te dérobe pas; car nous nous lamenterons avec toi. — Oh! que nos lamentations ne peuvent-elles soulager ta misère!

Ils sortent.

SCÈNE V

[Rome.]

Entrent les SÉNATEURS, *les* JUGES *et les officiers de justice, conduisant au lieu d'exécution* MARTIUS *et* QUINTUS *enchaînés;* TITUS *marche en avant, suppliant.*

TITUS.

— Écoutez-moi, vénérables pères! nobles tribuns, arrêtez! — Par pitié pour mon âge, dont la jeunesse fut prodiguée — dans de terribles guerres, tandis que vous dormiez en sécurité, — au nom de tout le sang que j'ai versé dans la grande querelle de Rome, — de toutes les nuits glacées que j'ai veillé, — et de ces larmes amères qu'en ce moment vous voyez — remplir sur mes joues les rides de la vieillesse, — soyez cléments pour mes fils condamnés, — dont les âmes ne sont pas aussi corrompues qu'on le croit! — Je n'ai pas pleuré sur mes vingt-deux autres fils, — parce qu'ils sont morts dans le lit sublime de l'honneur.

Il se prosterne contre terre tandis que le cortége passe.

— Mais pour ceux-ci, tribuns, pour ceux-ci, j'inscris dans la poussière — avec les tristes sanglots de mon âme le profond désespoir de mon cœur. — Laissez mes larmes étancher la soif de la terre altérée; — le doux sang de mes fils la ferait rougir en la déshonorant.

Le cortége sort.

TITUS, seul, continuant.

— O terre, je t'abreuverai mieux avec les pleurs sympathiques — distillés de ces deux vieilles urnes — que le jeune Avril avec toutes ses ondées; — dans la sécheresse de l'été, je t'arroserai encore; — en hiver, je ferai fondre la neige avec de chaudes larmes, — et j'entretiendrai sur ta face un éternel printemps, — si tu refuses de boire le sang de mes chers fils.

Entre Lucius avec son épée nue.

— O vénérables tribuns! gentils vieillards! — déliez mes fils, révoquez l'arrêt de mort; — et faites-moi dire, à moi qui jusqu'ici n'ai jamais pleuré, — que mes larmes ont eu aujourd'hui une suprême éloquence!

LUCIUS.

— O noble père, vous vous lamentez en vain; — les tribuns ne vous entendent pas, il n'y a ici personne, — et vous racontez vos douleurs à une pierre.

TITUS.

— Ah! Lucius, laisse-moi intercéder pour tes frères. — Graves tribuns, je vous adjure une fois de plus.

LUCIUS.

— Mon gracieux seigneur, il n'y a pas de tribun qui vous entende.

TITUS.

— Bah! peu importe, mon cher! S'ils m'entendaient, — ils ne feraient pas attention à moi! Oh! non, s'ils m'entendaient, — ils n'auraient pas pitié de moi! — Voilà pourquoi je confie aux pierres mes chagrins impuissants; — si elles ne peuvent répondre à ma détresse, — elles sont du moins en quelque sorte meilleures que les tribuns, — car elles ne me coupent pas la parole. — Tant que je pleure, elles recueillent mes larmes — humblement à mes pieds, et semblent pleurer avec moi : — si elles étaient seulement couvertes de graves draperies, — Rome n'aurait pas de tribun qui les valût. — La pierre est tendre comme la cire, les tribuns sont plus durs que les pierres! — Une pierre est silencieuse et ne fait pas de mal; — les tribuns avec une parole condamnent les gens à mort. — Mais pourquoi te tiens-tu ainsi avec ton épée nue?

LUCIUS.

— C'était pour arracher mes deux frères à la mort : — pour cette tentative, les juges ont prononcé — contre moi une sentence d'éternel bannissement.

TITUS.

— O heureux homme! ils t'ont favorisé! — Comment! insensé Lucius, tu ne vois pas — que Rome n'est qu'un repaire de tigres! — Il faut aux tigres une proie; et Rome n'a pas d'autre proie à leur offrir — que moi et les miens. Que tu es donc heureux — d'être banni de ces dévorants! — Mais qui vient ici avec notre frère Marcus?

Entrent MARCUS et LAVINIA.

MARCUS.

— Titus, que tes nobles yeux se préparent à pleurer; — sinon, que ton noble cœur se brise; — j'apporte à ta vieillesse une accablante douleur!

TITUS.

— Doit-elle m'accabler? Alors fais-la moi connaître.

MARCUS, montrant Lavinia.

— C'était ta fille!

TITUS.

Mais, Marcus, c'est toujours elle!

LUCIUS.

— Malheur à moi! ce spectacle me tue.

TITUS.

— Pusillanime enfant, relève-toi, et regarde-la... —

Parle, Lavinia, quelle est la main maudite — qui t'a fait apparaître sans main devant ton père? — Quel est le fou qui a ajouté de l'eau à l'Océan, — ou apporté un fagot à Troie flamboyante? — Ma douleur était comble avant ta venue, — et la voilà, comme le Nil, qui enfreint toute limite!... — Qu'on me donne une épée; je veux, moi aussi, avoir mes mains coupées; — car c'est en vain qu'elles ont combattu pour Rome, — et elles n'ont fait, en prolongeant ma vie, que couver ce désespoir; — elles se sont tendues pour d'inutiles prières, — et ne m'ont servi qu'à un stérile usage; — maintenant, le seul service que je réclame d'elles, — c'est que l'une aide à trancher l'autre. — Peu importe, Lavinia, que tu n'aies plus de mains; — car c'est en vain qu'on les use au service de Rome.

LUCIUS.

— Parle, chère sœur, qui t'a martyrisée?

MARCUS.

— Hélas! ce délicieux organe de ses pensées, — qui les modulait avec une si charmante éloquence, — est arraché de la jolie cage — où le mélodieux oiseau chantait — ces doux airs variés qui ravissaient l'oreille!

LUCIUS.

— Oh! parle pour elle! Qui a commis cette action?

MARCUS.

— Oh! je l'ai trouvée ainsi, errant dans le parc, — cherchant à se cacher comme l'agneau — qui a reçu quelque blessure incurable.

TITUS.

— C'était bien mon agneau! Et celui qui l'a blessée, — m'a fait plus de mal que s'il m'avait tué. — Car maintenant je suis comme un naufragé debout sur un roc — environné de la solitude des mers, — qui regarde la marée montante grandir flot à flot, — attendant toujours le moment où quelque lame envieuse — l'engloutira dans ses entrailles amères. — C'est par ce chemin que mes malheureux fils sont allés à la mort; — voici mon autre fils, un banni; — et voici mon frère, pleurant sur mes malheurs; — mais celle qui cause à mon âme l'angoisse suprême, — c'est cette chère Lavinia, qui m'est plus chère que mon âme. — Je ne t'aurais vue ainsi qu'en peinture, — que cela m'eût rendu fou; que deviendrai-je, — maintenant que je vois ta personne vivante en cet état? — Tu n'as plus de mains pour essuyer tes larmes, — ni de langue pour me dire qui t'a martyrisée. — Ton mari est mort, lui; et, pour sa mort, — tes frères sont condamnés, et déjà exécutés. — Regarde, Marcus! ah! regarde-la, mon fils Lucius! — Quand j'ai nommé ses frères, de nouvelles larmes — ont alors apparu sur ses joues, comme le miel de la rosée — sur un lis déjà cueilli et presque flétri.

MARCUS.

— Peut-être pleure-t-elle parce qu'ils ont tué son mari; — peut-être, parce qu'elle les sait innocents.

TITUS.

— Si en effet ils ont tué ton mari, alors sois joyeuse — de voir que la loi les en a punis... — Non, non, ils n'ont pas commis un si noir forfait; — témoin la douleur que manifeste leur sœur... — Chère Lavinia, laisse-moi baiser tes lèvres, — et indique-moi d'un signe comment je puis te soulager. — Veux-tu que ton bon oncle, et ton frère Lucius, — et toi, et moi, nous nous asseyions au bord d'une source, — tous, baissant les yeux pour y contempler nos joues — flétries, pareilles à des prairies encore humides — du fangeux limon déposé par l'inondation? — Resterons-nous penchés sur la source — jusqu'à ce que son onde pure ait perdu sa douceur — et soit changée en une eau saumâtre par l'amertume de nos larmes? — Veux-tu que nous coupions nos mains, comme les tiennes? — ou que nous déchirions nos langues avec nos dents et que nous

passions — le reste de nos jours affreux dans de muettes pantomimes? — Que veux-tu que nous fassions? Nous qui avons des langues, — combinons un plan de misère suprême — pour faire la stupeur de l'avenir.
LUCIUS.
— Cher père, arrêtez vos larmes; car voyez, — votre douleur fait sangloter et pleurer ma misérable sœur.
MARCUS.
— Patience, chère nièce. Bon Titus, sèche tes yeux.
Il essuie les yeux de son frère avec son mouchoir.
TITUS.
— Ah! Marcus! Marcus! Je le sais bien, frère, — ton mouchoir ne peut plus boire une seule de mes larmes, — car, infortuné, tu l'as inondé des tiennes.
LUCIUS.
— Ah! ma Lavinia, je veux essuyer tes joues.
TITUS.
— Écoute, Marcus, écoute! Je comprends ses signes; — si elle avait une langue pour parler, elle dirait — maintenant à Lucius cela même que je viens de te dire, — que ses joues endolories ne peuvent plus être essuyées — par un mouchoir tout trempé des larmes de son frère! — Oh! qu'est-ce que cette sympathie de la détresse? — Elle est aussi loin du soulagement que les limbes le sont du paradis.

Entre AARON.

AARON.
— Titus Andronicus, monseigneur l'empereur — t'envoie dire ceci : si tu aimes tes fils, — un de vous, Marcus, Lucius, ou toi, vieux Titus, — n'a qu'à se couper la main — et à l'envoyer au prince; lui, en retour, — te renverra ici tes deux fils vivants, — et ce sera la rançon de leur crime.

TITUS.

— Oh! gracieux empereur! Oh! généreux Aaron!... — Le corbeau a-t-il jamais eu le doux chant de l'alouette — annonçant le lever du soleil?... — C'est de tout mon cœur que j'enverrai ma main à l'empereur. — Bon Aaron, veux-tu aider à la couper?

LUCIUS.

— Arrête, mon père; cette noble main, — qui a abattu tant d'ennemis, — ne sera pas envoyée; la mienne fera l'affaire; — ma jeunesse a plus de sang à perdre que vous, — et ce sera mon sang qui sauvera la vie de mes frères.

MARCUS.

— Quelle est celle de vos mains qui n'ait pas défendu Rome — et brandi la hache d'armes sanglante, — inscrivant la destruction sur le bastion de l'ennemi? — Oh! vos mains à tous deux sont hautement héroïques; — la mienne n'a été qu'inutile; qu'elle serve — de rançon à mes deux neveux, — et je l'aurai conservée pour un digne résultat.

AARON.

— Allons, décidez vite quelle est la main qui tombera, — de peur qu'ils ne meurent avant que le pardon n'arrive.

MARCUS.

— La mienne tombera.

LUCIUS.

Par le ciel, ce ne sera pas la vôtre!

TITUS.

— Mes maîtres, ne vous disputez plus; des rameaux flétris comme ceux-ci — ne sont bons qu'à arracher; ce sera donc la mienne.

LUCIUS.

— Cher père, si je dois être réputé ton fils, — laisse-moi racheter mes deux frères de la mort.

SCÈNE V.

MARCUS, à Titus.

— Au nom de notre père, par la tendresse de notre mère, — laisse-moi te prouver à présent mon fraternel amour.

TITUS.

— Décidez entre vous ; je veux bien sauver ma main.

LUCIUS.

— Eh bien ! je vais chercher la hache.

MARCUS.

Mais la hache me servira.

Sortent Lucius et Marcus.

TITUS.

— Approche, Aaron ; je vais les tromper tous deux ; — prête-moi le secours de ta main, et je te livre la mienne.

AARON, à part.

— Si cela s'appelle tromper, je veux être honnête, — et ne jamais tromper les gens tant que je vivrai ; — mais moi, je vais vous tromper d'une autre façon, — et cela, vous le reconnaîtrez, avant que la demi-heure se passe.

Il coupe la main de Titus.

Entrent LUCIUS et MARCUS.

TITUS.

— Maintenant, cessez votre discussion ; ce qui devait être, est exécuté... — Bon Aaron, donne ma main à l'empereur ; — dis-lui que c'est une main qui l'a préservé — de mille dangers ; prie-le de l'ensevelir ; — elle eût mérité mieux ; qu'elle ait du moins cela. — Quant à mes fils, dis-lui que je les tiens — pour des bijoux achetés à peu de frais, — et pourtant trop cher encore, puisque je n'ai fait que racheter mon bien.

AARON.

— Je pars, Andronicus ; et, en échange de ta main, — attends-toi à avoir tout à l'heure tes fils auprès de toi...

A part.

— Leurs têtes, veux-je dire; oh! comme cette vilenie — m'enivre de sa seule idée! — Que les fous fassent le bien, et que les hommes blancs invoquent la grâce! — Aaron veut avoir l'âme aussi noire que la face.

Il sort.

TITUS, *s'agenouillant.*

— Oh! j'élève vers le ciel cette main unique, — et j'incline cette faible ruine jusqu'à terre; — s'il est une puissance qui ait pitié des misérables larmes, — c'est elle que j'implore...

A Lavinia qui s'agenouille près de lui.

Quoi! tu veux t'agenouiller avec moi! — Fais-le donc, cher cœur; car le ciel entendra nos prières, — ou avec nos soupirs nous assombrirons le firmament, — et nous ternirons le soleil de leur brume, comme parfois les nuages, — quand ils l'enferment dans leur sein fluide.

MARCUS.

— Ah! frère, parle raisonnablement, — et ne te précipite pas dans l'abîme du désespoir.

TITUS.

— Mon malheur n'est-il pas un abîme, lui qui est sans fond? — Que mon affliction soit donc sans fond comme lui.

MARCUS.

— Mais du moins que la raison gouverne ta désolation.

TITUS.

— S'il y avait une raison pour de pareilles misères, — alors je pourrais contenir ma douleur dans des limites. — Quand le ciel pleure, est-ce que la terre n'est pas inondée? — Si les vents font rage, est-ce que l'Océan ne devient pas furieux? — Est-ce qu'il ne menace pas le ciel de sa face écumante? — Et tu veux une raison à ces lamentations!

Montrant Lavinia.

— Je suis l'Océan; écoute les soupirs de ma fille. — Elle est le ciel en pleurs; je suis la terre. — Il faut bien que mon océan soit remué par ses soupirs; — il faut bien que ma terre soit inondée et noyée — sous le déluge de ses larmes continuelles! — Car, vois-tu, mes entrailles ne peuvent absorber ses douleurs; — et il faut que je les vomisse comme un homme ivre! — Laisse-moi donc, car toujours celui qui perd est libre — de soulager son cœur par d'amères paroles.

Entre UN MESSAGER, portant deux têtes et une main coupées.

LE MESSAGER.

— Digne Andronicus, tu es bien mal payé — du sacrifice de cette bonne main que tu as envoyée à l'empereur. — Voici les têtes de tes deux nobles fils; — et voici ta main, qu'on te renvoie par dérision. — Tes douleurs, ils s'en amusent; ton courage, ils s'en moquent; — je souffre plus à la pensée de tes souffrances — qu'au souvenir de la mort de mon père.

Il sort.

MARCUS.

— Maintenant, que le bouillant Etna se refroidisse en Sicile, — et que mon cœur soit un enfer à jamais brûlant! — Voilà plus de misères qu'on n'en peut supporter. — Pleurer avec ceux qui pleurent, cela soulage un peu, — mais l'angoisse bafouée est une double mort.

LUCIUS.

— Ah! se peut-il que ce spectacle fasse une si profonde blessure — sans qu'une vie abhorrée s'écoule! — Se peut-il que la mort laisse la vie porter son nom, — quand la vie n'a plus d'autre bien que le souffle!

Lavinia l'embrasse.

MARCUS.

— Hélas! pauvre cœur! ce baiser n'est pas plus un soulagement pour lui, — que de l'eau glacée pour une couleuvre affamée.

TITUS.

— Quand cet effrayant sommeil finira-t-il?

MARCUS.

— Maintenant adieu tout palliatif! Meurs, Andronicus. — Tu ne sommeilles pas. Regarde! Voici les têtes de tes deux fils, — voici ta main martiale coupée; voici ta fille mutilée; — voici ton autre fils banni que cet atroce spectacle — a fait blême et livide; et me voici, moi, ton frère, — comme une statue de pierre, glacé et immobile. — Ah! je ne veux plus maintenant modérer ta douleur, — arrache tes cheveux d'argent; ronge ton autre main — avec tes dents, et que cet horrible spectacle — ferme à jamais nos yeux misérables! — Voici le moment de te déchaîner; pourquoi restes-tu calme?

TITUS, riant.

— Ha! ha! ha!

MARCUS.

Pourquoi ris-tu? Ce n'est pas le moment.

TITUS.

— C'est que je n'ai plus une seule larme à verser. — Et puis, ce désespoir est un ennemi — qui veut s'emparer de mes yeux humides — et les aveugler par un tribut de larmes. — Alors comment trouverais-je le chemin de l'antre de la vengeance? — Car ces deux têtes semblent me parler — et me signifier que je ne serai pas admis à la félicité — tant que ces forfaits n'auront pas été rejetés — à la gorge de ceux qui les ont commis. — Allons, voyons quelle tâche j'ai à faire... — Vous, malheureux, faites cercle autour de moi, — que je puisse me tourner successivement vers chacun de vous — et jurer à mon âme de venger vos injures... — Le vœu est prononcé!... Allons, frère, prends une des têtes; — et de cette main je porterai l'autre. — Lavinia, tu vas avoir de l'emploi : — porte ma main, chère fille, entre tes dents. — Quant à toi, mon garçon, pars, retire-toi de ma vue ; — tu es exilé, et tu ne dois plus rester ici. — Cours chez les Goths et lève une armée parmi eux ; — et, si tu m'aimes, comme je le crois, — embrassons-nous, et séparons-nous, car nous avons beaucoup à faire.

Sortent Titus, Marcus et Lavinia.

LUCIUS, seul.

— Adieu, Andronicus, mon noble père, — l'homme le plus malheureux qui ait jamais vécu dans Rome ! — Adieu, superbe Rome, jusqu'à ce que Lucius soit de retour ! — il laisse ici des otages qui lui sont plus chers que la vie. — Adieu, Lavinia, ma noble sœur ! — Oh ! que n'es-tu encore telle que tu étais naguère ! — Mais maintenant Lucius et Lavinia ne vivent plus — que dans l'oubli et dans d'odieuses souffrances. — Si Lucius vit, il vengera vos injures, — et réduira le fier Saturninus et son impératrice — à demander grâce aux portes de Rome, comme Tarquin et sa reine. — Maintenant je vais chez les Goths, et j'y lèverai des forces — pour châtier Rome et Saturnin.

Il sort.

SCÈNE VI

[Une salle à manger chez Titus. Un repas préparé.]

Entrent TITUS, MARCUS, LAVINIA et le jeune LUCIUS, fils de Lucius (7).

TITUS.

— Bien, bien... Maintenant asseyons-nous, et veillons à ne manger — que juste ce qu'il nous faut pour conserver la force — de venger nos amères calamités. — Marcus, dénoue ce nœud formé par le désespoir ; — ta nièce et moi, pauvres créatures, nous n'avons plus nos mains, — et nous ne pouvons soulager notre décuple douleur — en croisant ainsi nos bras... Il ne me reste plus — que cette pauvre main droite pour tyranniser ma poitrine ; — et, quand mon cœur, affolé de misère, — bat dans cette prison profonde de ma chair, — je le réprime ainsi.

Il se frappe la poitrine.

A Lavinia.

— Et toi, mappemonde de malheur, qui ne t'expliques que par signes ! — quand ton pauvre cœur bat outrageusement, — tu ne peux le frapper ainsi pour le calmer ; — blesse-le de tes soupirs, ma fille, accable-le de tes sanglots, — ou bien prends un petit couteau entre tes dents, — et fais un trou contre ton cœur, — en sorte que toutes les larmes que tes pauvres yeux laissent tomber — coulent dans cette crevasse et, en l'inondant, — noient dans leur flot amer le fou qui se lamente.

MARCUS.

— Fi, mon frère, fi ! Ne lui apprends pas ainsi — à porter des mains violentes sur sa tendre existence.

TITUS.

— Comment cela? est-ce que le chagrin te fait déjà radoter? — Ah! Marcus! nul autre que moi ne devrait être fou ! — Quelles mains violentes peut-elle porter sur son existence? — Ah! pourquoi nous poursuis-tu de ce mot : *mains!* — C'est presser Énée de raconter deux fois — comment Troie fut brûlée, et lui-même fait misérable ! — Oh! ne manie pas ce thème, ne parle pas de mains, — de peur de nous rappeler que nous n'en avons plus... — Fi, fi ! quel délire préside à mon langage ! — Comme si nous oublierions que nous n'avons pas de main, — quand Marcus ne prononcerait pas le mot *mains!* — Allons, à table ! et toi, douce fille, mange ça... — Il n'y a rien à boire ! Écoute, Marcus, ce qu'elle dit, — je puis interpréter tous les signes de son martyre ; — elle dit qu'elle ne peut boire d'autre breuvage que ses larmes, — qu'a brassées sa douleur et qui fermentent sur ses joues. — Muette plaignante, j'étudierai ta pensée; — je serai aussi exercé à tes gestes silencieux — que les ermites mendiants à leurs saintes prières. — Tu ne pousseras pas un soupir, tu ne lèveras pas tes moignons au ciel, — tu ne feras pas un clignement d'yeux, un mouvement de tête, une génuflexion, un signe, — que je n'en torde un alphabet — et que je n'apprenne, par une incessante pratique, à connaître ton idée.

LE JEUNE LUCIUS, les larmes aux yeux.

— Bon grand-père, laisse-là ces lamentations amères; — égaie ma tante par quelque joyeux récit.

MARCUS.

— Hélas! le tendre enfant, ému de compassion, — pleure de voir la douleur de son grand-père.

TITUS.

— Calme-toi, tendre rejeton; tu es fait de larmes, — et ton existence serait bien vite fondue dans les larmes.

Marcus frappe un plat avec son couteau.

— Que frappes-tu, Marcus, avec ton couteau?

MARCUS.

— Un être que j'ai tué, monseigneur, une mouche!

TITUS.

— Malheur à toi, meurtrier! tu assassines mon cœur! — Mes yeux sont fatigués de la vue de la tyrannie. — Un acte de mort, commis sur un innocent, — ne sied pas au frère de Titus... Va-t'en; — je vois que tu n'es pas à ta place en ma compagnie.

MARCUS.

— Hélas! monseigneur, je n'ai fait que tuer une mouche.

TITUS.

— Mais si cette mouche avait son père et sa mère! — Comme ils iraient partout étendant leurs délicates ailes d'or — et bourdonnant dans l'air leurs lamentations! — Pauvre mouche inoffensive, — qui était venue ici pour nous égayer — avec son joli et mélodieux murmure, et tu l'as tuée!...

MARCUS.

— Pardonnez-moi, seigneur ; c'était un vilain moucheron noir — qui ressemblait au More de l'impératrice ; voilà pourquoi je l'ai tué.

TITUS.

Oh ! oh ! oh ! — Alors pardonne-moi de t'avoir blâmé, — car tu as fait un acte charitable. — Donne-moi ton couteau, je veux l'outrager, — en m'imaginant que c'est le More — venu ici exprès pour m'empoisonner... — Tiens, voilà pour toi, et voilà pour Tamora ! — Ah ! coquin !... — Pourtant je ne nous crois pas à ce point déchus — qu'il faille nous mettre à deux pour tuer un moucheron, — qui nous rappelle ce More noir comme le charbon !

MARCUS, à part.

— Hélas ! le pauvre homme ! la douleur a tellement agi sur lui — qu'il prend de vaines ombres pour des objets réels.

TITUS.

— Allons ! qu'on desserve ! Lavinia, viens avec moi ; — je vais dans mon cabinet lire avec toi — les tristes histoires arrivées au temps jadis... — Viens, enfant, viens avec moi ; ta vue est jeune, — et tu liras, quand la mienne commencera à se troubler.

Ils sortent.

SCÈNE VII

[Devant la maison de Titus.]

Entrent TITUS et MARCUS ; puis LE JEUNE LUCIUS, après lequel court LAVINIA ; l'enfant fuit, ayant sous le bras ses livres qu'il laisse tomber à terre.

LE JEUNE LUCIUS.

— Au secours, grand-père, au secours ! ma tante Lavinia — me suit partout, je ne sais pourquoi. — Bon oncle Marcus, **voyez** comme elle vient vite!... — Hélas! chère tante, je ne **sais** ce que vous voulez.

MARCUS.

— Tiens-toi près de moi, Lucius; n'aie pas peur de ta tante.

TITUS.

— Elle t'aime trop, mon enfant, pour te faire du mal.

LE JEUNE LUCIUS.

— Oui, quand mon père était à Rome, elle m'aimait bien.

MARCUS.

— Que veut dire ma nièce Lavinia par ces signes?

TITUS.

— N'aie pas peur d'elle, Lucius : elle veut dire quelque chose. — Vois, Lucius, vois comme elle te cajole; — elle veut que tu ailles avec elle quelque part. — Ah! mon enfant, Cornelia ne mit jamais plus de zèle — à instruire ses enfants que Lavinia à t'apprendre — la belle poésie et l'*Orateur* de Cicéron. — Est-ce que tu ne peux pas deviner pourquoi elle te presse ainsi?

LE JEUNE LUCIUS.

— Je n'en sais rien, monseigneur, et je ne peux le deviner, — à moins que ce ne soit quelque accès de délire qui la possède. — En effet, j'ai souvent ouï dire à mon grand-père — que l'excès des chagrins rendait les hommes fous; — et j'ai lu qu'Hécube de Troie — devint folle de douleur; c'est ce qui m'a fait peur, — quoique je sache bien, monseigneur, que ma noble tante — m'aime aussi tendrement que m'a jamais aimé ma mère; — elle ne voudrait pas effrayer ma jeunesse, si ce n'est dans la démence; — c'est cette idée qui m'a fait jeter mes livres et fuir, — sans raison, peut-être; mais pardon, chère tante! — Oui, madame, si mon oncle Marcus veut venir, — je vous suivrai bien volontiers.

MARCUS.

Je veux bien, Lucius.

Lavinia retourne successivement les livres que Lucius a laissés tomber.

TITUS.

— Eh bien, Lavinia? Marcus, que veut dire ceci? — Il y a quelque livre qu'elle désire voir... — Lequel de ces livres, ma fille?... Ouvre-les, enfant... — Mais tu es plus lettrée, et plus instruite que cela; — viens, et choisis dans toute ma bibliothèque, — et trompe ainsi ta souffrance, jusqu'à ce que les cieux — révèlent l'auteur maudit de ce forfait... — Quel livre?... — Pourquoi lève-t-elle ainsi les bras l'un après l'autre?

MARCUS.

— Elle veut dire, je pense, qu'il y a eu plus d'un — coupable dans le crime... Oui, qu'il y en avait plus d'un; — ou peut-être lève-t-elle les bras vers le ciel pour implorer vengeance.

TITUS.

— Lucius, quel est le livre qu'elle remue ainsi?

LE JEUNE LUCIUS.

— Grand-père, ce sont les Métamorphoses d'Ovide; — ma mère me les a données.

MARCUS.

— Peut-être est-ce en souvenir de celle qui n'est plus, — qu'elle a choisi ce livre entre tous les autres.

TITUS.

— Doucement! avec quelle rapidité elle tourne les feuillets! — Aidons-la : que veut-elle trouver? Lavinia, lirai-je? — Ceci est la tragique histoire de Philomèle; — il y est question de la trahison de Térée et de son viol; — et le viol, j'en ai peur, est l'origine de son ennui.

MARCUS.

— Voyez, frère, voyez! remarquez comme elle considère les pages!

SCÈNE VII.   149

TITUS.

— Lavinia, chère fille, aurais-tu été ainsi surprise, — violée, outragée, comme le fut Philomèle, — forcée dans les vastes forêts impitoyables et sinistres? — Voyons! voyons! — Oui, il y a un endroit comme cela!... L'endroit où nous avons chassé — (oh! plût au ciel que nous n'eussions jamais, jamais chassé là!) — est comme celui que le poëte décrit ici, — disposé par la nature pour le meurtre et pour le viol.

MARCUS.

— Oh! pourquoi la nature édifie-t-elle un antre aussi affreux, — si les dieux ne prennent pas plaisir aux tragédies?

TITUS.

— Fais-nous signe, chère fille... Il n'y a ici que des amis... — Quel est le seigneur romain qui a osé commettre le forfait? — Saturninus se serait-il dérobé, comme jadis Tarquin, — qui abandonna son camp pour déshonorer le lit de Lucrèce?

MARCUS.

— Assieds-toi, douce nièce... Frère, asseyez-vous près de moi... — Apollon, Pallas, Jupiter, Mercure, — inspirez-moi, que je puisse découvrir cette trahison! — Monseigneur, regardez ici... Regarde ici, Lavinia.

Il écrit son nom sur le sable avec son bâton qu'il dirige avec ses pieds et sa bouche.

— Ce terrain sablé est uni; dirige, si tu peux, — ce bâton, comme moi. J'ai écrit mon nom, — sans le secours de mes mains. — Maudit soit dans l'âme celui qui nous a forcés à cet expédient! — Écris, ma bonne nièce, et révèle enfin ici — ce que Dieu veut rendre manifeste pour le châtiment. — Que le ciel guide ton burin de manière à imprimer clairement tes malheurs — et à nous faire connaître les traîtres et la vérité !

Lavinia prend le bâton entre ses dents et écrit en le guidant avec ses bras mutilés.

TITUS.

— Oh ! lisez-vous, monseigneur, ce qu'elle a écrit ? — « *Stuprum, Chiron, Demetrius.* »

MARCUS.

— Comment ! comment ! les fils lascifs de Tamora — auteurs de cet atroce et sanglant forfait !

TITUS.

Magni Dominator poli,
Tam lentus audis scelera ? tam lentus vides ?

MARCUS.

— Oh ! calme-toi, noble seigneur ! pourtant, je reconnais — que ce qui est écrit là à terre — suffirait à provoquer la révolte dans les esprits les plus doux — et à armer d'indignation le cœur d'un enfant... — Monseigneur, agenouillez-vous avec moi ; Lavinia, à genoux ; — à genoux, toi aussi, doux enfant, espoir de l'Hector romain ; — et faites tous avec moi le serment que jadis, après le viol de Lucrèce, — le seigneur Junius Brutus fit avec le malheureux époux — et le père de cette vertueuse femme déshonorée ; — jurez que nous poursuivrons délibérément — ces Goths perfides de notre mortelle vengeance, — et que nous verrons couler leur sang, ou que nous périrons sous cet outrage.

TITUS.

— Nous venger ! cela ne fait pas question ; reste à savoir comment. — Pour peu que vous blessiez les oursons, prenez garde ; — leur mère sera aux aguets ; et, si une fois elle vous flaire, — songez qu'elle est étroitement liguée avec le lion ; — elle le berce tout en se jouant sur le dos, — et, dès qu'il dort, elle peut faire ce qu'elle veut. — Vous êtes un chasseur novice, Marcus ; laissez-moi faire, — et venez, je vais me procurer une feuille d'airain, — et avec une pointe d'acier j'y inscrirai ces mots-là, — pour les tenir en réserve.

Il montre les mots que vient d'écrire Lavinia.

Un vent du nord violent — va disperser ces sables, comme les feuilles de la sibylle, — et où sera votre leçon alors?... Enfant, que dis-tu?

LE JEUNE LUCIUS.

— Je dis, monseigneur, que, si j'étais homme, — la chambre à coucher de leur mère ne serait pas sûre — pour ces traîtres asservis au joug de Rome.

MARCUS.

— Oui, voilà bien un digne enfant! ton père a souvent — agi avec ce dévouement pour son ingrate patrie.

LE JEUNE LUCIUS.

— Eh bien, mon oncle, j'agirai ainsi, si je vis.

TITUS.

— Allons, viens avec moi dans ma salle d'armes; — Lucius, je vais t'équiper; et ensuite, mon enfant, — tu porteras de ma part aux fils de l'impératrice — les présents que j'ai l'intention de leur envoyer à tous deux; — viens, viens; tu rempliras ton message, n'est-ce pas?

LE JEUNE LUCIUS.

— Oui, avec mon poignard dans leurs poitrines, grand-père.

TITUS.

— Non, enfant, non; je t'enseignerai un autre moyen. — Lavinia, viens... Toi, Marcus, veille sur ma maison; — Lucius et moi, nous allons faire merveille à la cour; — oui, morbleu, seigneur; et nous aurons un cortége.

Sortent Titus, Lavinia et le jeune Lucius.

MARCUS.

— O ciel, peux-tu entendre un bon homme gémir, — et ne pas t'attendrir, et ne pas avoir pitié de lui? — Va, Marcus, suis-le dans son délire, — lui qui a au cœur plus de cicatrices de douleurs, — que de balafres ennemies sur son bouclier bossu, — et si honnête pourtant qu'il ne veut pas se venger ! — Que le ciel se charge de venger le vieil Andronicus !

Il sort.

SCÈNE VIII.

[Dans le palais.]

Entrent, par une porte, AARON, CHIRON et DÉMÉTRIUS ; par l'autre, le jeune LUCIUS et un serviteur, portant un faisceau d'armes entouré d'une inscription en vers.

CHIRON.

— Démétrius, voici le fils de Lucius ; — il est chargé de quelque message pour nous.

AARON.

— Oui, quelque message insensé de son insensé grand-père.

LE JEUNE LUCIUS.

— Messeigneurs, avec toute l'humilité possible, — je salue vos honneurs de la part d'Andronicus.

A part.

— Et prie les dieux de Rome de vous exterminer tous deux.

DÉMÉTRIUS.

— Grand merci, aimable Lucius, quelle nouvelle?

LE JEUNE LUCIUS, à part.

— La nouvelle, c'est que vous êtes tous deux reconnus (8) — pour des misérables souillés de viol.

Haut.

Ne vous en déplaise, — mon grand-père, bien avisé, vous envoie par moi — les plus belles armes de son arsenal — afin d'en gratifier votre honorable jeunesse, — l'espoir de Rome ; c'est, en effet, ce qu'il m'a commandé de dire ; — et je le dis, et je présente ces dons — à vos seigneuries afin que, quand il en sera besoin, — vous soyez bien armés et bien équipés, — et sur ce je vous laisse tous deux...

A part.

Sanguinaires scélérats !

Sortent le jeune Lucius et le serviteur.

DÉMÉTRIUS.

— Qu'y a-t-il là ? Un écriteau ! enroulé tout autour ! — Lisons :

Integer vitæ, scelerisque purus,
Non eget Mauri jaculis, nec arcu.

CHIRON.

— Oh ! c'est un vers d'Horace ; je le reconnais bien ; — je l'ai lu dans la grammaire, il y a longtemps.

AARON.

— Oui, justement, un vers d'Horace ! Vous y êtes parfaitement.

A part.

— Ah ! ce que c'est que d'être un âne ! — Ceci n'est pas une pure plaisanterie ! Le bonhomme a découvert leur crime ; — et il leur envoie des armes, enveloppées de vers, — qui les blessent au vif, à leur insu. — Mais, si notre sagace impératrice était sur pied, — elle applaudirait à la pensée d'Andronicus. — Mais laissons-la reposer quelque temps encore sur son lit d'insomnie.

Haut.

— Eh bien, jeunes seigneurs, n'est-ce pas une heureuse étoile — qui nous a conduits à Rome, nous, étrangers, et qui plus est, — captifs, pour y être élevés à cette grandeur suprême. — J'ai eu plaisir, devant la porte du palais, — à braver le tribun à l'oreille même de son frère !

DÉMÉTRIUS.

— Et moi, plus de plaisir encore à voir un si grand seigneur — s'humilier bassement et nous envoyer des présents.

AARON.

— N'a-t-il pas ses raisons pour cela, seigneur Démétrius? — N'avez-vous pas traité sa fille bien affectueusement?

DÉMÉTRIUS.

— Je voudrais que nous eussions mille dames romaines — à notre discrétion pour servir tour à tour à nos désirs.

CHIRON.

— Vœu charitable et plein d'amour!

AARON.

— Il ne manque ici que votre mère pour dire amen!

CHIRON.

— Et elle le dirait pour vingt mille Romaines de plus.

DÉMÉTRIUS.

— Partons et allons prier tous les dieux — pour notre bien-aimée mère en proie aux douleurs.

AARON, à part.

— Priez plutôt les démons; les dieux nous ont abandonnés.

Fanfare.

DÉMÉTRIUS.

— Pourquoi les trompettes de l'empereur retentissent-elles ainsi?

CHIRON.

— Sans doute, en réjouissance de ce que l'empereur a un fils.

DÉMÉTRIUS.

— Doucement! qui vient là?

Entre UNE NOURRICE, portant un enfant more dans ses bras.

LA NOURRICE.

Bonjour, seigneurs. — Oh! dites-moi, avez-vous vu le More Aaron?

AARON.

— Oui, peu ou prou, ou point du tout. — Voici Aaron; que lui veux-tu, à Aaron?

LA NOURRICE.

— O gentil Aaron, nous sommes tous perdus! — Avise vite, ou le malheur te frappe à jamais.

AARON.

— Eh! quel tintamarre fais-tu là? — Que serres-tu, que chiffonnes-tu dans tes bras?

LA NOURRICE.

— Oh! ce que je voudrais cacher au regard des cieux, — la honte de notre impératrice, et la disgrâce de la majestueuse Rome... — Elle est délivrée, seigneurs, elle est délivrée.

AARON.

— Comment!

LA NOURRICE.

Je veux dire qu'elle est accouchée.

AARON.

C'est bon. Que Dieu — lui accorde un salutaire repos! Que lui a-t-il envoyé?

LA NOURRICE.

Un démon.

AARON.

— La voilà donc mère du diable : l'heureuse engeance!

LA NOURRICE.

— Malheureuse, horrible, noire et sinistre engeance! — Voici le bambin aussi affreux qu'un crapaud — au milieu des charmants enfants de nos pays. — L'impératrice te l'envoie, comme ton empreinte, ta vivante effigie, — et t'ordonne de le baptiser avec la pointe de ton poignard.

AARON.

—Fi donc! fi donc, putain! Le noir est-il une si ignoble

couleur?... — Cher joufflu, vous êtes un beau rejeton, assurément.

DÉMÉTRIUS.

— Malheureux! qu'as-tu fait?

AARON.

Ce que tu ne peux défaire.

CHIRON.

— Tu as perdu notre mère!

AARON.

Ta mère, malheureux, je l'ai gagnée!

DÉMÉTRIUS.

— Et c'est en cela, limier d'enfer, que tu l'as perdue. — Malheur à sa fortune, et damné soit son choix immonde! — Maudit soit le produit d'un si noir démon!

CHIRON.

— Il ne vivra pas!

AARON.

Il ne mourra pas.

LA NOURRICE.

— Aaron, il le faut; la mère le veut ainsi.

AARON.

— Ah! il le faut, nourrice? Eh bien, que nul autre que moi — ne se charge d'immoler ma chair et mon sang!

DÉMÉTRIUS.

— J'embrocherai le tétard à la pointe de ma rapière. — Nourrice, donne-le-moi; mon épée l'aura vite expédié.

AARON, mettant l'épée à la main.

— Cette épée t'aura plus vite labouré les entrailles.

Il prend l'enfant des bras de la nourrice.

— Arrêtez, infâmes scélérats! Voulez-vous tuer votre frère? — Ah! par les flambeaux brûlants du ciel — qui brillaient si splendidement quand cet enfant fut engendré, — il meurt de la pointe affilée de mon cimeterre, — celui qui touche à cet enfant, à mon premier-né, à mon héritier! — Je vous le déclare, freluquets, ni Encelade, — avec toute la formidable bande des enfants de Typhon, — ni le grand Alcide, ni le dieu de la guerre, — n'arracheraient cette proie des mains de son père. — Allons, allons, jeunes sanguins, cœurs vides, — murs crépis de blanc, enseignes peintes de cabaret, — le noir le plus foncé est supérieur à toute autre couleur — par cela même qu'il se refuse à prendre une autre couleur : — car toute l'eau de l'Océan — ne parvient pas à blanchir les pattes noires du cygne, — quoiqu'il les lave à toute heure dans les flots. — Dites de ma part à l'impératrice que je suis d'âge — à garder mon bien ; qu'elle excuse cela comme elle voudra.

DÉMÉTRIUS.
— Veux-tu donc trahir ainsi ta noble maîtresse ?

AARON.
— Ma maîtresse est ma maîtresse. Cet enfant, c'est moi-même ; — c'est la fougue et le portrait de ma jeunesse ; — cet enfant, je le préfère à tout l'univers ; — cet enfant, je le sauverai, malgré tout l'univers, — ou quelques-uns de vous en pâtiront dans Rome.

DÉMÉTRIUS.
— Par cet enfant notre mère est à jamais déshonorée.

CHIRON.
— Rome la méprisera pour cette noire escapade.

LA NOURRICE.
— L'empereur, dans sa rage, la condamnera à mort.

CHIRON.
— Je rougis en pensant à cette ignominie.

AARON.
— Oui, voilà le privilége attaché à votre beauté. — Fi de cette couleur traîtresse qui trahit par une rougeur — les mouvements et les secrets les plus intimes du cœur ! — Voici un jeune gars fait d'une autre nuance : — voyez, comme le noir petit drôle sourit à son père, — d'un air

qui semble dire : *vieux gaillard, je suis ton œuvre!...* — Il est votre frère, seigneurs; il est sensiblement nourri — de ce même sang qui vous a donné la vie; — et c'est du ventre où vous fûtes emprisonnés — qu'il a été délivré pour venir au jour. — Au fait, il est votre frère, du côté le plus sûr, — quoique mon sceau soit imprimé sur sa face.

LA NOURRICE.

— Aaron, que dirai-je à l'impératrice?

DÉMÉTRIUS.

— Décide, Aaron, ce qu'il faut faire, — et nous souscrirons tous à ta décision. — Sauve l'enfant, soit, pourvu que nous soyons tous sauvés.

AARON.

— Eh bien, asseyons-nous, et consultons ensemble... — Mon enfant et moi, nous nous mettrons au vent de vous; — installez-vous là... Maintenant causons à loisir des moyens de vous sauver.

DÉMÉTRIUS.

— Combien de femmes ont vu cet enfant?

AARON.

— A la bonne heure, braves seigneurs! Quand nous sommes tous unis paisiblement, — je suis un agneau; mais, si vous bravez le More, — le sanglier irrité, la lionne des montagnes, — l'Océan ont moins de courroux qu'Aaron de tempêtes! — Mais revenons à la question : combien de personnes ont vu l'enfant?

LA NOURRICE.

— Cornélie, la sage-femme, et moi; — voilà tout, outre l'impératrice accouchée.

AARON.

— L'impératrice, la sage-femme, et toi. — Deux peuvent garder un secret, en l'absence d'un tiers. — Va trouver l'impératrice; répète-lui ce que j'ai dit.

Il la poignarde.

— Couac! couac!... Ainsi crie un cochon qu'on arrange pour la broche!

DÉMÉTRIUS.

— Que prétends-tu, Aaron? Pourquoi as-tu fait cela?

AARON.

— Oh! seigneur, c'est un acte politique : — devait-elle vivre pour trahir notre faute? — Une bavarde commère ayant la langue si longue! Non, seigneurs, non. — Et maintenant apprenez mon plan tout entier. — Non loin d'ici demeure un certain Muliteus, mon compatriote; — sa femme n'est accouchée que d'hier; — son enfant ressemble à cette femme, il est blanc comme vous : — bâclez le marché avec lui, donnez de l'or à la mère, — et expliquez-leur à tous deux les détails de l'affaire, — à quelle haute destinée leur enfant va être appelé, — qu'il va être traité comme l'héritier de l'empereur, — et substitué au mien, — pour calmer l'orage qui gronde à la cour; — oui, et que l'empereur le caresse comme son propre enfant! — Vous m'entendez, seigneurs; vous voyez que je lui ai donné sa médecine...

Il montre la nourrice.

— Et maintenant, il faut que vous vous occupiez de ses funérailles; — les champs sont tout près, et vous êtes de galants garçons. — Cela fait, veillez, sans plus de délais, — à m'envoyer immédiatement la sage-femme. — La sage-femme et la nourrice dûment supprimées, — libre alors à ces dames de jaser à leur aise.

CHIRON.

— Aaron, je vois que tu ne veux pas confier aux vents — un secret.

DÉMÉTRIUS.

Pour ta sollicitude envers Tamora, — elle et les siens te sont grandement obligés.

Sortent Démétrius et Chiron, emportant la nourrice.

AARON.

— Maintenant chez les Goths, aussi vite que vole l'hirondelle ! — Là je mettrai en sûreté le trésor que j'ai dans les bras, — et je m'aboucherai secrètement avec les amis de l'impératrice. — En avant, petit drôle aux lèvres épaisses, je vais vous emporter d'ici ; — car c'est vous qui nous obligez à tant de ruses ; — je vous ferai nourrir de fruits sauvages, de racines, — et régaler de caillebotte et de petit lait, je vous ferai téter la chèvre, — et loger dans une caverne ; et je vous élèverai — pour être un guerrier, et commander un camp.

Il sort.

SCÈNE IX

[Une place aux abords du palais.]

Entrent TITUS, MARCUS, le jeune LUCIUS, et autres seigneurs, portant des arcs. Titus porte les flèches, aux bouts desquelles sont attachées diverses inscriptions.

TITUS.

— Viens, Marcus, viens... Cousins, voici le chemin. — Mon petit monsieur, voyons votre talent d'archer : — ajustez bien, et ça y va tout droit... — *Terras Astræa reliquit...* — Oui, rappelez-vous-le, Marcus, Astrée est partie, elle s'est enfuie... — Messire, munissez-vous de vos engins... Vous, cousins, vous irez — sonder l'Océan, et vous y jetterez vos filets ; — peut-être la trouverez-vous dans la mer ; — pourtant la justice n'est pas plus là que sur terre... — Non, Publius et Sempronius, c'est à vous de faire cela ; — il faudra que vous creusiez avec la pioche et la bêche, — et que vous perciez le centre le plus profond de la terre ; — alors, une fois arrivés au pays de Pluton, — présentez-lui, je vous prie, cette supplique ; — dites-lui qu'elle implore justice et appui, — et qu'elle vient du vieil Andronicus, — accablé de douleurs dans l'ingrate Rome. — Ah! Rome!... oui, oui! j'ai fait ton malheur, — du jour où j'ai reporté les suffrages du peuple — sur celui qui me tyrannise ainsi. — Allons, partez; et, je vous prie, soyez tous bien attentifs, — et fouillez un à un tous les bâtiments de guerre : — ce maudit empereur pourrait bien avoir fait embarquer la justice, — et alors, cousins, nous aurions beau la réclamer, ce serait comme si nous chantions.

MARCUS.

— O Publius, n'est-ce pas une chose accablante — de voir ton noble oncle dans un pareil délire?

PUBLIUS.

— Aussi, monseigneur, c'est pour nous un devoir impérieux — de veiller scrupuleusement sur lui nuit et jour; — carressons son humeur aussi doucement que nous pourrons, — jusqu'à ce que le temps ait apporté à son mal quelque remède salutaire.

MARCUS.

— Cousins, ses peines sont irrémédiables. — Joignons-nous aux Goths; et par une guerre vengeresse — punissons Rome de son ingratitude — et châtions le traître Saturninus.

TITUS.

— Publius, eh bien? eh bien, mes maîtres? — voyons, l'avez-vous trouvée?

PUBLIUS.

— Non, monseigneur; mais Pluton vous envoie dire — que, si c'est la vengeance que vous voulez obtenir de l'enfer, vous l'aurez; — quant à la justice, ma foi, elle est occupée, — croit-il, avec Jupiter dans le ciel, ou ailleurs; — en sorte que vous devez forcément attendre quelque temps.

TITUS.

— Il me fait du mal en me leurrant de tant de délais;

— je plongerai dans le lac brûlant de l'abîme, — et par les talons j'arracherai la justice de l'Achéron... — Marcus, nous ne sommes que des arbrisseaux, nous ne sommes pas des cèdres, — ni des hommes à forte ossature, de la taille des Cyclopes ; — mais, Marcus, notre nature de fer est profondément trempée. — Pourtant les maux qui nous accablent sont trop lourds pour nos reins ; — et, puisque la justice n'est ni sur terre ni en enfer, — nous implorerons le ciel, et nous presserons les dieux — d'envoyer la justice ici-bas pour venger nos injures. — Allons, à la besogne! Vous un bon archer, Marcus...

Il leur distribue les flèches, en lisant les inscriptions qu'elles portent.

— *Ad Jovem!* voilà pour vous... Ici, *ad Apollinem!* — *Ad Martem!* ça, c'est pour moi-même. — Tiens, enfant, à *Pallas!*... Tenez, à *Mercure!* — Tenez, Caius, à *Saturne*, mais pas à Saturninus! — Autant vaudrait lancer votre flèche contre le vent... — Au but, enfant. Marcus, tirez quand je vous le dirai. — Sur ma parole, j'ai parfaitement tenu la plume ; — il n'y a pas un dieu qui n'ait sa requête.

MARCUS.

— Cousins, lancez toutes vos flèches dans la direction de la cour ; — nous allons mortifier l'empereur dans son orgueil.

TITUS.

— Maintenant, mes maîtres, tirez.

Ils lancent leurs flèches dans la direction du palais.

Oh! à merveille, Lucius! — Cher enfant, dans le sein de la Vierge ; envoie à Pallas.

MARCUS.

— Monseigneur, je vise à un mille au delà de la lune... — Votre lettre est arrivée à Jupiter en ce moment.

TITUS.

— Ha! Publius, Publius! qu'as-tu fait? — Vois, vois, ta flèche a abattu une des cornes du Taureau.

SCÈNE IX.

MARCUS.

— C'était là le jeu, monseigneur. Dès que Publius a touché, — le Taureau, étant blessé, a donné à Ariès un tel coup — que les deux cornes du Bélier sont tombées au milieu de la cour, — et qui les a trouvées? L'infâme mignon de l'impératrice! — Elle a ri et a dit au More qu'il ne pouvait faire autrement — que de les donner en présent à son maître!

TITUS.

— Oui, ça va. Que Dieu accorde la joie à sa seigneurie!

Entre un PAYSAN, avec un panier et une paire de pigeons.

—Des nouvelles, des nouvelles du ciel! Marcus, la poste est arrivée! — Maraud, quoi de nouveau? as-tu des lettres? — Obtiendrai-je justice? Que dit l'omnipotent Jupiter? —

LE PAYSAN.

Oh! le dresseur de potence! Il dit qu'il l'a démontée, parce que l'homme ne doit être pendu que la semaine prochaine.

TITUS.

Mais que dit Jupiter, je te demande?

LE PAYSAN.

Las! monsieur, je ne connais pas Jupiter; jamais de ma vie je n'ai bu avec lui.

TITUS.

Ah çà, drôle, n'es-tu pas le porteur...

LE PAYSAN.

Oui, de mes pigeons, monsieur, voilà tout.

TITUS.

Ah çà, tu n'es donc pas venu du ciel?

LE PAYSAN.

Du ciel! Las! monsieur, je n'ai jamais été là; à Dieu ne

plaise que j'aie la témérité de me presser pour le ciel dans mes jeunes jours! Morguienne, je vais avec mes pigeons au tribunal de la plèbe, pour arranger une matière de querelle entre mon oncle et un des gens de l'empereur.

MARCUS, à Titus.

Eh bien, seigneur, cela se trouve à merveille pour la transmission de votre requête. Qu'il offre les pigeons à l'empereur de votre part.

TITUS.

Dis-moi, saurais-tu transmettre une requête à l'empereur avec grâce?

LE PAYSAN.

Nenni, vraiment, monsieur, je n'ai jamais pu dire les grâces de ma vie.

TITUS.

— Maraud, viens ici; ne fais plus d'embarras; — mais offre tes pigeons à l'empereur; — par moi tu obtiendras de lui justice... — Arrête, arrête, en attendant, voici de l'argent pour ta commission... — Qu'on me donne une plume et de l'encre!... — Drôle, sauras-tu remettre avec grâce une supplique? —

LE PAYSAN.

Oui, monsieur.

TITUS.

Eh bien, voilà une supplique pour vous. Et, dès que vous serez devant l'empereur, de prime-abord, il faudra vous agenouiller; puis vous lui baiserez le pied; puis vous lui remettrez vos pigeons, et alors vous attendrez votre récompense. Je serai près de vous, monsieur; surtout faites la chose bravement.

LE PAYSAN.

Je vous le garantis, monsieur, laissez-moi faire.

TITUS.

— Maraud, as-tu un couteau?... Viens, fais-le-moi

voir... — Tiens, Marcus, enveloppe-le dans la requête; — car tu l'as rédigée comme un bien humble suppliant... — Et toi, quand tu l'auras remise à l'empereur, — frappe à ma porte, et rapporte-moi ce qu'il aura dit.

Il sort.

LE PAYSAN.

Dieu soit avec vous, monsieur! J'y vais.

TITUS.

— Allons, Marcus, partons... Publius, suis-moi.

Ils sortent.

SCÈNE X

[La cour du palais.]

Entrent SATURNINUS, TAMORA, CHIRON, DÉMÉTRIUS, seigneurs et autres; Saturninus a dans la main les flèches lancées par Titus.

SATURNINUS.

— Eh bien, seigneurs, sont-ce là des outrages? A-t-on jamais vu — un empereur de Rome ainsi obsédé, — molesté, bravé, et, pour avoir déployé — une stricte justice, traité avec un tel mépris? — Vous le savez, messeigneurs, comme le savent les dieux puissants, — quelques rumeurs que ces perturbateurs de notre repos — chuchottent à l'oreille du peuple, il ne s'est rien fait — sans la sanction de la loi, contre les fils insolents — du vieil Andronicus. Et, sous prétexte — que ses chagrins ont ainsi étouffé sa raison, — serons-nous ainsi persécutés de ses ressentiments, — de ses accès, de ses frénésies et de son amertume? — Le voilà maintenant qui écrit au ciel pour le redressement de ses griefs! — Regardez, voilà pour Jupiter, et voici pour Mercure; — voici pour Apollon; voici pour le dieu de la guerre. — Missives bien douces à voir voler dans les rues de Rome! — Qu'est-ce que tout cela, sinon diffamer le sénat, — et décrier partout notre injustice? — Une excellente plaisanterie, n'est-ce pas, messeigneurs? — Comme s'il disait qu'il n'y a pas de justice à Rome. — Mais, si je vis, sa feinte démence — ne servira pas de refuge à tous ces outrages. — Lui et les siens sauront que la justice respire — dans Saturninus; si elle sommeille, — il saura si bien la réveiller que dans sa furie elle — anéantira le plus arrogant conspirateur qui soit au monde.

TAMORA.

— Mon gracieux seigneur, mon aimable Saturninus, — seigneur de ma vie, maître de mes pensées, — calme-toi, et tolère les fautes de la vieillesse de Titus, — comme les effets du chagrin causé par la perte de ses vaillants fils, — perte déchirante qui lui a percé le cœur — Ah! console sa détresse — plutôt que de poursuivre, pour ces affronts, — le plus humble ou le plus grand des hommes.

A part.

Oui, c'est ainsi qu'il sied — au génie profond de Tamora de tout pallier; — mais va, Titus, je t'ai touché au vif; — le plus pur de ton sang va couler; si maintenant Aaron est habile, — alors tout est sauvé, l'ancre est dans le port.

Entre le PAYSAN.

— Eh bien, l'ami? tu veux nous parler?

LE PAYSAN.

Oui, morguienne, si votre seigneurie est impériale.

TAMORA.

— Je suis l'impératrice... Mais voilà l'empereur assis là-bas. —

LE PAYSAN.

C'est lui... Que Dieu et saint Étienne vous donnent bonne chance! Je vous ai apporté une lettre, et un couple de pigeons que voici.

L'empereur lit la lettre.

SCÈNE X.

SATURNINUS, montrant le paysan.

— Allons, qu'on l'emmène et qu'on le pende sur-le-champ !

LE PAYSAN.

Combien dois-je avoir d'argent?

TAMORA.

— Allons, drôle, tu dois être pendu.

LE PAYSAN.

Pendu ! Par Notre-Dame, j'ai donc apporté mon cou pour un bel office !

Il sort, emmené par les gardes.

SATURNINUS.

— Odieux et intolérables outrages ! — Dois-je endurer cette monstrueuse avanie ? — Je sais d'où part cette malice. — Cela peut-il se supporter?... Comme si ses traîtres fils, — qui sont morts de par la loi pour le meurtre de notre frère, — avaient été injustement égorgés par mon ordre ! — Allons, qu'on traîne ici le misérable par les cheveux ; — ni l'âge, ni la dignité n'interposeront leur privilége... — Pour cette arrogante moquerie, je veux être ton égorgeur, — perfide et frénétique misérable, qui n'as contribué à mon élévation — que dans l'espoir de gouverner Rome et moi !

Entre ÆMILIUS.

— Quelles nouvelles, Æmilius ?

ÆMILIUS.

— Aux armes, aux armes, messeigneurs ! Rome n'a jamais eu plus grand motif d'alarmes ! — Les Goths ont relevé la tête, et, avec une armée — d'hommes résolus, avides de pillage, — ils marchent droit à nous, sous la conduite — de Lucius, fils du vieil Andronicus, — qui menace, dans le cours de sa vengeance, de faire — autant que Coriolan.

SATURNINUS.

— Le belliqueux Lucius est général des Goths! — Cette nouvelle me glace; et je penche la tête — comme les fleurs sous la gelée, comme l'herbe battue de la tempête. — Oui, maintenant nos malheurs approchent : — c'est lui que les gens du peuple aiment tant; — moi-même je leur ai souvent ouï dire, — quand je me promenais comme un simple particulier, — que le bannissement de Lucius était injuste; — et ils souhaitaient que Lucius fût leur empereur.

TAMORA.

— Pourquoi vous alarmer? Votre cité n'est-elle pas forte?

SATURNINUS.

— Oui, mais les citoyens favorisent Lucius, — et me déserteront pour le secourir.

TAMORA.

— Roi, que ton esprit soit impérial, comme ton nom. — Le soleil s'obscurcit-il, si des mouches volent dans ses rayons? — L'aigle souffre que les petits oiseaux chantent, — sans se soucier de ce qu'ils veulent dire, — sachant bien qu'avec l'ombre de ses ailes — il peut à plaisir couper court à leur mélodie; — de même tu peux faire taire les étourdis de Rome. — Rassure donc tes esprits; car sache, ô empereur, — que je vais enchanter le vieil Andronicus — par des paroles plus douces, mais plus dangereuses — que ne l'est l'amorce pour le poisson et le trèfle mielleux pour la brebis : — l'un est blessé par l'amorce, — l'autre est étouffé par une délicieuse pâture.

SATURNINUS.

— Mais Titus ne voudra pas supplier son fils en notre faveur.

TAMORA.

— Si Tamora l'en supplie, il le voudra; — car je puis caresser son grand âge, en l'accablant — de promesses dorées; et son cœur serait — presque imprenable, sa vieille oreille serait sourde, — que cœur et oreille obéiraient encore à ma parole.

A Æmilius.

— Toi, va en avant, et sois notre ambassadeur ; — va dire que l'empereur demande une conférence — au belliqueux Lucius et lui désigne un rendez-vous — dans la maison même de son père, le vieil Andronicus.

SATURNINUS.

— Æmilius, remplis honorablement ce message ; — et, s'il tient, pour sa sûreté, à avoir des otages, — dis-lui de demander tous les gages qu'il voudra.

ÆMILIUS.

— Je vais exécuter activement vos ordres.

Il sort.

TAMORA.

— Maintenant, je vais trouver ce vieil Andronicus, — et l'amener, avec tout l'art que je possède, — à arracher aux Goths belliqueux le fier Lucius. — Et maintenant, cher empereur, reprends ta sérénité, — et ensevelis toutes tes craintes dans mes artifices.

SATURNINUS.

— Va donc, et puisses-tu réussir à le persuader !

Ils sortent.

SCÈNE XI

[Une route près de Rome.]

Fanfare. Entrent LUCIUS et les GOTHS, tambour battant, enseignes déployées.

LUCIUS.

— Guerriers éprouvés, mes fidèles amis, — j'ai reçu de la grande Rome des lettres — qui prouvent quelle haine y inspire l'empereur — et combien on y est désireux de notre présence. — Ainsi, nobles seigneurs, soyez impérieux, —

comme vos griefs, et impatients de venger vos injures ; — et, pour chaque souffrance que vous a causée le Romain, — exigez de lui triple satisfaction.

PREMIER GOTH.

— Brave rejeton, issu du grand Andronicus, — toi dont le nom, jadis notre terreur, est aujourd'hui notre espoir, — toi dont les hauts faits et les actes honorables — sont payés d'un odieux mépris par l'ingrate Rome, — compte hardiment sur nous ; nous te suivrons partout où tu nous conduiras, — comme, aux plus chaudes journées de l'été, les abeilles armées de dards — suivent leur reine aux plaines fleuries, — et nous nous vengerons de la maudite Tamora.

TOUS LES GOTHS.

— Et ce qu'il dit là, nous le disons tous avec lui.

LUCIUS.

— Je le remercie humblement, et je vous remercie tous. — Mais qui vient ici, amené par ce Goth robuste ?

Entre un GOTH, *amenant* AARON *qui porte son enfant dans ses bras.*

DEUXIÈME GOTH.

— Illustre Lucius, je m'étais écarté de nos troupes — pour contempler les ruines d'un monastère ; — et comme je fixais attentivement les yeux — sur l'édifice délabré, soudain — j'ai entendu un enfant crier au bas d'un mur ; — j'accourais au bruit, quand bientôt j'ai entendu — une voix qui grondait ainsi le bambin éploré : — *Paix, petit drôle basané, moitié de moi-même, et moitié de ta mère ! — Si ton teint n'avait pas révélé de qui tu es le fils, — si la nature t'avait seulement donné la physionomie de ta mère, — vilain, tu aurais pu être empereur. — Mais quand le taureau et la génisse sont tous deux blancs comme le lait, — ils n'engendrent jamais un veau noir comme le charbon. — Paix, vilain, paix !...* Et tout en gourmandant ainsi l'enfant : — *Il faut,* ajoutait-il, *que je te porte à un fidèle Goth* — *qui, quand il saura que tu es l'enfant de l'impératrice,* — *te soignera tendrement par égard pour ta mère.* — Sur ce, ayant tiré mon épée, je m'élance sur l'homme, — je le surprends à l'improviste, et je l'amène ici, — pour que vous le traitiez comme vous le jugerez nécessaire.

LUCIUS.

— O digne Goth! c'est là le démon incarné — qui a volé à Andronicus sa noble main; — c'est là la perle qui charmait le regard de votre impératrice; — et voici le fruit infâme de sa brûlante luxure. — Parle, drôle à l'œil vairon, où voulais-tu porter — cette vivante image de ta face démoniaque? — Pourquoi ne parles-tu pas? Quoi! es-tu sourd?... Pas un mot! — Une hart, soldats; pendez-le à cet arbre, — et à côté de lui son fruit bâtard.

AARON.

— Ne touchez pas à cet enfant; il est de sang royal.

LUCIUS.

— Trop semblable à son auteur pour jamais être bon! — Pendez d'abord l'enfant, pour que le père le voie se débattre; — cette vue le torturera dans l'âme. — Procurez-moi une échelle.

On apporte une échelle qu'on appuie contre un arbre, et l'on force Aaron à y monter.

AARON.

Lucius, sauve l'enfant, — et porte-le de ma part à l'impératrice; — si tu fais cela, je t'apprendrai des choses prodigieuses — dont la révélation peut t'être d'un puissant avantage; — si tu ne veux pas, advienne que pourra, — je ne dirai plus un mot; mais que la vengeance vous confonde tous!

LUCIUS.

— Parle; et si ce que tu dis me satisfait, — ton enfant vivra, et je me charge de le faire élever.

AARON.

— Si ce que je dis te satisfait! Ah! je t'assure, Lucius, — que ce que j'ai à dire te navrera dans l'âme; — car j'ai à te parler de meurtres, de viols, de massacres, — d'actes de ténèbres, de forfaits abominables, — de complots, de perfidies, de trahisons, de crimes, — lamentables à entendre, impitoyablement exécutés. — Et tout cela sera enseveli dans ma tombe, — si tu ne me jures que mon enfant vivra.

LUCIUS.

— Dis ton secret; je déclare que ton enfant vivra.

AARON.

— Jure-le, et alors je commence.

LUCIUS.

— Par quoi jurerai-je? Tu ne crois pas à un Dieu : — cela étant, comment peux-tu croire à un serment?

AARON.

— Qu'importe que je ne croie pas à un Dieu! en effet je n'y crois pas; — mais je sais que toi, tu es religieux, — que tu as en toi une chose appelée conscience, — et que tu es entiché de vingt momeries et cérémonies papistes, — que je t'ai vu soigneux de pratiquer; — voilà pourquoi je réclame ton serment... En effet, je sais — qu'un idiot prend son hochet pour un dieu, — et tient le serment qu'il fait par ce dieu-là : — eh bien, je réclamerai de lui ce serment... Donc tu vas jurer, — par le dieu, quel qu'il soit, — que tu adores et que tu révères, — de sauver mon enfant, de le nourrir, et de l'élever; — sinon, je ne te révèle rien.

LUCIUS.

— Par mon dieu, je te jure de le faire.

AARON.

— D'abord, sache que j'ai eu cet enfant de l'impératrice.

LUCIUS.

— O femme d'insatiable luxure!

SCÈNE XI.

AARON.

— Bah, Lucius! ce n'était qu'un acte de charité, — en comparaison de ce que je vais t'apprendre. — Ce sont ses deux fils qui ont assassiné Bassianus; — ils ont coupé la langue de ta sœur, l'ont violée, — lui ont coupé les mains, et l'ont dressée comme tu as vu.

LUCIUS.

— Oh! détestable coquin! tu appelles cela dresser.

AARON.

— Eh! mais elle a été lessivée, dépecée et dressée; et ce dressement même, a été tout plaisir pour ceux qui s'en sont chargés.

LUCIUS.

— Oh! barbares! monstrueux coquins, comme toi-même!

AARON.

— Effectivement, j'ai été leur maître, et c'est moi qui les ai instruits. — Cette ardeur lascive, ils la tiennent de leur mère, — aussi sûrement qu'il y a une carte qui doit faire la levée! — Cette disposition sanguinaire, je crois qu'ils l'ont prise de moi, — aussi vrai qu'un bon chien attaque toujours de front. — Au fait, que mes actes témoignent de mon talent. — J'ai guidé tes frères à cette fosse insidieuse — où gisait le cadavre de Bassianus; — j'ai écrit la lettre que ton père a trouvée, — et j'ai caché l'or mentionné dans la lettre, — d'accord avec la reine et ses deux fils. — Quel est l'acte dont tu aies eu à gémir, — auquel je n'ai pas eu une part fatale? — J'ai fait une imposture pour avoir la main de ton père; — et, dès que je l'ai eue, je me suis mis à l'écart, — et mon cœur a failli se rompre à force de rire. — J'épiais par la crevasse d'une muraille, — au moment où, en échange de sa main, il a reçu les têtes de ses deux fils; — je regardais ses larmes, et je riais de si bon cœur — que mes yeux étaient aussi mouillés que les siens; — et quand j'ai raconté cette farce à l'impératrice, — elle s'est presque pâmée à mon amusant récit, — et, pour mes renseignements, m'a donné vingt baisers.

UN GOTH.

— Quoi ! tu peux raconter tout cela, et ne pas rougir !

AARON.

— Si fait ! je rougis comme le chien noir du proverbe.

LUCIUS.

— Après tous ces actes odieux, tu n'as pas un regret !

AARON.

— Oui, le regret de n'en avoir pas fait mille autres. — En ce moment même, je maudis le jour (tout en étant convaincu — que bien peu de jours sont sous le coup de ma malédiction) — où je n'ai pas commis quelque méfait notoire : — comme de tuer un homme, ou du moins de machiner sa mort ; — de violer une vierge, ou de comploter dans ce but ; — d'accuser quelque innocent, et de me parjurer ; — de soulever une inimitié mortelle entre deux amis ; — de faire que les bestiaux des pauvres gens se rompent le cou ; — de mettre le feu aux granges et aux meules la nuit, — pour dire aux propriétaires de l'éteindre avec leurs larmes. — Souvent j'ai exhumé les morts de leurs tombeaux, — et je les ai placés debout à la porte de leurs plus chers amis, — au moment où la douleur de ceux-ci était presque éteinte ; — et sur la peau de chaque cadavre, comme sur l'écorce d'un arbre, — j'ai avec mon couteau écrit en lettres romaines : — « Que votre douleur ne meure pas, quoique je sois mort. » — Bah ! j'ai fait mille choses effroyables — aussi tranquillement qu'un autre tuerait une mouche ; — et rien ne me navre le cœur — comme de ne pouvoir en faire dix mille de plus.

LUCIUS.

— Faites descendre le démon ; car il ne faut pas qu'il

meure — d'une mort aussi douce que la simple pendaison.

AARON.
— S'il existe des démons, je voudrais en être un, — et vivre et brûler dans les flammes éternelles, — pourvu seulement que j'eusse votre compagnie dans l'enfer — et que je pusse vous torturer de mes amères invectives.

LUCIUS.
— Messieurs, fermez-lui la bouche, qu'il ne parle plus.

Entre UN GOTH.

LE GOTH.
— Monseigneur, voilà un messager de Rome — qui désire être admis en votre présence.

LUCIUS.
Qu'il approche.

Entre ÆMILIUS.

— Bienvenu, Æmilius! quelles nouvelles de Rome?

ÆMILIUS.
— Seigneur Lucius, et vous, princes des Goths, — l'empereur romain vous salue tous par ma bouche; — et, ayant appris que vous êtes en armes, — il demande un entretien avec vous dans la maison de votre père; — il vous invite à réclamer vos otages, — et ils vous seront immédiatement livrés.

PREMIER GOTH.
— Que dit notre général?

LUCIUS.
— Æmilius, que l'empereur remette ses gages — à mon père et à mon oncle Marcus, — et nous irons... En marche!

Fanfare. Ils sortent.

SCÈNE XII

[Le vestibule de la maison de Titus.]

Entrent TAMORA, CHIRON et DÉMÉTRIUS, déguisés.

TAMORA.

— Ainsi, dans cet étrange et sinistre accoutrement, — je vais me présenter à Andronicus, — et lui dire que je suis la Vengeance, envoyée d'en bas, — pour me joindre à lui et donner satisfaction à ses cruels griefs. — Frappez à son cabinet où l'on dit qu'il se renferme — pour ruminer des plans étranges de terribles représailles ; — dites-lui que la Vengeance est venue pour se joindre à lui, — et consommer la ruine de ses ennemis.

Ils frappent, et Titus ouvre la porte de son cabinet.

TITUS.

— Qui trouble ma méditation ? — Vous faites-vous un jeu de forcer ma porte, — pour que mes tristes résolutions s'envolent — et que tous mes labeurs soient de nul effet ? — Vous vous trompez ; car ce que j'entends faire, — voyez, je l'ai enregistré ici en lignes de sang, — et ce qui est écrit sera exécuté.

TAMORA.

— Titus, je suis venue pour conférer avec toi.

TITUS.

— Non ! pas un mot ! quel prestige peut avoir ma parole, — quand ma main n'est plus là pour l'appuyer du geste ? — Tu as l'avantage sur moi ; donc n'insiste plus.

TAMORA.

— Si tu me connaissais, tu voudrais conférer avec moi.

TITUS.

— Je ne suis pas fou ; je te connais suffisamment ; —

j'en atteste ce misérable moignon, ces lignes cramoisies; — j'en atteste ces tranchées, creusées là par la souffrance et les soucis; — j'en atteste le jour fatigant et l'accablante nuit; — j'en atteste toutes les douleurs, je te reconnais bien — comme notre superbe impératrice, la puissante Tamora! — Est-ce que tu ne viens pas pour mon autre main?

TAMORA.

— Sache, homme triste, que je ne suis pas Tamora; — elle est ton ennemie, et je suis ton amie. — Je suis la Vengeance, envoyée de l'infernal royaume — pour assouvir le vautour dévorant de ta pensée — en exerçant de formidables représailles contre tes ennemis. — Descends pour me faire fête à mon apparition dans ce monde; — viens t'entretenir avec moi de meurtre et de mort; — il n'y a pas de caverne profonde, pas d'embuscade, — pas de vaste obscurité, pas de vallon brumeux, — où le Meurtre sanglant et le Viol odieux — peuvent se blottir effarés, qui me soit inaccessible; — et je leur dirai à l'oreille mon nom terrible, — Vengeance, nom qui fait frissonner le noir offenseur.

TITUS.

— Es-tu la Vengeance? Et m'es-tu envoyée, — pour être le tourment de mes ennemis?

TAMORA.

— Oui; descends donc, et accueille-moi.

TITUS.

— Rends-moi un service avant que je vienne à toi. — Là, à ton côté se tiennent le Viol et le Meurtre. — Eh bien, prouve un peu que tu es la Vengeance, — poignarde-les et déchire-les aux roues de ton char; — et alors je viendrai, et je serai ton cocher, — et je t'accompagnerai dans ta course vertigineuse autour des globes! — Procure-toi de bons palefrois noirs comme le jais — qui emportent rapidement ton char vengeur, — et découvre les meurtriers dans leurs antres coupables; — et, quand ton char sera chargé de leurs têtes, — je sauterai à bas, et je courrai près de la roue — comme un servile valet de pied, tout le long du jour, — depuis le lever d'Hypérion dans l'orient — jusqu'à sa chute dans la mer ; — et chaque jour je remplirai cette pénible tâche, — pourvu que tu détruises le Viol et le Meurtre que voilà.

TAMORA.

— Ce sont mes ministres, et ils viennent avec moi.

TITUS.

— Ce sont tes ministres ? Comment s'appellent-ils ?

TAMORA.

— Le Viol et le Meurtre ; ils s'appellent ainsi — parce qu'ils châtient les coupables de ces crimes.

TITUS.

— Bon Dieu ! comme ils ressemblent aux fils de l'impératrice ! — Et vous, à l'impératrice ! Mais nous, pauvres humains, — nous avons les yeux misérables de la folie et de l'erreur. — O douce Vengeance ! Maintenant je vais à toi ; — et, si l'étreinte d'un seul bras te satisfait, — je vais t'en étreindre tout à l'heure.

Il ferme la porte de son cabinet.

TAMORA.

— Cette complaisance envers lui convient à sa démence ; — quelque idée que je forge pour alimenter son accès de délire, — soutenez-la, appuyez-la par vos paroles. — Car maintenant il me prend tout de bon pour la Vengeance ; — convaincu qu'il est de cette folle pensée, — je le déterminerai à envoyer chercher Lucius, son fils ; — et, quand je me serai assurée de lui dans un banquet, — je trouverai quelque moyen pratique et habile — pour écarter et disperser les Goths capricieux — ou tout au moins pour faire d'eux ses ennemis. — Voyez, le voici qui vient, il faut que je poursuive mon thème.

SCÈNE XII.

Entre TITUS.

TITUS.

— J'ai vécu longtemps isolé, et cela à cause de toi. — Sois la bienvenue, redoutable furie, dans ma malheureuse maison! — Viol et Meurtre, vous êtes aussi les bienvenus... — Comme vous ressemblez à l'impératrice et à ses fils! — Vous seriez au complet, si seulement vous aviez un More. — Est-ce que tout l'enfer n'a pas pu vous fournir un pareil démon? — Car je sais bien que l'impératrice ne bouge pas — sans être accompagnée d'un More; — et, pour représenter parfaitement notre reine, — il vous faudrait un démon pareil. — Mais soyez les bienvenus, tels que vous êtes. Qu'allons-nous faire?

TAMORA.

— Que veux-tu que nous fassions, Andronicus?

DÉMÉTRIUS.

— Montre-moi un meurtrier, je me charge de lui.

CHIRON.

— Montre-moi un scélérat qui ait commis un viol; — je suis envoyé pour le châtier.

TAMORA.

— Montre-moi mille êtres qui t'aient fait du mal, — et je les châtierai tous.

TITUS.

— Regarde dans les maudites rues de Rome, — et, quand tu trouveras un homme semblable à toi, — bon Meurtre, poignarde-le; c'est un meurtrier!... — Toi, va avec lui; et quand par hasard — tu en trouveras un autre qui te ressemble, — bon Viol, poignarde-le; c'est un ravisseur!... — Toi, va avec eux; à la cour de l'empereur, — il y a une reine, accompagnée d'un More; — tu pourras la reconnaître aisément à ta propre image, — car elle te ressemble des pieds à la tête; — je t'en prie, inflige-leur quelque mort cruelle, — car ils ont été cruels envers moi et les miens!

TAMORA.

— Tu nous as parfaitement instruits; nous ferons tout cela. — Mais veuille d'abord, bon Andronicus, — envoyer chercher Lucius, ton fils trois fois vaillant, — qui dirige sur Rome une armée de Goths belliqueux, — et dis-lui de venir banqueter chez toi; — quand il sera ici, à ta fête solennelle, — j'amènerai l'impératrice et ses fils, — l'empereur lui-même et tous tes ennemis; — et ils s'inclineront et se prosterneront à ta merci; — et tu assouviras sur eux les furies de ton cœur. — Que dit Andronicus de ce projet?

TITUS, appelant.

— Marcus, mon frère! c'est le triste Titus qui t'appelle.

Entre MARCUS.

— Cher Marcus, rends-toi près de ton neveu Lucius; — tu le trouveras au milieu des Goths; — dis-lui de venir chez moi et d'amener avec lui — quelques-uns des premiers princes des Goths; — dis-lui de faire camper ses soldats où ils sont; — annonce-lui que l'empereur et l'impératrice — festoieront chez moi, et qu'il sera, comme eux, du festin. — Fais cela pour l'amour de moi; et qu'il fasse ce que je lui dis, — s'il tient à la vie de son vieux père.

MARCUS.

— Je vais le faire, et je reviendrai bientôt.

Il sort.

TAMORA.

— Maintenant je pars pour m'occuper de ma mission, — et j'emmène avec moi mes ministres.

TITUS.

— Non, non, que le Meurtre et le Viol restent avec moi; — autrement je rappelle mon frère, — et je ne veux plus d'autre vengeur que Lucius.

TAMORA, à part, à ses fils.

— Qu'en dites-vous, enfants? voulez-vous demeurer près de lui, — tandis que je vais dire à monseigneur l'empereur — comment j'ai gouverné notre comique complot? — Cédez à son humeur, caressez-le, flattez-le, — et restez avec lui, jusqu'à mon retour.

TITUS, à part.

— Je les connais tous, bien qu'ils me croient fou; — et je les attraperai à leurs propres piéges, — ces deux infâmes limiers d'enfer, et leur mère.

DÉMÉTRIUS.

— Madame, partez comme il vous plaît, laissez-nous ici.

TAMORA.

— Au revoir, Andronicus! La Vengeance va maintenant — ourdir un complot pour surprendre tes ennemis.

Elle sort.

TITUS.

— Je le sais; ainsi, chère Vengeance, au revoir.

CHIRON.

— Dis-nous, vieillard, à quoi allons-nous être employés?

TITUS.

— Bah! j'ai de l'ouvrage assez pour vous. — Publius, ici! Caïus! Valentin!

Entrent PUBLIUS et d'autres.

PUBLIUS.

— Que voulez-vous?

TITUS.

Connaissez-vous ces deux êtres?

PUBLIUS.

Les fils de l'impératrice, — à ce qu'il me semble, Chiron et Démétrius.

TITUS.

— Fi, Publius, fi! tu te trompes par trop. — L'un est le

Meurtre, l'autre s'appelle le Viol ! — En conséquence garrotte-les, cher Publius ; — Caïus, Valentin, mettez la main sur eux. — Vous m'avez souvent entendu souhaiter cet instant, — je le trouve enfin ! Donc garrottez-les solidement, — et bâillonnez-leur la bouche, s'ils veulent crier (9).

Publius et ses compagnons se saisissent de Chiron et de Démétrius.

Titus sort.

CHIRON.

— Misérables ! arrêtez ; nous sommes les fils de l'impératrice.

PUBLIUS.

— Et c'est pourquoi nous faisons ce qu'il nous commande. — Bâillonnez-leur hermétiquement la bouche, qu'ils ne disent pas une parole... — Est-il bien attaché?... Ayez soin de les bien attacher.

Rentre TITUS ANDRONICUS, accompagné de LAVINIA ; elle porte un bassin, et lui un couteau.

TITUS.

— Viens, viens, Lavinia ; vois, tes ennemis sont garrottés. — Mes maîtres, fermez-leur la bouche, qu'ils ne me parlent pas, — mais qu'ils entendent les terribles paroles que je prononce... — O scélérats, Chiron et Démétrius ! — Voilà la source que vous avez souillée de votre fange ; — voilà le bel été que vous avez mêlé à votre hiver. — Vous avez tué son mari ; et, pour ce crime infâme, — deux de ses frères ont été condamnés à mort ; — ma main coupée n'a été pour vous qu'un jeu plaisant ; — ses deux mains, sa langue, et cette chose plus précieuse — que mains et que langue, son innocence immaculée, — traîtres inhumains, vous les avez violemment ravies. — Que diriez-vous, si je vous laissais parler ? — Scélérats, vous auriez honte d'implorer votre grâce ! — Écoutez, misérables, comment j'entends vous torturer. — Il me reste encore cette main unique pour vous couper la gorge, — tandis que Lavinia tiendra entre ses moignons — le bassin qui va recevoir votre sang criminel. — Vous savez que votre mère doit banqueter avec moi ; — elle prend le nom de la Vengeance, et me croit fou !... — Écoutez, scélérats, je vais broyer vos os, les pulvériser, — et, en les mélangeant avec votre sang, j'en ferai une pâte ; — et de cette pâte je ferai une tourte, — que je bourrerai de vos deux têtes infâmes ; — et je dirai à cette prostituée, à votre maudite mère, — de dévorer, comme la terre, son propre produit. — Voilà le festin auquel je l'ai conviée, — et voilà les mets dont elle sera gorgée ; — car vous avez traité ma fille plus cruellement que Philomèle ; — et, plus cruellement que Progné, je me venge. — Et maintenant, tendez la gorge... Lavinia, allons, — reçois le sang ; et, quand ils seront morts, — je broyerai leurs os en une poudre menue, — que j'arroserai de cette odieuse liqueur ; — et dans cette pâte je ferai cuire leurs ignobles têtes. — Allons, allons, que chacun aide — à préparer ce banquet, et puisse-t-il être — plus sinistre et plus sanglant que le festin des Centaures !

Il les égorge.

— Maintenant, amenez-les, car je veux être le cuisinier, — et faire en sorte qu'ils soient apprêtés quand leur mère viendra.

Ils sortent.

SCÈNE XIII

[Un pavillon devant la maison de Titus].

Entrent Lucius, Marcus et les Goths, avec Aaron, prisonnier.

LUCIUS.

— Oncle Marcus, puisque c'est le désir de mon père — que je rentre à Rome, je suis content.

PREMIER GOTH.

— Et ton contentement fait le nôtre, quoi qu'il arrive.

LUCIUS.

— Bon oncle, mettez en lieu sûr ce More barbare, — ce tigre vorace, ce maudit démon ; — qu'il ne reçoive aucune nourriture, et enchaînez-le, — jusqu'à ce qu'il soit confronté avec l'impératrice, — pour attester les forfaits de cette criminelle ; — et postez en embuscade bon nombre de nos amis ; — l'empereur, je le crains, ne nous veut pas de bien.

AARON.

— Puisse quelque démon murmurer des imprécations à mon oreille — et me souffler, en sorte que ma langue puisse exhaler — le venin de haine dont mon cœur est gonflé !

LUCIUS.

— Hors d'ici, chien inhumain ! misérable impie ! — Mes maîtres, aidez mon oncle à l'emmener.

Les Goths sortent emmenant Aaron. Fanfare.

— Les trompettes annoncent que l'empereur est proche.

Nouvelle fanfare. Entrent SATURNINUS, TAMORA, *les tribuns et autres.*

SATURNINUS.

— Eh quoi ! le firmament a-t-il plus d'un soleil ?

LUCIUS.

— Tu te donnes pour un soleil ! A quoi bon ?

MARCUS.

— Empereur de Rome, et vous, neveu, entamez le pourparler. — Cette querelle doit être paisiblement débattue. — Il est prêt, le festin que l'attentif Titus — a ordonné dans une honorable intention, — pour la paix, pour l'amour, pour l'union, pour le bonheur de Rome. — Veuillez donc avancer et prendre vos places.

SATURNINUS.

Volontiers, Marcus.

SCÈNE XIII.

Hautbois. Les convives prennent place. Entrent TITUS, habillé en cuisinier, LAVINIA, voilée, le JEUNE LUCIUS et d'autres. Titus pose un plat sur la table.

TITUS.

— Salut, mon gracieux seigneur ; salut, reine redoutée ! — Salut, Goths belliqueux ; salut, Lucius ; — salut, tous !... Si pauvre que soit la chère, — elle rassasiera vos appétits ; veuillez manger.

SATURNINUS.

— Pourquoi t'es-tu ainsi vêtu, Andronicus?

TITUS.

— Pour m'assurer par moi-même que rien ne manque — pour fêter dignement votre altesse et votre impératrice.

TAMORA.

— Nous vous en sommes reconnaissants, bon Andronicus.

TITUS.

— Si votre altesse connaissait mon cœur, vous le seriez en effet. — Monseigneur l'empereur, résolvez-moi ceci : — l'impétueux Virginius a-t-il bien fait — de tuer sa fille de sa propre main, — parce qu'elle avait été violée, souillée et déflorée (10)?

SATURNINUS.

— Il a bien fait, Andronicus.

TITUS.

Votre raison, puissant seigneur?

SATURNINUS.

— Parce que sa fille ne devait pas survivre à sa honte, — et renouveler sans cesse par sa présence les douleurs de Virginius.

TITUS.

— Voilà une raison puissante, forte et décisive. — Un tel exemple, un tel précédent, est une vivante exhortation

— pour moi, le plus misérable des hommes, à agir de même. — Meurs, meurs, Lavinia, et ta honte avec toi, — et avec ta honte la douleur de ton père !

Il tue Lavinia.

SATURNINUS.

— Qu'as-tu fait, père dénaturé et inhumain ?

TITUS.

— J'ai tué celle qui m'a aveuglé de mes larmes ; — je suis aussi malheureux que Virginius ; — et j'ai mille raisons de plus que lui — pour consommer cet acte de violence ; et maintenant le voilà consommé.

SATURNINUS.

— Quoi ! est-ce qu'elle a été violée ? dis-nous qui a commis cet acte.

TITUS.

— Daignez manger ! Votre altesse daignera-t-elle prendre de la nourriture ?

TAMORA.

— Pourquoi as-tu tué ainsi ta fille unique ?

TITUS.

— Ce n'est pas moi qui l'ai frappée, c'est Chiron et Démétrius ; — ils l'ont violée, ils lui ont coupé la langue ; — ce sont eux, ce sont eux qui lui ont causé tous ces maux.

SATURNINUS.

— Qu'on aille les chercher immédiatement.

TITUS.

— Eh ! ils sont là tous deux, rôtis dans ce pâté, — dont leur mère s'est si bien régalée, — mangeant ainsi la chair qu'elle-même a engendrée. — C'est la vérité, c'est la vérité ; j'en atteste la pointe affilée de ce couteau.

Il tue Tamora.

SATURNINUS.

— Meurs, frénétique misérable, pour cette maudite action.

Il tue Titus.

SCÈNE XIII.

LUCIUS.

— Le fils peut-il voir d'un œil calme couler le sang de son père? — Rétribution pour rétribution, mort pour coup de mort!

Il tue Saturninus. La foule se disperse terrifiée.

MARCUS.

— O vous, hommes à la mine consternée, gens et fils de Rome, — que ce tumulte disperse comme un essaim d'oiseaux — chassés par les vents et par les rafales de la tempête, — laissez-moi vous apprendre le moyen de réunir — ces épis disséminés en une gerbe unique, — ces membres séparés en un seul corps.

UN SEIGNEUR ROMAIN.

— Oui, empêchons que Rome ne soit le fléau d'elle-même, — et que cette cité, devant laquelle s'inclinent de puissants royaumes, — ne fasse comme le proscrit abandonné et désespéré — en commettant sur elle-même de honteuses violences. — Mais, si ces signes d'une vieillesse chenue, si ces rides de l'âge, — graves témoins de ma profonde expérience, — ne peuvent commander votre attention, — écoutez cet ami chéri de Rome.

A Lucius.

Parlez, comme autrefois notre ancêtre, — quand dans un langage solennel il fit, — à l'oreille tristement attentive de Didon malade d'amour, — le récit de cette nuit sinistre et flamboyante — où les Grecs subtils surprirent la Troie du roi Priam; — dites-nous quel Sinon a enchanté nos oreilles, — et comment a été introduit ici l'engin fatal — qui porte à notre Troie, à notre Rome, la blessure intestine. — Mon cœur n'est pas de roche, ni d'acier; — et je ne puis rappeler toutes nos douleurs amères, — sans que des flots de larmes noient mon récit — en me coupant la parole, au moment même — où il provoquerait le plus votre attention — et exciterait votre plus tendre commisération. — Voici un capitaine ; qu'il fasse lui-même ce récit ; — vos cœurs sangloteront et gémiront à ses paroles.

LUCIUS.

— Sachez donc, nobles auditeurs, — que les infâmes Chiron et Démétrius — sont ceux qui ont assassiné le frère de notre empereur, — et que ce sont eux qui ont violé notre sœur : — pour leurs horribles crimes nos frères ont été décapités ; — les larmes de notre père ont été méprisées ; on lui a lâchement ravi — cette loyale main qui avait lutté jusqu'au bout pour la cause de Rome — et envoyé ses ennemis dans la tombe ; — moi-même enfin, j'ai été injustement banni ; — les portes ont été fermées sur moi, et, tout éploré, j'ai été chassé, — pour aller mendier du secours chez les ennemis de Rome, — qui ont noyé leur inimitié dans mes larmes sincères — et m'ont accueilli à bras ouverts comme un ami. — Et, sachez-le, c'est moi, proscrit, — qui ai assuré le salut de Rome au prix de mon sang ; — j'ai détourné de son sein le glaive ennemi, — au risque d'en plonger la lame dans ma poitrine aventureuse ! — Hélas ! vous le savez, je ne suis pas un fanfaron, moi ; — mes cicatrices peuvent attester, toutes muettes qu'elles sont, — que mon affirmation est juste et pleine de vérité. — Mais doucement ! Il me semble que je fais une digression excessive — en chantant ma louange, moi, indigne. Oh ! pardonnez-moi ; — les hommes font eux-mêmes leur éloge, quand ils n'ont pas près d'eux d'amis qui le fassent.

MARCUS.

— Maintenant c'est à moi de parler. Voyez cet enfant.

Il montre l'enfant qu'un serviteur porte dans ses bras.

— Tamora l'a mis au monde ; — il est l'engeance d'un More impie, — principal artisan et promoteur de tous ces maux. — Le scélérat est vivant, dans la maison de Titus, — pour attester, tout damné qu'il est, que telle est la vérité. — Jugez maintenant si Titus a eu raison de se venger — de ces outrages inexprimables et intolérables — qui dépassent tout ce qu'un vivant peut supporter. — Maintenant que vous avez entendu la vérité, que dites-vous, Romains? — Avons-nous eu aucun tort? Montrez-nous en quoi, — et, de cette hauteur même où vous nous voyez en ce moment, — nous, les pauvres restes de la famille d'Andronicus, — nous allons nous précipiter, tête baissée, la main dans la main, — pour broyer nos cervelles sur le pavé rugueux — et consommer tout d'un coup la ruine de notre maison. — Parlez, Romains, parlez, dites un mot, et Lucius et moi, — la main dans la main, comme vous voyez, nous nous précipitons.

ÆMILIUS.

— Viens, viens, vénérable Romain, — et amène doucement notre empereur par la main, — notre empereur Lucius; car je suis bien sûr — que toutes les voix vont le nommer par acclamation.

MARCUS.

— Salut, Lucius! royal empereur de Rome!

Aux serviteurs.

— Allez, allez dans la maison désolée du vieux Titus, — et traînez ici ce More mécréant, — pour qu'il soit condamné à quelque mort affreuse et sanglante, — en punition de son exécrable vie.

LES ROMAINS.

— Salut à Lucius, le gracieux gouverneur de Rome!

LUCIUS.

— Merci, nobles Romains! puissé-je gouverner — de manière à guérir les maux de Rome et à effacer ses malheurs! — Mais, cher peuple, donnez-moi un peu de répit, — car la nature m'impose une pénible tâche... — Rangez-vous tous... Vous, mon oncle, approchez — pour verser des larmes obséquieuses sur ce cadavre! — Oh!

reçois ce baiser brûlant sur tes lèvres pâles et froides!
Il embrasse Titus.

— Reçois sur ton visage sanglant ces larmes douloureuses, — dernier et sincère hommage de ton noble fils!

MARCUS, se penchant sur le cadavre.

— Larmes pour larmes, baisers pour baisers d'amour! — Ton frère Marcus prodigue tout cela à tes lèvres. — Ah! quand le tribut de baisers que je te dois — serait illimité et infini, je voudrais encore le payer!

LUCIUS, à son fils.

— Viens ici, enfant; viens, viens, et apprends de nous — à fondre en larmes. Ton grand-père t'aimait bien. — Que de fois il t'a fait danser sur son genou, — et t'a bercé sur sa poitrine aimante, devenue ton oreiller! — Que de récits il t'a contés — qui convenaient et plaisaient à ton enfance! — En reconnaissance, comme un fils affectueux, — laisse tomber quelques petites larmes de ton tendre printemps, — car c'est ce que te demande la bonne nature; — les parents s'associent aux parents dans le chagrin et le malheur; — dis-lui adieu, confie-le à la tombe, — donne-lui ce gage de tendresse, et prends congé de lui.

LE JEUNE LUCIUS.

— O grand-père, grand-père! c'est de tout mon cœur — que je voudrais mourir, pour que vous revinssiez à la vie!... — O seigneur, je ne puis lui parler à force de sangloter; — mes larmes m'étouffent, si j'ouvre la bouche.

Entrent des serviteurs amenant AARON.

PREMIER ROMAIN.

— Vous, tristes Andronicus, finissez-en avec les calamités. — Prononcez l'arrêt de cet exécrable scélérat, — qui a été le promoteur de ces terribles événements.

SCÈNE XIII.

LUCIUS.

— Qu'on l'enfonce jusqu'à la poitrine dans la terre, et qu'on l'affame; — qu'il reste là, réclamant avec rage des aliments; — quiconque le secourra ou aura pitié de lui, — mourra pour cette seule offense. Voilà notre arrêt; — que quelques-uns demeurent pour veiller à ce qu'il soit enfoui dans la terre.

AARON.

— Oh! pourquoi la colère est-elle silencieuse, et la furie muette? — Je ne suis pas un enfant, moi, pour avoir recours à de basses prières — et me repentir des méfaits que j'ai commis. — J'en commettrais dix mille, pires encore, — si je pouvais agir à ma volonté; — si dans toute ma vie j'ai fait une bonne action, — je m'en repens du fond de l'âme.

LUCIUS.

— Que quelques amis dévoués emportent d'ici l'empereur, — et lui donnent la sépulture dans le tombeau de son père. — Mon père et Lavinia vont être sur-le-champ — déposés dans le monument de notre famille. — Pour cette odieuse tigresse, Tamora, — pas de rite funèbre, pas une créature en deuil, — pas une cloche mortuaire sonnant à son enterrement; — mais qu'on la jette aux bêtes féroces et aux oiseaux de proie! — Elle a vécu comme une bête féroce, sans pitié; — morte, elle ne trouvera pas de pitié. — Veillez à ce qu'il soit fait justice d'Aaron, ce More maudit, — qui a été l'auteur de nos maux accablants (11); — ensuite nous rétablirons l'ordre dans l'État, — pour empêcher que des événements pareils n'amènent un jour sa ruine.

Ils sortent.

FIN DE TITUS ANDRONICUS.

UNE TRAGÉDIE

DANS L'YORKSHIRE

PERSONNAGES :

LE MARI.
UN MAITRE DE COLLÉGE.
UN CHEVALIER exerçant les fonctions de juge.
UN GENTLEMAN.
AUTRES GENTLEMEN.
OLIVIER, domestique.
RALPH,   id.
SAMUEL,   id.
UN PETIT GARÇON.
AUTRES SERVITEURS.
DES OFFICIERS.

LA FEMME.
UNE SERVANTE.

      La scène est dans le comté d'York.

SCÈNE I

[Un vestibule.]

Entrent OLIVIER et RALPH.

OLIVIER.

Ah! mon brave Ralph, dans quelle pitoyable agitation est ma jeune maîtresse, à cause de l'absence prolongée de son bien-aimé!

RALPH.

Eh bien! peux-tu l'en blâmer? C'est parce qu'on laisse pendre à l'arbre les pommes déjà mûres qu'on en voit tant qui tombent : autrement dit, c'est parce que les filles affolées ne sont pas recueillies à temps qu'elles hâtent elles-mêmes leur chute, et alors, tu sais, il arrive communément que le premier venu les ramasse.

OLIVIER.

Par la messe! tu dis vrai : c'est chose fort commune. Mais, drôle, est-ce que ni notre jeune maître ni notre camarade Sam ne sont revenus de Londres?

RALPH.

De l'un et de l'autre, ni l'un ni l'autre, comme dit la maquerelle puritaine. Mais si! j'entends Sam... Sam est revenu! Le voici! Attends... C'est bien lui; je sens déjà les nouvelles qui me démangent le nez.

OLIVIER.

Et à moi le coude.

SAMUEL, de l'intérieur.

Par où êtes-vous donc?

Entre SAMUEL chargé d'objets apportés de Londres.

A un garçon.

Aie soin, mon garçon, de promener mon cheval avec ménagement. Je l'ai monté à poil, et je te garantis que la chaleur lui colle la peau sur le dos. S'il attrapait froid et s'il gagnait un rhume, je serais bien avancé, n'est-ce pas?... Ah! c'est vous! Ralph! Olivier!

RALPH.

Salut, honnête camarade Sam! quelles drôleries nous portes-tu de Londres?

SAMUEL.

Vous le voyez, je suis attifé à la dernière mode : trois couvre-chefs avec deux miroirs en pendeloques, deux chaînes faisant rabat sur la poitrine, un étui à chapeau au côté, une brosse sur le dos, un almanach dans ma poche et trois ballades dans ma braguette. Certes, je suis la véritable effigie d'un domestique pour tout faire.

OLIVIER.

Oui, je le jure! Tu pourras t'établir quand tu voudras. Il en est plus d'un que je pourrais citer, qui ont commencé avec moins, et qui sont devenus riches avant de mourir. Mais, quelles nouvelles de Londres, Sam?

RALPH.

Oui, bien dit, quelles nouvelles de Londres, coquin? Ma jeune maîtresse pleurniche tant après son bien-aimé.

SAMUEL.

Eh! elle n'en est que plus folle, oui, que plus niaise.

OLIVIER.

Pourquoi, Sam? pourquoi?

SAMUEL.

Pourquoi? Parce que monsieur en a épousé une autre il y a longtemps.

RALPH.

Tu plaisantes, sans doute?

SAMUEL.

Quoi! l'ignoriez-vous jusqu'ici? Oui, il est marié, bat sa femme et a d'elle deux ou trois enfants. Car vous devez remarquer qu'une femme porte d'autant plus qu'elle est battue.

RALPH.

Oui, c'est vrai, car elle porte les coups.

OLIVIER.

Ami Sam, je ne voudrais pas, pour deux années de gages, que ma jeune maîtresse sût tout cela. Sa raison filerait du côté gauche, et c'est une femme qui ne s'appartiendrait plus.

SAMUEL.

Eh bien, moi, je pense qu'elle a été bénie dès le berceau, si l'autre n'est jamais entré dans son lit. Il a tout dévoré; il a engagé toutes ses terres et forcé son frère de l'Université à se mettre pour lui sous les scellés; voilà une jolie phrase pour un notaire... Peuh! il doit plus que sa peau ne vaut.

RALPH.

Est-il possible?

SAMUEL.

Certainement. Que vous dirai-je de plus? Il appelle sa femme putain, aussi familièrement qu'il l'appellerait Moll ou Doll (12), et ses enfants bâtards, le plus naturellement du monde... Mais qu'ai-je donc ici? Il me semblait bien que quelque chose me tirait mes culottes : j'avais oublié complétement les deux tisonniers que j'ai rapportés de Londres. Maintenant, ce qui arrive de Londres est toujours bon.

OLIVIER.

Oui, comme tout ce qu'on va chercher loin, vous savez. Mais voyons, en conscience, est-ce que nous n'avons pas à la campagne des tisonniers aussi bons qu'il le faut à mettre au feu?

SAMUEL.

L'idée qu'on se fait d'une chose est tout; et, comme tu viens de le dire, les choses loin cherchées sont les meilleures pour les dames.

OLIVIER.

Oui, voire pour les gentilles femmes de chambre.

SAMUEL.

Dis donc, Ralph, est-ce que cet orage a aigri notre bière?

RALPH.

Non, non, elle garde encore son bouquet.

SAMUEL.

Eh bien donc, venez avec moi; je vais vous faire connaître la meilleure manière de se soûler. Je l'ai apprise à Londres la semaine dernière.

RALPH.

En vérité? Voyons, voyons.

SAMUEL.

La manière la plus magnifique! On ne peut que gagner à se soûler ainsi! On boit genou en terre, et cela s'appelle à Londres *être sacré chevalier*.

RALPH.

Voilà qui est excellent, ma foi!

SAMUEL.

Allons! suivez-moi, je vais vous conférer tous les degrés de l'ordre.

Ils sortent.

SCÈNE II.

[Un appartement.]

Entre LA FEMME.

LA FEMME.

— Qu'allons-nous devenir? Tout y passera. — Mon mari ne s'arrête pas dans ses dépenses; — il épuise et son crédit et son patrimoine. — Et il est établi par le juste décret du ciel — que la misère est la fille fatale du désordre. — Sont-ce là les vertus que promettait sa jeunesse? — Des parties de dés! des réunions voluptueuses! des orgies nocturnes! — se coucher ivre! quelle vie indigne — du vieil honneur de sa maison et de son nom! — Et ce n'est pas tout. Ce qui m'accable le plus, — c'est que, quand il parle de ses pertes, de ses mauvaises chances, — de l'amoindrissement de sa fortune si délabrée déjà, — loin de montrer du repentir, il est comme à moitié fou — de ce que ses ressources ne peuvent suffire à ses dépenses! — Il s'assied, et croise les bras d'un air sombre. — Oubliant le ciel, il baisse les yeux, ce qui le fait — paraître si effrayant qu'il épouvante mon cœur. — Il marche à pas pesants, comme si son âme était de terre. — Il ne se repent pas de ses vilenies passées, — mais se désole de n'être pas assez riche pour les faire durer. — Mélancolie horrible! Douleur sacrilége! — Oh! le voilà qui vient. Maintenant, en dépit de tout, — je lui parlerai, et je le ferai parler. — Je vais faire mon possible pour lui arracher ce qu'il a sur le cœur.

Entre LE MARI.

LE MARI.

— Peste soit du dernier coup! il a fait envoler de ma vue — cinq cents anges d'or. Je suis damné! je suis damné!

— Les anges m'ont abandonné. Ah! cela n'est — que trop vrai, celui qui n'a pas d'argent — est damné en ce monde : il est perdu! il est perdu!

LA FEMME.

Cher mari!

LE MARI.

— Oh! punition la plus dure de toutes, j'ai une femme!

LA FEMME.

— Je vous en supplie, si vous avez souci de votre âme, — dites-moi la cause de votre mécontentement.

LE MARI.

— Que le démon de la vengeance te mette toute nue! Tu es la cause, — l'effet, la qualité, la propriété, *toi, toi, toi!*

Il sort.

LA FEMME.

— De mal en pis. L'âme en détresse — comme le corps. Il ressemble aussi peu — à ce qu'il était tout d'abord que si quelque âme en peine — avait pris forme en lui.

Il revient.

Le voici encore! — Il dit que je suis la cause! je ne lui ai pourtant — jamais adressé que les paroles du devoir et de l'amour. —

LE MARI.

Si le mariage est honorable, alors les cocus sont honorables, car ils ne peuvent exister sans le mariage. Imbécile que je suis de m'être marié pour faire des mendiants! Maintenant il va falloir que mon aîné soit escroc pour être quelque chose. Il ne pourra plus vivre qu'aux dépens des dupes, car il n'aura plus de terre qui le nourrisse. L'hypothèque pèse comme un frein sur mon patrimoine et me fait mâcher du fer... Mon second fils devra prendre l'état de délateur, et mon troisième se faire voleur ou souteneur : un misérable ruffian! O misère! misère! à quels ignobles métiers tu réduis un homme! Je crois que le diable dédaigne d'être maquereau; il s'estime trop haut pour cela; il a trop grand souci de son crédit! O pauvreté ignoble, servile, abjecte, immonde!

LA FEMME.

— Mon bon seigneur, je vous en supplie, au nom de tous nos vœux mutuels, — révélez-moi la vraie cause de votre mécontentement. —

LE MARI.

De l'argent! de l'argent! de l'argent! il faut que tu m'en donnes.

LA FEMME.

— Hélas! je suis la moindre cause de votre mécontement. — Pourtant prenez tout ce que j'ai en bagues ou en bijoux, — et disposez-en à votre fantaisie. Mais je vous en conjure, — vous qui êtes gentleman à tant de titres, — si vous n'avez plus d'égards pour moi-même, — pensez du moins à l'avenir des trois adorables enfants — dont vous êtes le père.

LE MARI.

Peuh! des bâtards! des bâtards! des bâtards! nés d'intrigues! nés d'intrigues!

LA FEMME.

— Le ciel sait combien vos paroles m'outragent, mais je saurai — endurer cette douleur entre mille autres. — Oh! songez que vos terres sont déjà engagées, — que vous-même vous êtes encombré de dettes, que votre frère de l'Université, — si plein d'avenir, a souscrit des billets pour vous — et peut être arrêté. Et puis...

LE MARI.

As-tu fini, prostituée? — Toi que j'ai épousée pour la forme, mais que — je n'ai jamais pu supporter! Penses-tu que tes paroles — tueront mes désirs? Va retrouver tes parents; — va mendier avec tes bâtards. Je ne rabattrai — rien de mes goûts. O minuit! je t'aime toujours,—et je mènerai encore vie joyeuse avec toi! Moi, me gêner!—Vais-je donc faire dire à tout le monde—que j'ai rompu avec mes habitudes! que je suis à court d'argent!—Non, tous tes bijoux, je les jouerai aussi librement—que si ma fortune était entière.

LA FEMME.

Soit!

LE MARI.

— Ah! je m'y engage, et prends ceci pour arrhes.

Il la frappe.

— J'entends pour toujours te montrer mon mépris — et ne jamais toucher les draps qui te couvrent, — et répudier ton lit, jusqu'à ce que tu consentes — à la vente de ton douaire, pour donner une vie nouvelle — aux jouissances que je recherche le plus.

LA FEMME.

— Monsieur, accordez-moi seulement un doux regard, — et ce que la loi m'autorisera à faire, — vous n'aurez qu'à le commander.

LE MARI.

— Dépêchez-vous de le faire.

Mettant les mains dans ses poches.

Faute d'une misérable limaille, — serai-je réduit, comme un gueux, à ne mettre dans mes poches — que mes mains nues, pour les remplir de mes ongles? — Oh! mon sang se révolte! Faites vite. — Je n'ai jamais été fait pour être un contemplateur, — un maquereau des cartes; je veux moi-même étreindre ces gourgandines, — et les forcer à me céder. Dépêchez-vous, vous dis-je.

LA FEMME.

Je prends congé de vous. J'obéis.

Elle sort.

LE MARI.

Vite! Vite! — Je maudis l'heure où j'ai fait choix d'une

femme. — Quel tracas! quel tracas! Trois enfants pendus après moi — comme trois fléaux! fi! fi! fi! Courtisane et bâtards! — Bâtards et courtisane!

Entrent trois GENTLEMEN qui ont écouté ses dernières paroles,

PREMIER GENTLEMAN.

— Encore ces odieuses pensées qui hurlent sur vos lèvres! — Est-ce donc pour salir l'honneur de votre femme — que vous êtes descendu de noble race? Ceux que les hommes appellent fous — ne mettent en danger que les autres; mais il est plus que fou — celui qui se blesse lui-même, et, de ses propres paroles, proclame — d'indignes calomnies, pour souiller son nom resté pur. — Ce n'est pas convenable; cessez, je vous prie.

DEUXIÈME GENTLEMAN.

— Cher monsieur, que la décence vous retienne.

TROISIÈME GENTLEMAN.

— Que l'honnête courtoisie ait sur vous quelque empire!

LE MARI.

— Bonsoir! Je vous remercie, monsieur, comment vous portez-vous? Au revoir. — Je suis heureux de vous avoir rencontré. Adieu les instructions et les admonitions!

Les gentlemen sortent.

Entre UN DOMESTIQUE.

Eh bien, drôle, que veux-tu?

LE DOMESTIQUE.

Vous annoncer seulement, monsieur, que ma maîtresse a rencontré en route des gens qui l'ont mandée à Londres, de la part de son honorable oncle, l'ancien tuteur de votre révérence.

LE MARI.

Ainsi, monsieur, elle est partie; faites de même.

Le domestique sort.

— Mais qu'elle veille à ce que la chose qu'elle sait soit faite. — Sinon, l'enfer sera plus agréable que la maison — à son retour.

Entre UN GENTLEMAN.

LE GENTLEMAN.

— Mauvaise ou bonne rencontre, peu m'importe.

LE MARI.

Peu m'importe aussi.

LE GENTLEMAN.

— Je suis venu en confiance vous gronder.

LE MARI.

Qui? moi? — Me gronder! alors, faites-le congrûment. Ne m'excitez pas. — Car, si tu me grondes jusqu'à me fâcher, je frappe.

LE GENTLEMAN.

— Frappe tes propres folies : car ce sont elles qui méritent — d'être châtiées. Nous sommes maintenant entre nous; — il n'y a que toi et moi. Eh bien, tu es un fou et un méchant, — un débauché impur! Tes domaines et ton crédit — agonisent maintenant malades de consomption. — J'en suis fâché pour toi. C'est un dépensier infâme — que celui qui avec sa fortune ruine son nom : — et c'est ce que tu fais.

LE MARI.

Silence!

LE GENTLEMAN.

Non, tu m'écouteras jusqu'au bout. — L'insigne honneur de ton père et de tes pères, — qui était le monument de notre pays, notre orgueil, — commence à se dégrader en toi sous les folies. — Le beau printemps de ta jeunesse promettait — à tes amis un été si fécond — que c'est à peine si les gens peuvent croire — qu'une telle détresse pèse sur toi. Nous qui le voyons, — nous sommes navrés de le croire. Ton changement — va faire retentir en tous lieux ce cri, — que toi et le démon vous avez trompé le monde.

LE MARI.

— Je n'endurerai pas tes paroles.

LE GENTLEMAN.

Mais le pire de tout, le voici : — ta vertueuse femme, si honorablement alliée, — tu l'as proclamée prostituée.

LE MARI.

Ah! je te connais maintenant. — Tu es son champion, toi! son ami intime, — le personnage qu'on sait!

LE GENTLEMAN.

Oh! l'ignoble pensée! — La patience m'échappe. Resterai-je les bras croisés — à voir toucher à mort ma réputation?

LE MARI.

— Cela vous a écorché, pas vrai?

LE GENTLEMAN.

Non, monstre, je te prouverai — que mes pensées n'ont eu jamais pour but qu'un amour vertueux.

LE MARI.

— Amour de sa vertu! C'est à elle aussi qu'il s'en prend.

LE GENTLEMAN.

Vil esprit, — qui poursuis de ta haine l'honneur fécond — de ton propre lit!

Ils se battent, et le mari est blessé.

LE MARI.

Oh!

LE GENTLEMAN.

Céderas-tu enfin?

LE MARI.

— Monsieur, monsieur, je n'en ai pas fini avec vous.

LE GENTLEMAN.

J'espère bien aussi que tu n'en finiras pas.

Ils se battent de nouveau.

LE MARI.

— Ah! vous avez des ruses de guerre? Vous employez des feintes avec moi!

LE GENTLEMAN.

Non, je frappe droit et juste. — Il n'a que faire des feintes celui qui se bat pour la vérité.

Le mari tombe à terre.

LE MARI.

— Fortune ennemie! suis-je donc au niveau de la poussière?

LE GENTLEMAN.

— Vous voilà tombé, monsieur, à ma merci!

LE MARI.

Oui, misérable!

LE GENTLEMAN.

— Hélas! pourquoi faut-il que la haine nous traîne ainsi au bord du tombeau! — Vous voyez, mon épée n'a pas soif de votre vie. — Je suis plus affligé de votre blessure que vous-même. — Vous êtes de vertueuse maison, menez une vie vertueuse; — ce n'est pas votre honneur, c'est votre folie qui saigne. — On attendait beaucoup de bien de votre existence : — ne brisez pas toutes les espérances. Vous avez une femme — bonne et obéissante : n'amoncelez pas la honte et la ruine — sur elle et sur votre postérité. Que le péché vous fasse seul souffrir, — et relevez-vous de cette chute pour ne plus jamais déchoir. — Et maintenant je vous laisse.

Il sort.

LE MARI.

Eh quoi! le chien m'a lâché — après m'avoir laissé sa morsure! Oh! mon cœur — voudrait bondir après lui; ma vengeance, veux-je dire. — Je suis affolé de vengeance. Épouse prostituée, — c'est ta querelle qui m'ouvre ainsi la chair — et me fait cracher le sang de ma poitrine. Mais ton sang aussi coulera... — Vaincu! abattu! incapable même de parler! — A coup sûr, c'est le manque d'argent qui rend les hommes si faibles. — Oui, c'est ce qui m'a fait tomber : autrement, je n'aurais jamais été renversé.

Il sort.

SCÈNE III

[Une antichambre.]

Entre LA FEMME en habit de cheval, suivie d'UN SERVITEUR.

LE SERVITEUR.

— En vérité, madame, s'il n'y a pas présomption — de ma part à vous parler ainsi, vous aviez bien peu de motif — de l'excuser, connaissant tous ses torts.

LA FEMME.

— Je l'avoue, mais, mon Dieu! — à quoi bon répandre au dehors nos fautes intérieures? — C'est bien assez de la douleur au dedans. Dès qu'il m'a vue, — mon oncle a pu résumer devant moi la vie prodigue de mon mari — aussi parfaitement que si son œil sévère — en avait dénombré toutes les folies. — Il savait tout, les terres hypothéquées, les amis engagés, — les dettes dont est criblé mon mari. Si à ce moment — j'avais rappelé sa conduite et ses duretés, — c'en était fait de toute idée favorable. — Loin de là, mon oncle a vu dans la jeunesse la mère de ces excès, — auxquels le temps et les leçons de l'expérience devront mettre un terme; — croyant à la tendresse de mon mari pour moi, (car je l'ai fait — aussi doux que j'ai pu, bien que son caractère — soit en réalité plus affreux qu'un ours mal léché,) — il est prêt à lui procurer quelque emploi, — quelque place à la cour : excellent et sûr appui — pour sa fortune croulante. Ce sera le moyen, j'espère, — d'établir une nouvelle union entre nous, et de dégager — ses vertus en même temps que ses terres.

LE SERVITEUR.

J'aime à le croire, madame ; si, après cela, votre mari n'était pas bon envers vous, s'il ne vous aimait pas, s'il ne vous rendait pas toutes ses tendresses, je croirais que le diable en personne tient en lui maison ouverte.

LA FEMME.

Je n'en doute pas maintenant. Laisse-moi, je t'en prie. Je l'entends, je crois, qui vient.

LE SERVITEUR.

Je me retire.

Il sort.

LA FEMME.

— Par cet heureux moyen, je vais garder mes terres, — et délivrer mon mari des mains des usuriers. — Maintenant il n'est plus besoin de rien vendre. Comme mon oncle est bon ! — J'espère que, si quelque chose peut contenter mon mari, c'est bien cela. — Le voici.

Entre LE MARI.

LE MARI.

Ah ! vous êtes de retour ! où est l'argent ? Voyons l'argent. Avez-vous vendu votre tas de poussière, vos stupides terres ? Eh bien donc, l'argent ! où est-il ? Versez-le ! à bas ! à bas ! Versez-le par terre, vous dis-je. Voyons ! voyons !

LA FEMME.

Mon bon seigneur, un peu de patience seulement, et j'espère que mes paroles vous satisferont. Je vous apporte une meilleure ressource que la vente de mon douaire.

LE MARI.

Ha ! qu'est-ce ?

SCÈNE III.

LA FEMME.

Ne m'effrayez pas, je vous prie, monsieur, mais daignez m'écouter. Mon oncle, heureux de votre bonté, de votre douceur envers moi, (car c'est ainsi que je lui ai présenté votre conduite), a pris en pitié votre fortune chancelante; il a obtenu pour vous un emploi à la cour, un emploi lucratif et honorable : ce qui m'a ravie d'une telle joie...

LE MARI, la repoussant.

Arrière, carogne! folle de joie quand je suis à la torture! Ah! rusée putain, plus subtile que neuf démons, ce voyage chez notre petit oncle n'était donc que pour lui raconter mon histoire et ce que sont devenus mes biens et ma fortune! Vais-je, moi qui me suis voué au plaisir, être désormais astreint à un service! à me courber et à faire le pied de grue comme un vieux courtisan, chapeau bas! Moi qui n'ai jamais pu m'habituer à me découvrir à l'église! Vile catin! Voilà le fruit de tes récriminations!

LA FEMME.

Mes récriminations! Oh! le ciel sait — qu'elles n'ont été que des louanges, que de bonnes paroles — sur vous, sur votre situation. Seulement mes parents — savaient que vos terres étaient engagées, et ils étaient au courant — des moindres incidents, avant mon arrivée. — Si vous soupçonnez que tout ceci n'est qu'un complot de moi — dans le but de garder mon douaire, soit pour mon bien personnel, — soit pour mes pauvres enfants, (quoiqu'il convienne à une mère — de montrer à les secourir une tendre sollicitude), — pourtant je m'oublierai moi-même pour calmer votre colère : — usez de ce que j'ai, au gré de votre plaisir. — Tout ce que je désire, la pitié même le fournit. — Accordez-moi seulement des regards aimables et de douces paroles.

LE MARI.

De l'argent! putain! de l'argent! ou je...

<small>Il tire son poignard; entre à la hâte UN DOMESTIQUE.</small>

— Diable! qu'y a-t-il? Ta nouvelle est donc pressée?

LE DOMESTIQUE.

Pardon, monsieur...

LE MARI.

Quoi! est-ce que je ne puis regarder mon poignard? Parle, maraud, ou j'en essaierai la pointe sur toi; vite, sois bref.

LE DOMESTIQUE.

Eh bien, monsieur, c'est quelqu'un de l'Université qui attend en bas pour vous parler.

<small>Il sort.</small>

LE MARI.

De l'Université? l'Université! ce long mot me pénètre tout entier.

<small>Il sort.</small>

LA FEMME.

—Vit-on jamais une femme si misérablement accablée? — Si ce message ne s'était pas interposé entre nous, la pointe — aurait heurté ma poitrine. — Ce que les autres femmes appellent grand malheur — ne se remarquerait guère ici, et passerait presque inaperçu — au milieu de mes misères: je puis hardiment me comparer, — pour le malheur, à elles toutes... — Il ne sera satisfait de rien jusqu'à ce qu'il ne reste plus rien. — Il appelle esclavage une dignité où on l'élève; — un emploi de crédit, une servitude avilissante! — Qu'adviendra-t-il de moi et de mes pauvres enfants? — Deux ici! et un en nourrice! mes jolis mendiants! — Je vois déjà la ruine, d'une main délétère, — faire crouler en poussière notre antique domaine. — Le poids pesant du chagrin ramène mes paupières — sur mes yeux humides; je puis à peine y voir. — Ainsi la douleur est toujours là, elle veille et s'endort avec moi.

<small>Elle sort.</small>

SCÈNE IV

[Un salon.]

Entrent LE MARI et LE MAITRE DE COLLÉGE.

LE MARI.

Veuillez approcher, monsieur, vous êtes excessivement bien venu.

LE MAITRE DE COLLÉGE.

Ceci est un doute pour moi. Je crains d'être venu, pour ne pas être bien venu.

LE MARI.

Si fait, dans tous les cas.

LE MAITRE DE COLLÉGE.

Ce n'est pas ma façon, monsieur, de me perdre en longues périphrases; je suis franc et expéditif : ainsi donc, au fait. Le motif de ma démarche est douloureux et lamentable : votre frère, ce jeune homme plein d'avenir, dont nous aimons tous tendrement les vertus, est resté, par votre faute et par votre négligence dénaturée, sous le coup d'un engagement contracté pour vous. Il est en prison. Toutes ses études sont foudroyées; son avenir est frappé à mort, et l'éclat de sa jeunesse est perdu dans les nuées sombres de l'oppression.

LE MARI.

Humph! humph! humph!

LE MAITRE DE COLLÉGE.

Oh! vous avez tué l'espoir le plus précoce de toute notre Université. Aussi, si vous ne vous repentez pas, si vous ne réparez pas tout, attendez-vous à ce qu'un jugement formidable et soudain vous accable. Votre frère, un homme si versé déjà dans les sciences sacrées et qui aurait pu rendre dix mille âmes bonnes pour le ciel, est maintenant jeté en prison par vos désordres! Vous répondrez de tout cela ; préparez votre âme à en rendre compte un jour.

LE MARI.

O Dieu ! oh !

LE MAITRE DE COLLÉGE.

Les hommes sages pensent du mal de vous; les autres en disent. Personne ne vous aime. Non, même ceux que l'honnêteté condamne, vous condamnent. Je vous parle ici au nom de l'affection vertueuse que je porte à votre frère, n'espérez jamais avoir une heure prospère, une bonne conscience, un sommeil tranquille, une promenade agréable, non, rien de ce qui fait l'homme heureux, tant que vous n'aurez pas racheté votre frère. Quelle est votre réponse? que lui réservez-vous? Une désespérante misère ou un meilleur avenir? Je souffre jusqu'à ce que je sache votre réponse.

LE MARI.

Monsieur, vous m'avez fait beaucoup d'impression ; vous m'émouvez jusqu'au fond de mon âme; vous êtes maître dans votre art. Je n'ai jamais eu de sensibilité jusqu'ici; vos syllabes m'ont fendu le cœur; merci de vos paroles et de vos peines! Je ne puis que reconnaître les torts cruels que j'ai eus envers mon frère. Torts graves! graves! graves!... Holà! quelqu'un !

Entre UN DOMESTIQUE.

Remplissez-moi un bol de vin.

Sort le domestique.

Hélas! mon pauvre frère meurtri pour moi par une exécution!

LE MAITRE DE COLLÉGE.

Une meurtrissure pareille fait souvent une plaie mortelle que la tombe seule guérit.

Le domestique apporte du vin.

SCÈNE IV.

LE MARI.

Je bois d'abord à vous, monsieur, de grondeuse bienvenue.

LE MAITRE DE COLLÉGE.

J'aurais désiré pour vous qu'elle eût été plus agréable. Je vous fais raison, monsieur : à la santé du cher prisonnier !

LE MARI.

Volontiers. Maintenant, monsieur, si vous voulez bien pendant quelques minutes faire un tour en bas sur mes terres, mon valet, que voici, va vous accompagner. Je ne doute pas que, pendant ce temps, je ne trouve une réponse suffisante pour la pleine satisfaction de mon frère.

LE MAITRE DE COLLÉGE.

— Voilà, cher monsieur, qui fera plaisir aux anges, — et calmera les murmures du monde ; et j'oserai dire — que j'ai fait cette démarche un jour de bonheur.

Il sort, accompagné du domestique.

LE MARI.

O homme de désordre ! te voilà ruiné par tes péchés chéris. Ta damnation, c'est ta misère. Pourquoi le ciel nous a-t-il dit de ne pas pécher, et a-t-il fait les femmes ? Pourquoi ouvre-t-il à nos sens la voie du plaisir, qui, une fois trouvé, nous perd ? Pourquoi faut-il que nous connaissions les choses qui nous sont si funestes ? Oh ! que la vertu n'a-t-elle été défendue ! nous serions tous devenus vertueux ; car il est dans notre sang d'aimer ce qui nous est défendu. Si l'ivresse n'avait pas été défendue, quel homme eût voulu être le fou de la bête, le mime de la truie, jusqu'à faire des contorsions dans la boue ? Qu'y a-t-il donc dans trois dés, pour qu'ils fassent ainsi jeter à un homme trois fois trois mille acres dans le cercle d'une petite table ronde, pour qu'ils forcent un gentilhomme à lancer ses enfants d'une main tremblante dans le vol ou dans la mendicité ?

C'est fini. J'ai fait cela, moi! Terrible, horrible misère!... Quel bel héritage était le mien! si beau! si beau! Mon domaine s'arrondissait comme une pleine lune autour de moi; mais maintenant la lune est à son dernier quartier, elle décroît, elle décroît! Ah! je suis fou de penser que cet astre était à moi, à moi et à mon père, et aux pères de mon père, de générations en générations! Elle s'écroule, notre maison; elle sombre, elle sombre. Maintenant notre nom est mendiant : ce nom mendie en moi! Ce nom, qui depuis des centaines d'années avait rendu ce comté fameux, se fait vagabond dans moi et dans mes enfants! De ma semence sont nées cinq misères, outre la mienne. Ma prodigalité, c'est maintenant le geôlier de mon frère, c'est la désolation de ma femme, c'est la pénurie de mes enfants, et c'est ma propre confusion.

Il s'arrache les cheveux.

— Pourquoi mes cheveux tiennent-ils encore à ma tête maudite? — Est-ce que ce poison-là ne les fera pas tomber?... Oh! mon frère est — arrêté par des démons — qui le torturent pour le pressurer, et moi, besoigneux, — je n'ai plus de quoi vivre, ni de quoi le racheter. — Prêtres et mourants peuvent parler de l'enfer, — mais c'est dans mon cœur que sont tous ses tourments, — servitude et misère! Quel est celui qui, dans cette situation, — ne consentirait pas à emprunter de l'argent sur son âme — et à mettre son salut en gage pour vivre des intérêts? — Pour moi, qui ai toujours vécu dans le luxe, — le besoin est pire que les angoisses de l'enfer. —

Entre UN PETIT ENFANT *avec une toupie et un fouet.*

L'ENFANT.

Qu'avez-vous donc, père? est-ce que vous n'êtes pas bien? Je ne puis pas fouetter ma toupie tant que vous restez ainsi : vous prenez toute la place avec vos grandes jambes. Peuh! vous ne m'effraierez pas avec ça; je n'ai pas peur des sorciers ni des loups-garous.

Le père enlève son enfant par le pan de sa longue robe et le tient d'une main, tandis que de l'autre il tire son poignard.

LE MARI.

En l'air! monsieur, car ici-bas vous n'avez plus d'héritage.

L'ENFANT.

Oh! qu'est-ce que vous voulez, père? Je suis votre enfant blond.

LE MARI.

Tu seras mon enfant rouge, alors; à toi ceci!

Il le frappe.

L'ENFANT.

Oh! vous me faites mal, père.

LE MARI.

— Mon mendiant aîné, — je ne veux pas que tu vives pour demander du pain à un usurier, — pour geindre à la porte d'un grand seigneur ou pour suivre — un carrosse en criant : Votre excellence est si bonne! Non, ni toi, ni ton frère! — Il y a charité à vous broyer la cervelle.

L'ENFANT.

Comment ferai-je pour apprendre, maintenant que j'ai la tête brisée?

LE MARI, *poignardant l'enfant.*

Saigne! saigne! — plutôt que de mendier! Ne sois pas le déshonneur de ton nom. — Sois le premier à repousser ta fortune, si elle doit être infâme. — Allons voir ton second frère à présent. O destins! le sang de mes enfants — éclaboussera votre face. Vous verrez — avec quelle assurance nous narguons la misère.

Il sort traînant son enfant.

SCÈNE V

[Une chambre à coucher.]

Entre UNE SERVANTE avec un enfant dans ses bras ; elle s'approche de la MÈRE endormie.

LA SERVANTE.

— Dors, doux bébé. L'affliction fait dormir ta mère. — Ce n'est guère d'un bon augure quand l'accablement est si profond. — Chut! joli enfant! Ton avenir eût pu être meilleur ; — mais ce que l'antique honneur avait gagné a été dissipé aux dés. — Quelle détresse quand le père joue et perd ainsi son enfant! — Il n'y a plus au service de cette maison que la misère, — la ruine et la désolation. Oh!

Entre LE MARI avec son fils aîné en sang.

LE MARI.

Putain, donne-moi cet enfant.

Il se bat avec la servante pour avoir l'enfant.

LA SERVANTE.

— Au secours! au secours! miséricorde! au meurtre! au meurtre!

LE MARI.

— Ah! vous pérorez, vous bavardez, insolente gouine! — je vais rompre votre caquet avec votre cou. En bas de l'escalier! — dégringolez! dégringolez! à la renverse! c'est ça!

Il la jette dans l'escalier.

— Ainsi le plus sûr moyen de charmer la langue d'une femme, — c'est de lui briser le cou. C'est ce qu'a fait un grand politique.

LE PETIT ENFANT.

Mère! mère! je suis tué, mère!

SCÈNE V.

LA FEMME, s'éveillant.

Ha! qui a crié?

Elle saisit l'enfant dans ses bras.

O mon Dieu! mes enfants, — tous les deux, tous les deux, en sang, en sang!

LE MARI.

Lâche cet enfant, catin, lâche ce mendiant.

LA FEMME.

O mon bien-aimé mari!

LE MARI.

Carogne, gourgandine!

LA FEMME.

Oh! que voulez-vous faire, cher mari?

LE MARI.

Donne-moi ce bâtard.

LA FEMME.

Votre cher enfant! le vôtre!

LE MARI.

Il y a trop de mendiants.

LA FEMME.

Mon bon mari!

LE MARI.

Vas-tu me résister encore?

LA FEMME.

O Dieu!

LE MARI.

Droit au cœur!

Il poignarde l'enfant dans les bras de sa femme et le lui arrache.

LA FEMME.

Oh! mon enfant chéri!

LE MARI.

— Marmot, tu ne vivras pas pour le déshonneur de ta maison.

La femme, en essayant de reprendre son enfant, est blessée et tombe à terre.

LA FEMME.

Ciel!

LE MARI.

Meurs, toi aussi, et disparais. — Il y a assez de putains en ce monde; et la misère en ferait une de toi!

Entre un serviteur à l'air robuste.

LE SERVITEUR.

— Oh! seigneur, qui a commis ces forfaits?

LE MARI.

Mon vassal! Vil maraud, — oses-tu te mettre en travers de ma fureur pour me questionner?

LE SERVITEUR.

— Vous seriez le diable, que je vous tiendrais tête, monsieur!

LE MARI.

— Me tenir tête? quelle présomption! Cette audace va te perdre.

LE SERVITEUR.

— Sangdieu! vous nous avez déjà perdus tous, monsieur.

LE MARI.

Tu oses attaquer ton maître?

LE SERVITEUR.

J'ose attaquer un monstre.

LE MARI.

— Crois-tu que je sois sans force, et que mon serf puisse m'enchaîner?

Le mari terrasse le serviteur.

LE SERVITEUR.

— Mais c'est le diable qui se bat. Je suis renversé.

LE MARI.

— Ah! manant, je vais te secouer maintenant! Je vais te déchirer, — mon vassal, t'enfoncer mes éperons dans le vif, te broyer, te fouler aux pieds. — Comme cela, je pense que tu ne courras pas après moi. — Mon cheval m'attend, tout prêt, tout sellé. Partons, partons! — Maintenant, à mon marmot en nourrice, à mon mendiant à la mamelle! — Fatalité! je ne t'en laisserai pas un seul à accabler.

Il sort.

SCÈNE VI

[Une cour devant la maison.]

Entre LE MARI, il se croise avec le MAITRE DE COLLÉGE.

LE MAITRE DE COLLÉGE.
— Qu'avez-vous donc, monsieur? — Vous avez, il me semble, l'air bien effaré.

LE MARI.
— Qui, moi, monsieur? Ce n'est qu'une imagination. — Veuillez entrer, monsieur, et bientôt je vous édifierai; — il ne me manque plus que peu de chose pour compléter le compte, — et puis mon frère sera satisfait.

LE MAITRE DE COLLÉGE.
— J'en serai bien aise, monsieur; je vous attendrai.

Ils se séparent.

SCÈNE VII

[La chambre à coucher.]

On aperçoit LA FEMME, LES ENFANTS, et LE SERVITEUR, étendus tout sanglants.

LE SERVITEUR.
Oh! c'est à peine si je suis capable de me soulever, — tant il m'a broyé sous son poids diabolique, — tant il m'a

déchiré la chair de son éperon sanguinaire. — Un homme jusqu'ici de constitution si délicate! — Maintenant il puise sa vigueur dans l'enfer, au détriment de son âme. — Oh! comme la damnation peut rendre forts les hommes faibles!

Entrent LE MAITRE DE COLLÉGE *et deux* VALETS.

PREMIER VALET.

— Oh! monsieur, depuis que vous êtes venu, quelle lamentable action!

LE MAITRE DE COLLÉGE.

— Funèbre bienvenue! Voilà donc ce qu'il a accumulé — pour satisfaire son frère! Un autre ici, — et, à côté des enfants ensanglantés, la mère morte!

LA FEMME.

Oh! oh!

LE MAITRE DE COLLÉGE.

— Des chirurgiens! des chirurgiens! Elle revient à la vie! — Eh quoi! un de ses gens évanoui et en sang!

LE SERVITEUR.

— Courez... Notre maître, l'assassin, est parti à cheval — pour tuer son enfant en nourrice... Oh! courez vite!

LE MAITRE DE COLLÉGE.

— Je suis le plus dispos! je me charge — de mettre toute la ville à ses trousses.

LE SERVITEUR.

Courez, mon bon monsieur.

Le maître de collége et les valets sortent.

LA FEMME.

— Oh! mes enfants!

LE SERVITEUR.

Comment se trouve ma maîtresse accablée?

LA FEMME.

— Pourquoi reviens-je à moi? Pourquoi existé-je à demi, — si c'est pour voir mes enfants saigner sous mes yeux?

— Spectacle capable de tuer une mère sans — qu'il soit besoin de bourreau!... Quoi, es-tu mutilé, toi aussi?

LE SERVITEUR.

— Pensant empêcher les crimes — qu'il a si vite commis, je suis entré et me suis jeté sur lui. — Nous nous sommes battus; mais une force plus ténébreuse que la sienne — m'a renversé par son bras. Alors il m'a écrasé, — il m'a déchiré la chair et arraché les cheveux, — comme un homme affolé de torture, — et il m'a rendu tout à fait incapable de me lever et de le suivre.

LA FEMME.

— Qu'est-ce donc qui l'a dépouillé ainsi de toute grâce — et a ravi l'humanité de sa poitrine, — pour qu'il égorge ainsi ses enfants, essaie de tuer sa femme — et blesse ses serviteurs?

Entre UN VALET.

LE VALET.

— Voulez-vous, madame, quitter cette place maudite? — Un chirurgien attend à côté.

LA FEMME.

Si je veux la quitter? elle est souillée d'un sang si doux, du sang innocent. — Le meurtre a pris cette chambre de force, — et n'en sortira pas tant que la maison sera debout.

Ils sortent.

SCÈNE VIII

[Une grande route près de la ville.]

Entre LE MARI comme un homme qui vient d'être renversé de cheval. Il s'affaisse.

LE MARI.

— Oh! que l'éparvin t'atteigne, rosse, pour ce faux pas!

— Que les cinquante maladies t'étouffent! — Oh! je suis cruellement meurtri!... Que la peste te confonde! — Tu courais à l'aise et à plaisir, et, fatale chance! — voilà que tu me jettes, à une portée de pierre de la ville, — sur un terrain aussi plat! si plat, morbleu, qu'un homme pourrait jouer aux dés dessus et y perdre toutes les prairies du monde!... Ah! sale bête!

CRIS, dans l'intérieur.

Sus! sus! sus!

LE MARI.

— Ha! j'entends des voix d'hommes, comme des huées et des cris. — Debout! debout! traînons-nous jusqu'à mon cheval, et décampons. — Dépêchons ce petit mendiant, et tout sera fini.

CRIS, dans l'intérieur.

Par ici! par ici!

LE MARI.

Sur mon dos! Oh! — quelle fatalité ai-je donc? Mes jambes refusent d'aller, — ma volonté est abattue. Et la misère qui réclame sa part! — Oh! si je pouvais atteindre d'ici au cœur de l'enfant!

Entrent LE MAITRE DE COLLÉGE, trois GENTLEMEN et d'autres personnages portant des hallebardes.

TOUS.

Ici! ici! le voilà! le voilà!

LE MAITRE DE COLLÉGE.

— Homme de pierre, dénaturé, plus que barbare! Les Scythes, ces destins au cœur de marbre, — n'auraient pu, dans leur nature impitoyable, — commettre des actes plus atroces que les tiens. — Était-ce là la réponse si longtemps attendue par moi, — la satisfaction que tu réservais à ton frère prisonnier?

LE MARI.

— Il ne peut avoir de nous rien de plus que nos peaux ; — et plusieurs d'entre elles n'ont plus besoin que d'être épucées.

PREMIER GENTLEMAN.

— Le crime l'a rendu impudent.

LE MAITRE DE COLLÉGE.

— Il a versé tant de sang qu'il ne peut plus rougir.

DEUXIÈME GENTLEMAN.

— Emmenons-le et livrons-le au magistrat. — Un gentilhomme justicier demeure à côté. — Là, la lumière sera faite sur ses actes.

LE MARI.

Eh bien, tant mieux. — Je mets ma gloire à faire connaître mes actions. — Je ne regrette rien, que d'en avoir manqué une.

LE MAITRE DE COLLÉGE.

— Il n'y a plus rien d'un père dans ce regret. — Emmenons-le.

Ils sortent.

SCÈNE IX.

[Une salle de justice.]

Entre UN CHEVALIER *avec deux ou trois* GENTLEMEN.

LE CHEVALIER.

Mis en danger sa femme ! assassiné ses enfants !

PREMIER GENTLEMAN.

— C'est ce que dit le cri public.

LE CHEVALIER.

Je suis fâché de l'avoir jamais connu. — Se peut-il que cet homme tire une existence légitime — d'une souche si honorable, d'une noble race, — pure de toute tache et de toute souillure jusqu'à cette sombre minute !

PREMIER GENTLEMAN.

Les voici.

Entrent LE MAITRE DE COLLÉGE et les autres, avec LE PRISONNIER.

LE CHEVALIER.

— Le serpent de sa maison! Je souffre — pour cette fois d'être à la place du juge.

LE MAITRE DE COLLÉGE.

Daignez, seigneur...

LE CHEVALIER.

— Ne répétez pas deux fois l'horrible chose; je n'en sais que trop. — Plût au ciel qu'elle ne fût jamais entrée dans une pensée humaine! Monsieur, vous me faites saigner le cœur.

PREMIER GENTLEMAN.

— La douleur de votre père est vivante en moi. — Qui vous a poussé à cette monstrueuse cruauté? —

LE MARI.

Soyons bref, monsieur. J'avais dévoré tout mon bien, perdu au jeu toutes mes terres, et j'ai pensé que la plus charitable action que je pusse faire, était de duper la misère et de frapper ma maison à la tête.

LE CHEVALIER.

— Oh! quand vous serez de sang-froid, vous vous en repentirez.

LE MARI.

— Je me repens en ce moment, et c'est d'en avoir laissé un vivant, — mon marmot en nourrice. Je l'aurais bien volontiers sevré.

LE CHEVALIER.

— Soit. Je ne puis m'empêcher de croire qu'après le jugement qui sera prononcé demain, — la terreur pénétrera dans votre âme, — alors que la redoutable pensée de la mort vous rappellera à vous-même. — Pour hâter cette heure suprême, recevez de moi ce solennel avis : — jamais œuvre plus monstrueuse n'a été jouée.

LE MARI.
— Je vous remercie, monsieur.

LE CHEVALIER.
Qu'on le mène en prison. — Où la justice commande, la pitié doit se taire.

LE MARI.
— Allons! allons! qu'on en finisse avec moi.

On emmène le prisonnier.

LE MAITRE DE COLLÉGE.
— Monsieur, vous êtes à la hauteur de votre ministère. — Plût au ciel que tous fussent de même! En vous la loi est grâce.

LE CHEVALIER.
— Je voudrais qu'il en fût ainsi... O homme de ruine! — Désolation de sa maison! Opprobre — du nom honoré de ses ancêtres! — Cet homme est le plus près de la honte, qui a perdu toute honte.

Il sort.

SCÈNE X

[Devant la maison du prisonnier.]

Entre LE MARI entouré des officiers de justice, LE MAITRE DE COLLÉGE et LES GENTLEMEN.

LE MARI.
— Je suis juste en face de ma maison, la demeure de mes aïeux. — J'apprends que ma femme vit encore, bien qu'elle soit en grand péril; — laissez-moi, je vous prie, lui parler avant — que la prison me saisisse.

PREMIER GENTLEMAN.
Tenez! la voici qui vient d'elle-même.

Entre LA FEMME portée dans une chaise.

LA FEMME.

O mon bien-aimé, cher époux en détresse, — te voilà donc entre les mains de la loi impitoyable ! — C'est là ma plus grande douleur, le déchirement suprême. — Ah ! mon âme saigne.

LE MARI.

— Eh quoi ! tu es encore tendre pour moi ! Ne t'ai-je point blessée ? — laissée pour morte ?

LA FEMME.

— Qu'importe ! mon cœur avait souffert de bien plus cruelles blessures. — La dureté fait une blessure plus profonde que l'acier, — et vous avez toujours été dur pour moi.

LE MARI.

Oui, en vérité, je le reconnais. — J'ai commis mes assassinats d'une main brutale, — avec la brusquerie du désespéré. Mais, toi, tu as trouvé — là le beau moyen de me frapper, — tu as fait à mes yeux — des plaies qui les dessillent. Et voilà que le démon s'enfuit de moi ; — il s'échappe par tous mes membres, il soulève mes ongles ! — Oh ! attrapez-le, tortures encore inconnues ! — Enchaînez-le de mille liens de plus, anges bienheureux, — dans cet abîme insondable ! Qu'il n'en sorte plus jamais — pour faire jouer aux hommes de monstrueuses tragédies, — pour s'emparer d'un père, et faire de ce père furieux — le bourreau de ses enfants, le meurtrier de sa femme, de ses serviteurs, de n'importe qui ! — Car il est ténébreux, l'homme par qui le ciel est mis en oubli.

LA FEMME.

— O mon mari repentant !

LE MARI.

Chère âme que j'ai trop outragée, — je meurs pour avoir fait mourir, et j'aspire à ce moment suprême.

SCÈNE X.

LA FEMME.

—Sois sûr que tu ne mourrais pas pour toutes ces fautes, — si la loi pouvait pardonner aussi promptement que moi.

On expose sur le seuil de la maison les enfants assassinés.

LE MARI.

— Que vois-je là-bas?

LA FEMME.

Oh! ce sont nos deux enfants — qu'on a déposés tout sanglants sur le seuil.

LE MARI.

— Voilà une charge suffisante pour faire éclater toutes les cordes du cœur. — Oh! s'il était permis que vos jolies âmes — regardassent du haut du ciel dans les yeux de votre père, — vous en verriez le cristal se fondre dans le repentir, — vous verriez votre double meurtre ruisseler sur mes joues! — Mais vous êtes à jouer sur les genoux des anges, — et vous ne voulez pas me regarder, moi qui, privé de la grâce, — vous ai tués par misère. — Oh! si mes désirs pouvaient être exaucés maintenant, — je voudrais vous voir revivre encore, — dussé-je, ce que je craignais tant, demander l'aumône avec vous. — Oh! c'était le démon qui m'aveuglait ainsi. — Oh! puissiez-vous prier le ciel de me pardonner — afin que je vive dans le repentir jusqu'à mon heure dernière.

LA FEMME.

— J'oublie toute autre douleur — pour m'absorber dans celle-ci.

UN OFFICIER.

Allons! voulez-vous venir?

LE MARI.

— Je veux baiser le sang que j'ai répandu, et puis je partirai. — Mon âme est ensanglantée, ma lèvre peut bien l'être. — Adieu, femme chérie! Il faut que nous nous séparions. — Je me repens de tout mon cœur du mal que je t'ai fait.

LA FEMME.

Oh! reste! tu ne t'en iras pas.

LE MARI.

— La résistance est vaine. Tu vois bien qu'il le faut. — Adieu, cendres sanglantes de mes enfants! — Mon châtiment sera l'éternelle joie de leurs âmes!... — Que tous les pères réfléchissent bien à mes actions, — et leur postérité sera heureuse, tandis que la mienne saigne.

Le prisonnier sort avec les officiers.

LA FEMME.

— Cette détresse me rend encore plus misérable — que mes premiers malheurs.

LE MAITRE DE COLLÉGE.

O généreuse femme, — du courage! Une joie a échappé pour vous au meurtre. — Vous avez un enfant en nourrice; votre bonheur est en lui!

LA FEMME.

— La vie de mon pauvre mari était pour moi plus précieuse que tout. — Que le ciel donne la force à mon corps encore exténué — par tout le sang que j'ai perdu, et j'irai à genoux — supplier pour sa vie; je réunirai tous mes amis pour demander sa grâce.

LE MAITRE DE COLLÉGE.

— Un homme a-t-il pu blesser une si bonne créature? — Va, je louerai toujours les femmes en ton honneur. — Il faut que je m'en retourne navré. Ma réponse est toute faite. — Les nouvelles que j'emporte sont plus accablantes que toutes les dettes. — Des deux frères, l'un reste sous le coup d'une arrestation, — l'autre, sous le coup d'une exécution plus funèbre.

Tous sortent.

FIN D'UNE TRAGÉDIE DANS L'YORKSHIRE.

LES
DEUX
NOBLES
PARENTS:

Représentés à Blackfriars
par les seruiteurs de Sa Maiesté le Roy
avec grand succès :

Ecrit par ces mémorables maîtres
de leur époque :

{ M^r. *John Fletcher*, et
M^r. *William Shakspeare*, } Gent.

Imprimé à *Londres* par *Tho. Cotes* pour *Iohn Waterson*
et en vente à l'enseigne de la *Couronne*
au cimetière de Saint-Paul. 1624.

PERSONNAGES :

THÉSÉE, duc d'Athènes.
PALÉMON, } neveux de Créon, roi de Thèbes.
ARCITE,
PIRITHOUS, général athénien.
ARTÉSIUS, capitaine.
VALÉRIUS, noble thébain.
GERROLD, maître d'école.
UN GEOLIER.
UN GALANT, amoureux de la fille du geôlier.
UN FRÈRE DU GEOLIER.
DES AMIS DU GEOLIER.
SIX CHEVALIERS.

HIPPOLYTE, reine des Amazones, épouse de Thésée.
ÉMILIE, sa sœur.
TROIS REINES.
LA FILLE DU GEOLIER.
UNE SUIVANTE D'ÉMILIE.

L'HYMEN.
DES NYMPHES.

UN JOUEUR DE TAMBOURIN, PAYSANS, SOLDATS.

La scène est à Athènes, dans les environs d'Athènes,
et à Thèbes.

PROLOGUE

―――

Fanfare.

Une pièce nouvelle et une virginité se ressemblent fort ; — bien des choses dépendent de l'une et de l'autre ; pour toutes deux on donne beaucoup d'argent, — si elles sont de bon aloi. Une bonne pièce, — qui, le jour de la noce, rougit de toute la modestie de ses scènes — et tremble de perdre son honneur, est comme celle — qui, après la consécration du lien nuptial et les agitations de la première nuit, — est toujours la pudeur même et décèle au regard — plus encore l'air de la vierge que la fatigue du mari. — Nous souhaitons qu'il en soit ainsi de notre pièce ; car je suis sûr — qu'elle a noble père, un pur, — un savant ! Jamais poëte plus fameux — n'a encore apparu entre le Pô et la Trent argéntée : — c'est Chaucer, le chantre admiré de tous, qui fournit l'histoire ; grâce à lui, elle doit survivre jusqu'à éternité. — Si nous en laissons déchoir la noblesse, — si le premier son qu'entendra cet enfant est le bruit du sifflet, — comme les ossements de ce bonhomme vont frémir, — et comme il va s'écrier de dessous terre : « Oh ! balayez — loin de moi l'absurde fumier de cet écrivain — qui flétrit mes lauriers et ravale mes œuvres fameuses — au-dessous de *Robin Hood!* » C'est avec cette crainte que nous paraissons. — A dire vrai, ce serait une pensée irréalisable — et trop ambitieuse que d'aspirer à l'égaler. — Faibles comme nous le sommes, ayant presque perdu le souffle à nager — dans cette eau profonde, tendez-nous seulement — vos mains secourables, et nous louvoyerons, — et nous tâcherons de nous sauver. Vous entendrez — des scènes qui, toutes inférieures qu'elles sont à l'art de Chaucer, sembleront encore — mériter un déplacement de deux heures. Paix à ses os ! — Joie à vous !... Si cette pièce ne chasse pas — pour un moment l'ennui de chez nous, nous considérerons — nos insuccès comme tellement accablants que nous devrons renoncer.

Fanfare.

ACTE I

SCÈNE I

Musique. Entre HYMEN portant une torche allumée. Un enfant en robe blanche marche devant, en chantant et en semant des fleurs. Derrière HYMEN vient une Nymphe, enveloppée dans les tresses de ses cheveux et portant une couronne d'épis; puis THÉSÉE, entre deux Nymphes portant des guirlandes d'épis sur la tête; puis HIPPOLYTE, la fiancée, conduite par PIRITHOUS et par une autre Nymphe, portant une guirlande sur la tête et ayant aussi les cheveux tombants; derrière HIPPOLYTE, ÉMILIE, relevant la queue de sa robe. Enfin ARTÉSIUS et les gens du cortége.

CHANT.

Roses, dénuées d'épines aiguës,
Reines, non par le parfum seul,
  Mais par la couleur;
OEillets vierges, à la vague odeur,
Marguerites sans parfum, mais si élégantes,
  Thym constamment embaumé;

Primevère, fille aînée du printemps,
Avant-coureuse du joyeux renouveau,
  Au sombre calice;

ACTE I, SCÈNE I.

Oreille d'ours toute dressée dès le berceau,
Soucis épanouis sur les lits de mort,
Sveltes pieds d'alouettes ;

Vous tous, enfants suaves de la chère nature,
Étendez-vous aux pieds des fiancés,
En ravissant leurs sens !

Le cortége jette des fleurs.

Que pas un ange de l'azur,
Oiseau mélodieux ou bel oiseau,
Ne soit absent d'ici !

Que la corneille, le coucou médisant,
Le corbeau prophétique, la chouette grise,
La pie babillarde,
Ne viennent pas se percher ni chanter sur notre maison nuptiale,
En apportant avec eux quelque discorde,
Mais s'envolent loin d'ici.

Entrent TROIS REINES, *en noir, voiles souillés, couronnes impériales. La première reine se prosterne aux pieds de* THÉSÉE ; *la seconde aux pieds d'*HIPPOLYTE ; *la troisième devant* ÉMILIE.

PREMIÈRE REINE, à Thésée.

— Au nom de la pitié et de la vraie noblesse, — écoutez-moi, exaucez-moi.

SECONDE REINE, à Hippolyte.

Au nom de votre mère, — et si vous désirez que de vos entrailles fécondes naisse une belle famille, — écoutez-moi, exaucez-moi.

TROISIÈME REINE, à Émilie.

— Pour l'amour de celui que Jupiter a prédestiné — à l'honneur de votre lit, au nom — de la virginité pure, plaidez pour nous — et pour nos détresses. Cette bonne action — effacera du livre des fautes — toutes celles pour lesquelles vous y êtes inscrite.

THÉSÉE.

Triste dame, levez-vous.

HIPPOLYTE.

Debout!

ÉMILIE.

— Pas de genoux pliés devant moi! Toute femme — en détresse, que je puis secourir, m'attache à elle.

THÉSÉE.

— Quelle est votre requête? Vous, parlez pour toutes.

PREMIÈRE REINE.

— Nous sommes trois reines dont les souverains sont tombés devant — la colère du cruel Créon et gisent en proie — aux morsures des corbeaux, aux serres des milans — et aux becs des corneilles dans les champs sinistres de Thèbes. — Créon ne nous permet pas de brûler leurs ossements, — de mettre dans l'urne leurs cendres, ni de soustraire les horreurs — d'une putréfaction mortelle au regard béni — du sacré Phœbus; il veut infecter les vents — des miasmes de leurs cadavres. Oh! pitié, duc! — Toi qui purges la terre, tire cette épée redoutée — qui rend de si grands services au monde; restitue-nous les os — de nos rois morts, que nous puissions les sanctifier! — Et, dans ta bonté infinie, songe — que pour nos têtes couronnées nous n'avons d'autre toit — que celui-ci, le toit du lion et de l'ours, — la voûte de l'univers!

THÉSÉE.

Ne vous agenouillez pas, je vous prie. — J'étais absorbé par vos paroles, et j'ai laissé — vos genoux se meurtrir. En apprenant la mort — fatale de vos époux, la douleur que je ressens — excite ma vengeance à les venger. — Le roi Capanée était votre mari. Le jour — où il vous épousa, dans un moment pareil — à celui qui est venu pour moi, je rencontrai votre fiancé — près de l'autel de Mars; vous étiez radieuse alors. — Le manteau de Junon n'était pas plus radieux que votre chevelure, — et ne la couvrait pas avec plus de profusion; les épis de votre couronne — n'étaient alors ni battus, ni flétris; la Fortune vous souriait, — fossettes aux joues; Hercule, notre parent, — alors plus faible que votre regard, mettait de côté sa massue — et s'affaissait sur sa peau néméenne, — en jurant que ses muscles fléchissaient. O douleur! ô temps! — destructeurs terribles, vous dévorerez donc tout!

PREMIÈRE REINE.

Oh! j'espère qu'un dieu, — qu'un dieu aura mis sa miséricorde dans votre humanité — pour vous infuser sa force et faire surgir — en vous notre sauveur!

THÉSÉE.

Oh! debout, debout, veuve! — Pliez ces genoux devant la Bellone casquée, — et priez pour moi, votre soldat. Je suis troublé!

Il s'écarte.

DEUXIÈME REINE.

— Honorée Hippolyte, — Amazone redoutée, toi qui as tué — le sanglier hérissé de faux; toi qui, avec ton bras aussi fort — qu'il est blanc, aurais réussi à faire de l'homme — le captif de ton sexe, si ton seigneur ici présent, — né pour maintenir la création dans la hiérarchie — que lui a assignée la primitive nature, ne t'avait ramenée — dans les limites que tu franchissais, en domptant — à la fois ta force et ton affection! ô guerrière, — toi qui donnes la pitié pour contre-poids à la rigidité, — toi qui maintenant, je le sais, as plus de pouvoir sur Thésée — qu'il n'en a jamais eu sur toi, toi qui disposes de sa puissance — et de son amour, servilement suspendu — à la teneur de tes paroles, précieux miroir des femmes, — demande-lui pour nous, qu'a brûlées la guerre flamboyante, — l'ombre rafraîchissante de son épée! — Somme-le de l'étendre au-dessus de nos têtes; — parle-lui avec tous les accents d'une femme, comme si tu étais — une de nous trois; pleure plutôt que d'échouer; — fléchis pour nous un genou, — mais ne touche pas la terre plus longtemps — que ne remue une colombe égorgée. — Dis-lui, si tu le voyais étendu sur le champ de carnage, la face tuméfiée, — montrant ses dents au soleil, grinçant à la lune, — dis-lui ce que tu ferais!

HIPPOLYTE.

N'en dites pas davantage, pauvre dame; — j'aimerais autant procéder avec vous à cette bonne œuvre — qu'à celle que je vais accomplir en ce moment, et pourtant je n'ai jamais poursuivi — une entreprise aussi volontiers. Mon seigneur est saisi — de votre détresse jusqu'au fond de l'âme. Laissons-le réfléchir; — je vais lui parler tout à l'heure.

TROISIÈME REINE, à Émilie.

Oh! ma prière était — restée glacée, mais, dissoute enfin au feu de la douleur, — elle fond en larmes : ainsi le chagrin auquel l'expression manque — éclate en sanglots plus profonds.

ÉMILIE.

Restez debout, de grâce! — Vos souffrances sont écrites sur vos joues.

TROISIÈME REINE.

Oh! malheur! — Vous ne pouvez pas les lire là : c'est plus loin, à travers mes larmes, — que vous pouvez les apercevoir comme des cailloux ridés — au fond d'un ruisseau transparent. Madame, madame, hélas! — celui qui veut connaître tous les trésors de la terre — doit en connaître le centre; celui qui veut surprendre en moi — le moindre tourment doit jeter sa ligne — dans mon cœur. Oh! pardonnez-moi! — le malheur extrême, qui aiguise certains esprits, — me rend folle.

ÉMILIE.

Je vous en prie, plus un mot, je vous en prie! — Celui qui, sous la pluie, ne peut ni la sentir ni la voir — ne sait ce que c'est que d'être mouillé ni d'être sec! Si vous étiez — l'esquisse de quelque peintre, je vous achèterais — comme une démonstration déchirante, pour me prémunir — contre une douleur mortelle. Mais, hélas ! — tendre sœur de notre sexe, — votre chagrin me frappe si ardemment — qu'il doit se réverbérer contre — le cœur de mon frère et l'échauffer jusqu'à la pitié, — fût-il fait de pierre. Remettez-vous, de grâce !

THÉSÉE.

— En avant ! au temple ! n'omettons pas un détail — de la cérémonie sacrée !

PREMIÈRE REINE.

Oh ! cette célébration — durera plus longtemps et sera plus coûteuse que — la guerre implorée par vos suppliantes. Souvenez-vous que votre renommée — tinte à l'oreille du monde : ce que vous faites vite — n'est pas fait étourdiment ; votre pensée première est supérieure — à la réflexion laborieuse des autres ; votre préméditation — est plus forte que leurs actions ; mais, ô Jupiter ! vos actions, — dès qu'elles se meuvent, comme des orfraies fondant sur le poisson, — subjuguent avant de toucher ! Songez-vous, cher duc, — quels lits ont nos rois tués ?

DEUXIÈME REINE.

Quelle angoisse pour nos lits — que nos chers époux n'en aient plus !

TROISIÈME REINE.

Ils n'ont pas le lit qu'il faut aux morts. — A ceux qui, fatigués de la lumière de ce monde, ont, au moyen des cordes, — des couteaux, des poisons, des précipices, été envers eux-mêmes — les agents les plus horribles de la mort, à ceux-là la pitié humaine — accorde un peu de poussière et d'ombre.

PREMIÈRE REINE.

Tandis que nos époux — gisent couverts d'ampoules sous un soleil dévorant. — Et c'étaient de bons rois quand ils vivaient !

THÉSÉE.

C'est vrai. — Je vous donnerai cette consolation — de donner des tombeaux à vos maris morts : — pour y réussir, il y aura quelque besogne avec Créon.

PREMIÈRE REINE.

— Et c'est maintenant que cette besogne s'offre d'elle-même à l'exécution. — C'est maintenant qu'elle doit s'accomplir. Demain la chaleur sera passée. — Alors un labeur inutile n'aura d'autre récompense — que sa propre sueur. Maintenant Créon est en pleine sécurité; — il ne songe même pas que nous sommes devant votre puissance, — arrosant de nos larmes notre sainte prière — pour la rendre plus éclatante.

DEUXIÈME REINE.

Maintenant vous pouvez surprendre Créon — ivre de sa victoire.

TROISIÈME REINE.

Et son armée pleine — du pain de la chair et de la fainéantise.

THÉSÉE.

Artésius, toi qui sais le mieux — mettre une armée en ligne, équipe pour cette entreprise — les plus ardents à l'action, en nombre nécessaire — pour assurer le succès; enrôle et fais marcher — nos plus dignes instruments; tandis que nous dépêcherons — ce grand acte de notre vie, cet audacieux assaut — de la destinée dans le mariage!

PREMIÈRE REINE.

Douairières, joignons nos mains! — Veuves, à nos douleurs! Ce délai — nous livre encore à la famine de l'espérance.

TOUTES.

Adieu!

DEUXIÈME REINE.

— Nous sommes venues mal à propos : mais le désespoir

peut-il, — comme le jugement exempt d'angoisses, choisir le moment le plus propice — pour ses plus pressantes sollicitations?

THÉSÉE.

Ah! nobles dames, — l'entreprise que je vais tenter en ce moment est pour moi plus considérable — qu'aucune guerre : elle m'importe plus que toutes les actions dont je me suis tiré — ou que j'ai à affronter dans l'avenir.

PREMIÈRE REINE.

C'est proclamer plus haut encore — que notre cause sera abandonnée.

Montrant Hippolyte.

Quand ses bras, — capables d'enchaîner Jupiter loin du synode des dieux, t'enlaceront — à la clarté tutélaire de la lune, oh! quand — les cerises jumelles de sa bouche laisseront tomber leur doux suc — sur tes lèvres enivrées, penseras-tu alors — à des rois qui pourrissent ou à des reines qui sanglotent? Quel souci — auras-tu de ce que tu ne sentiras plus, quand ce que tu sentiras serait capable — de faire rejeter par Mars son tambour? Oh! si tu couches — une seule nuit avec elle, chaque heure de cette nuit-là — te retiendra en otage pour cent autres, et — tu n'auras plus de mémoire que pour les délices — auxquelles te convie ce banquet.

HIPPOLYTE, s'agenouillant, à Thésée.

Bien qu'il soit peu probable que — vous éprouviez de tels transports, vous serez peut-être contrarié — que j'appuie une pareille requête; mais je crois — que, si, par une abstention de mon bonheur, — (abstention qui ne fait que rendre les désirs plus profonds), je ne soulageais pas d'excessives souffrances — qui réclament un remède immédiat, j'attirerais sur moi — la réprobation de toutes les femmes. Aussi, seigneur, — ferai-je ici l'essai de mes prières, — présumant bien qu'elles auront quelque force, — sinon, résolue à les condamner pour toujours au silence. —Ajournez la cérémonie que nous allions accomplir, — et suspendez — votre cuirasse devant votre cœur, autour de ce cou — qui est mon bien et que je prête généreusement — pour rendre service à ces pauvres reines.

TOUTES LES REINES, à Émilie.

Oh! vite à l'aide! — notre cause réclame votre génuflexion.

ÉMILIE, à Thésée.

Si vous n'accordez pas à ma sœur — sa requête avec le même zèle, — le même empressement, la même générosité qu'elle — met à vous l'adresser, jamais à l'avenir je n'aurai la hardiesse — de vous rien demander, ni l'imprudence — de prendre un mari.

THÉSÉE.

Relevez-vous, je vous prie ! — Je me supplie moi-même de faire — ce que vous me demandez à genoux. Pirithoüs, — emmène la fiancée! Allez prier les dieux — pour mon succès et pour mon retour; n'omettez rien — dans cette cérémonie urgente. Reines, — suivez votre soldat.

A Artésius.

Vous, partez, comme je vous l'ai dit, — et venez nous rejoindre sur la plage d'Aulis avec — les forces que vous pourrez lever; nous trouverons là — des troupes en réserve pour une affaire — plus grave.

Sort Artésius.

A Hippolyte.

Puisque notre mot d'ordre est la hâte, — j'imprime ce baiser sur ta lèvre groseille ; — ma mie, garde-le comme un gage de moi.

Au cortége.

Mettez-vous en marche; — je veux vous voir partir.

Tous se dirigent vers le temple, excepté THÉSÉE, PIRITHOUS *et les* TROIS REINES.

THÉSÉE, reprenant.

— Adieu, ma charmante sœur! Pirithoüs, — fais célébrer scrupuleusement la fête; qu'on ne l'écourte pas d'une heure.

PIRITHOUS.

Seigneur, — je vais vous suivre de bien près; la solennité ne peut être — dignement célébrée avant votre retour.

THÉSÉE.

Cousin, je vous commande — de ne pas bouger d'Athènes : nous serons de retour — avant que vous ayez terminé cette fête, à laquelle je vous prie — de ne rien retrancher. Encore une fois, adieu tous!

PREMIÈRE REINE.

— Ainsi tu justifies pour toujours les acclamations du monde.

DEUXIÈME REINE.

— Et tu acquiers une divinité égale à celle de Mars.

TROISIÈME REINE.

— Si elle n'est pas supérieure; car — toi, qui n'es qu'un mortel, tu sais subordonner tes passions — à l'honneur divin; tandis que les dieux eux-mêmes, dit-on, — gémissent sous leur empire.

THÉSÉE.

Si nous voulons être des hommes, — agissons ainsi : une fois subjugués par les sens, — nous perdons notre dignité humaine. Courage, mesdames! — Nous allons chercher pour vous des consolations!

Fanfares. Ils sortent.

SCÈNE II

[Thèbes. Un palais].

Entrent PALÉMON et ARCITE.

ARCITE.

— Cher Palémon, toi qui m'es plus cher par l'affection que par le sang, — et qui es mon cousin le plus proche, tu n'es pas encore endurci — aux crimes de ce monde ; eh bien, quittons la cité — de Thèbes et ses tentations, pour ne pas ternir davantage — le lustre de notre jeunesse ! — Ici nous trouverions autant de honte à vivre dans l'abstinence — que dans l'incontinence : car ne pas nager — dans le sens du courant, ce serait risquer de sombrer, — ou tout au moins de nous fatiguer en vains efforts ; et suivre — le torrent commun, ce serait nous élancer dans un tourbillon — avec lequel il nous faudrait tourner, sous peine de nous noyer ; et tout le prix de notre acharnement à le franchir — serait une vie épuisée.

PALÉMON.

Votre conseil — est acclamé par l'exemple. Que d'étranges ruines, — depuis le premier jour où nous sommes allés à l'école, nous voyons — marcher dans Thèbes ! Des cicatrices et des vêtements troués, — voilà le profit de l'homme de guerre ; lui qui proposait — pour but à sa hardiesse l'honneur et les lingots d'or, — il ne les obtient pas, bien qu'il les ait gagnés, et il est bafoué — par la paix, pour laquelle il a combattu ! Qui donc offrira des sacrifices — à l'autel ainsi dédaigné de Mars ? Mon cœur saigne — quand je rencontre de ces gens-là, et je souhaiterais que l'altière Junon — reprît ses anciens accès de jalousie, — pour donner de l'ouvrage au soldat (13) et pour que la paix, purgée — de sa pléthore, sentît — la charité revenir dans son cœur, aujourd'hui si dur, plus dur même — que ne pourrait l'être la discorde ou la guerre.

ARCITE.

N'êtes-vous pas au-dessous de la vérité ? — Ne rencontrerez-vous pas d'autre ruine que le soldat dans — les ruelles et les méandres de Thèbes ? Vos premières paroles — donnaient à entendre que vous aviez — remarqué des détresses de plus d'une espèce : — n'en apercevez-vous aucune qui excite votre pitié, — outre celle du soldat déconsidéré ?

PALÉMON.

Oui : je plains — la détresse partout où je la trouve, mais celle surtout — qui, pour prix des sueurs d'un travail honorable, — ne reçoit qu'un dédain glacial.

ARCITE.

Ce n'est pas de cela — que j'ai voulu parler d'abord : le travail est un mérite — qui ne compte pas à Thèbes; je parlais — des dangers qu'il y a pour nous, si nous voulons garder notre honneur, — à résider dans Thèbes, où tout mal — a la couleur du bien, où tout bien apparent — est un mal certain, où ne pas être exactement — pareil aux autres, c'est s'exposer à devenir un étranger, — et quelque chose comme un monstre.

PALÉMON.

Il est en notre pouvoir, — à moins que nous ne nous reconnaissions comme les disciples des singes, de — rester les maîtres de notre manière d'être. Qu'ai-je besoin — d'affecter l'allure d'autrui, qu'on ne peut attraper — sans manquer à la bonne foi, ou de m'enticher de la façon de parler d'un autre, quand — je puis me faire comprendre raisonnablement et sûrement, — en parlant sincèrement ma propre langue? Suis-je donc obligé — par aucune noble obligation à suivre celui — qui suit son tailleur jusqu'au jour où le sort voudra — que son tailleur le poursuive? Ou bien fais-moi savoir — pourquoi mon propre barbier est damné, et avec lui — mon pauvre menton, si ma barbe n'est pas taillée — juste au goût de tel favori? Quels sont les canons — qui règlent la distance de ma rapière à ma hanche, — qui m'enjoignent de la balancer avec ma main, ou de marcher sur la pointe du pied — quand la rue n'est pas sale? Je prétends être — le cheval de volée, ou je ne suis pas — de l'attelage!... Aussi bien, ces pauvres petites meurtrissures — n'ont pas besoin de plantain; mais un fléau qui me déchire la poitrine, — presque jusqu'au cœur, c'est...

ARCITE.

Notre oncle Créon.

PALÉMON.

Lui, — le plus effréné tyran, lui, dont les succès — empêchent de craindre le ciel en persuadant à la scélératesse — qu'il n'y a rien au delà de son pouvoir! lui qui donne presque — la fièvre à la foi, et qui déifie seule — la versatile fortune! lui qui dévoue exclusivement — les facultés de tous les êtres agissants — à ses caprices et à ses actes! lui qui exige pour lui-même le service des hommes — et, ce qu'ils y gagnent, le butin et la gloire! — lui qui ne craint pas de faire le mal et qui recule devant le bien! Oh! — qu'on fasse sucer par des sangsues tout le sang de mes veines — qui est parent du sien, et puissent-elles se détacher et tomber loin de moi — avec cette corruption!

ARCITE.

Cousin, âme pure, — quittons sa cour, afin de ne participer en rien — à son infamie criante! Car le lait — doit se ressentir du pâturage, et il nous faudrait être — ou rebelles ou vils, et non plus seulement ses cousins par le sang, — mais par le caractère.

PALÉMON.

Rien de plus vrai! — J'imagine que les échos de ses forfaits ont assourdi — les oreilles de la justice céleste : les cris des veuves — leur redescendent à la gorge, sans obtenir — des dieux l'audience qui leur est due... Valérius!

VALÉRIUS entre.

VALÉRIUS.

— Le roi vous appelle ; pourtant ayez des pieds de plomb — jusqu'à ce que l'excès de sa rage soit passé! La colère de Phébus, — quand il cassa son fouet et s'indigna contre — les chevaux du soleil, n'était qu'un murmure à côté — de cette éclatante furie.

PALÉMON.

Le moindre vent l'agite : — mais qu'y a-t-il?

VALERIUS.

— Thésée, dont la menace seule épouvante, lui a envoyé — un défi mortel, en jurant — la ruine de Thèbes : il s'avance pour sceller — l'engagement de son courroux.

ARCITE.

Qu'il approche! — Si nous ne redoutions pas en lui les dieux même, il ne nous causerait pas — la moindre terreur; mais quel homme — peut garder seulement le tiers de sa propre valeur dans un cas comme le nôtre, — quand la lie de son action est la certitude — qu'il a tort ?

PALÉMON.

Laissons là ce raisonnement! — C'est à Thèbes que sont dus maintenant nos services, non à Créon. — Aussi bien, il y aurait déshonneur à être neutre dans sa cause, — rébellion à le combattre : nous devons donc — nous tenir à ses côtés, à la merci de notre destinée — qui a fixé notre dernière minute.

ARCITE.

Oui, nous le devons. — Dit-on que la guerre est déclarée? ou qu'elle le sera, — au refus de certaines conditions?

VALERIUS.

Elle est commencée; — la nouvelle publique en est arrivée — avec le porteur même du défi.

PALÉMON.

— Allons trouver le roi! S'il avait seulement — le quart de cet honneur — dans lequel marche son ennemi, le sang qui est risqué par nous — le serait pour notre bien; loin d'être versé en pure perte, — il serait l'enjeu d'un trésor.

Mais, hélas ! nos bras — n'étant pas secondés par nos cœurs, sur qui — doit tomber le coup fatal ?

ARCITE.

Que l'événement, — cet arbitre infaillible, nous le dise, — quand nous devrons tout savoir ; et marchons — au signal de notre destinée.

Ils sortent.

SCÈNE III

[Devant une porte d'Athènes.]

Entrent PIRITHOUS, HIPPOLYTE et ÉMILIE.

PIRITHOUS.

Pas plus loin !

HIPPOLYTE.

Adieu, seigneur. Rapportez mes vœux — à notre grand prince ; je n'oserais pas — mettre en question son succès ; pourtant je lui souhaite — un excès, un débordement de puissance qui lui permette, au besoin, — d'affronter la fortune contraire. Courez à lui ! — Jamais réserve n'a gêné un bon capitaine.

PIRITHOUS.

Bien que je sache — que son océan n'a pas besoin de ma pauvre goutte, je veux — qu'elle lui porte son tribut.

A Émilie.

Ma précieuse enfant, — que ces sentiments exquis, que le ciel infuse — à ses créatures les mieux trempées, continuent de trôner — dans votre cher cœur.

ÉMILIE.

Merci, seigneur ! Rappelez-moi — à notre frère toutroyal ! Pour son triomphe, — je vais solliciter la grande Bellone ; et, — puisque, dans notre monde terrestre les pétitions ne sont pas — comprises sans présents, je lui offrirai — quelque chose qui, j'en suis sûre, la touchera... Nos cœurs — sont dans l'armée de Thésée, dans sa tente !

HIPPOLYTE.

Dans sa poitrine ! — Nous, nous avons fait la guerre, et nous ne savons pas pleurer — quand nos amis ceignent leur casque, ou s'embarquent sur mer, — quand on nous parle de bambins embrochés au bout d'une lance ou de femmes — qui, avant de manger leurs enfants, les ont bouillis — dans les larmes amères qu'elles versaient en les tuant. Si donc — vous attendiez de nous ces émotions de femmelette, nous — vous retiendrions ici à jamais.

PIRITHOUS.

Que la paix soit avec vous, — comme je vole à cette guerre qui alors n'aura plus — rien à réclamer !

Il sort.

ÉMILIE.

Comme son impatience — l'entraîne vers son ami ! Depuis le départ de Thésée, les jeux, — qui réclament du sérieux et de l'habileté, ont à peine obtenu — de lui une insouciante exécution ; le gain — ne le rend pas attentif, ni la perte circonspect ! Mais — une affaire distrait sa main, une autre — préoccupe sa tête, sa sollicitude veillant indifféremment — sur ces jumelles si dissemblables ! L'avez-vous observé, — depuis que notre grand prince est parti ?

HIPPOLYTE.

Avec beaucoup de soin, — et je ne l'en ai aimé que mieux. Tous deux ont campé ensemble — dans maints parages dangereux et misérables, — affrontant périls et besoins ; ils ont franchi — des torrents dont le moindre était effrayant — par sa force et sa furie rugissante ; ils ont — combattu ensemble là où la mort elle-même était embusquée, — et la destinée les a ramenés victorieux. Le nœud de leur amitié — est serré, emmêlé, enchevêtré avec tant de sincérité, avec tant de patience — par une main si profondément adroite, — qu'il peut s'user, jamais se défaire. Je crois — que Thésée, partageant en deux sa conscience, et rendant — justice à l'un et à l'autre côté, ne saurait décider — lequel il aime mieux, Pirithoüs ou lui-même.

ÉMILIE.

Sans nul doute — il a une affection supérieure encore, et la raison ne saurait — nier que c'est vous. J'ai connu — un temps où je possédais une compagne de jeu ; — vous étiez à la guerre quand elle a enrichi la tombe — trop orgueilleuse de lui faire un lit, et pris congé de la lune — qui pâlit à cet adieu ; chacune de nous — comptait alors onze ans.

HIPPOLYTE.

C'était Flavina.

ÉMILIE.

Oui. — Vous parlez de l'amitié de Pirithoüs et de Thésée. — La leur a plus de fond, elle est tempérée par plus de maturité, — elle est resserrée par un jugement plus fort, et l'on peut dire que le besoin — qu'ils ont l'un de l'autre arrose — les racines de leur affection ; mais moi — et celle dont je parle en soupirant, nous étions d'innocentes créatures ; — nous aimions, et, pareilles aux éléments — qui, sans savoir comment ni pourquoi, obtiennent — des effets rares par leur combinaison, nos âmes — étaient associées l'une à l'autre ; ce qu'elle aimait, — était approuvé par moi ; ce qu'elle n'aimait pas, condamné, — sans forme de procès. Si je cueillais une fleur, — si je la mettais entre mes seins qui commençaient alors, oh ! à peine, — à gonfler leurs boutons naissants, il lui tardait — d'en avoir une toute pareille pour la déposer — dans un même berceau innocent où, comme le phénix, — elle expirait dans un parfum ! Dans mes cheveux pas un colifichet — qui ne fût pour elle un modèle. Les fantaisies toujours charmantes — de sa toilette même la plus négligée, je les suivais. — pour mes plus sérieuses parures. Si mon oreille — avait saisi à la dérobée quelque air nouveau et si je le murmurais au hasard — d'une contrefaçon musicale, eh bien, c'était un refrain — auquel sa pensée s'arrêtait, se fixait — pour le fredonner jusque dans son sommeil. De ce récit, — que tous les innocents connaissent bien et qui intervient ici — comme un bâtard de l'antique Gravité, voici la conclusion, — c'est que la véritable affection entre jeune fille et jeune fille peut être — plus forte qu'entre personnes du sexe différent.

HIPPOLYTE.

Vous êtes hors d'haleine ; — et toute cette volubilité si rapide est seulement pour déclarer — que, comme la jeune Flavina, vous n'aimerez — jamais quiconque porte le nom d'homme.

ÉMILIE.

— Je suis bien sûre que non.

HIPPOLYTE.

Hélas ! ma faible sœur, — tout en reconnaissant que tu te crois toi-même, — je ne puis te croire sur ce point, — pas plus que je ne pourrais me fier à un appétit morbide — ayant de la répugnance pour cela même qu'il réclame. Mais assurément, ma sœur, — si j'étais d'âge à me laisser persuader par vous, vous — en auriez dit assez pour m'arracher des bras — du noble Thésée. Je vais rentrer — prier pour ses succès, fermement assurée — que c'est moi, plutôt que son Pirithoüs, qui occupe — le trône suprême dans son cœur.

ÉMILIE.

Je ne suis pas — contre votre croyance ; mais je garde la mienne.

Elles sortent.

SCÈNE IV

[Le champ de bataille devant Thèbes.]

On sonne la charge derrière la scène ; puis une retraite. Fanfare. Alors entre THÉSÉE vainqueur; LES TROIS REINES vont à sa rencontre, et se prosternent devant lui la face contre terre. ARCITE et PALÉMON sont parmi les prisonniers.

PREMIÈRE REINE.

Qu'aucune étoile ne soit sombre pour toi!

DEUXIÈME REINE.

Que le ciel et la terre — te soient pour toujours propices!

TROISIÈME REINE.

A tous les souhaits de bonheur — qui pleuvent sur ta tête, je crie *Amen!*

THÉSÉE.

— Les dieux impartiaux qui du haut des cieux — nous voient, nous, leur troupeau mortel, reconnaissant ceux qui s'égarent — et les châtient à leur heure... Allez chercher — les ossements de vos rois morts, et honorez-les — d'une triple cérémonie ! Plutôt que de permettre qu'il y ait une lacune — dans les pieux rites, nous y suppléerions nous-mêmes. — Nous allons choisir les députés qui doivent vous réintégrer — dans vos dignités et achever l'œuvre — que notre hâte laisse imparfaite... Sur ce, adieu, — et que les yeux favorables du ciel se fixent sur vous!

Les reines sortent.

Quels sont ces prisonniers?

UN HÉRAUT.

— Des hommes de haute qualité, comme on en peut juger — par leur équipement. Des gens de Thèbes nous ont dit — qu'ils sont les enfants des deux sœurs, les neveux du roi.

THÉSÉE.

— Par le cimier de Mars, je les ai vus dans la bataille, — pareils à deux lions, barbouillés de carnage, — faisant des trouées dans mes troupes épouvantées ; j'ai fixé mon attention — constamment sur eux ; car c'était un spectacle — digne des regards d'un dieu... Que m'a donc dit le prisonnier — à qui je demandais leur nom ?

LE HÉRAUT.

Avec votre permission, ils s'appellent — Arcite et Palémon.

THÉSÉE.

Justement ; ceux-là, ceux-là ! — Ils ne sont pas morts ?

LE HÉRAUT.

— Ils ne sont guère en état de vivre. Si on les avait pris — avant qu'ils eussent reçu leurs dernières blessures, on aurait — encore pu les sauver. Pourtant ils respirent, — et portent le nom d'hommes.

THÉSÉE.

Traitez-les donc comme des hommes ! — La lie de pareilles gens est un million de fois — supérieure au vin des autres. Que tous nos chirurgiens — se réunissent pour les guérir ; n'épargnez pas — nos plus précieux baumes, prodiguez-les ! Leur vie a plus de prix à nos yeux — que Thèbes tout entière. Plutôt que de les voir — affranchis de cette captivité, et, comme ce matin, — alertes et libres, je voudrais les voir morts ; — mais j'aime quarante mille fois mieux — les voir en mon pouvoir — qu'au pouvoir de la mort. Emportez-les vite — loin de cet air vif, pour eux meurtrier, et donnez-leur tous les soins — qu'un homme peut offrir à un homme, et plus encore, pour ma gloire ! — Depuis que j'ai connu les alarmes, les violences, les exigences de l'amitié, — les provocations de l'amour, la passion, le joug d'une maîtresse, — le désir de la liberté, devenu fébrile et furieux, — m'a assigné pour but un idéal que la nature ne peut atteindre — sans bien des sacrifices, sans bien des défaillances de volonté, — sans bien des efforts de raison... Pour l'amour de moi, — au nom du grand Apollon, que nos meilleurs médecins — déploient leur plus profonde science! Entrons dans la ville; — puis, quand nous aurons groupé tout ce qui est dispersé, nous volerons à Athènes — en avant de notre armée.

Fanfare. Ils sortent.

SCÈNE V

[Une plaine près de Thèbes.]

Entrent LES TROIS REINES, avec les cercueils de leurs royaux chevaliers, en solennité funèbre.

CHANT.

Apportez les urnes et les parfums.
Soupirs, vapeurs, assombrissez le jour.
Que notre tristesse semble plus sépulcrale que le sépulcre!
Baumes et résines, cris de désolation,
Fioles sacrées remplies de larmes,
Clameurs volant dans l'air effaré,
Prodiguez-vous, signes de deuil solennel,
Qui êtes les ennemis du plaisir à l'œil vif!
Nous ne convoquons ici que les douleurs.

TROISIÈME REINE.

— Ce chemin funèbre mène à votre tombeau de famille : — Puisse la joie vous être rendue!... Que la paix dorme avec lui !

DEUXIÈME REINE.

— Votre tombeau de famille est de ce côté!

PREMIÈRE REINE.

— De celui-ci est le vôtre. Les cieux nous prêtent — mille chemins différents pour un même but inéluctable.

TROISIÈME REINE.
— Ce monde est une cité pleine de rues divergentes ; — et la mort est la place publique où chacune se rencontre.

Elles sortent par divers côtés.

ACTE II

SCÈNE I

[Athènes. Un jardin que domine la fenêtre d'une prison.]

Entrent LE GEOLIER et LE GALANT.

LE GEOLIER.

Je ne puis me déposséder que de peu, ma vie durant; pourtant je pourrai vous céder quelque chose ; pas beaucoup. Hélas! la prison que je garde a beau être destinée aux grands, il est rare qu'il en vienne. Pour un saumon vous prendrez nombre de goujons. Je passe pour avoir les poches bien garnies, mais il ne me paraît guère que la renommée dise vrai; je voudrais être réellement ce que je suis censé être! Au surplus, tout mon avoir, quel qu'il soit, je l'assurerai à ma fille au jour de ma mort.

LE GALANT.

Monsieur, je ne demande rien de plus que ce que vous offrez ; et je constituerai à votre fille l'avantage que je lui ai promis.

LE GEOLIER.

Bon. Nous en causerons quand les fêtes seront passées. Mais avez-vous la promesse formelle de ma fille? Quand ça sera fait, je donne mon consentement.

LE GALANT.

Je l'ai, monsieur.

Entre LA FILLE DU GEOLIER, traînant des nattes de jonc.

La voici qui vient.
LE GEOLIER.
Votre ami et moi, nous parlions de vous par aventure, pour la vieille affaire ; mais en voilà assez pour le moment. Aussitôt que le remue-ménage de la cour aura cessé, nous mènerons l'affaire à fin : en attendant, veillez tendrement sur les deux prisonniers. Je puis vous dire que ce sont des princes.
LA FILLE DU GEOLIER.
Ces nattes sont pour leur chambre. C'est dommage qu'ils soient en prison, et ce serait dommage qu'ils en fussent hors. Je pense qu'ils ont une patience à faire honte à l'adversité. La prison même est fière d'eux ; et ils ont tout l'univers dans leur chambre.
LE GEOLIER.
Ils sont tous deux renommés pour être des hommes accomplis.
LA FILLE DU GEOLIER.
Sur ma parole, je crois que la renommée bégaie sur leur compte. Ils supportent la douleur avec une fermeté au-dessus de tout éloge.
LE GEOLIER.
Je les ai entendu citer comme les seuls qui se soient montrés dans la bataille.
LA FILLE DU GEOLIER.
C'est fort vraisemblable ; car ce sont de nobles patients. Je me demande quelle attitude ils auraient eue, s'ils avaient été vainqueurs, eux qui avec une si noble constance savent extraire une liberté de la servitude, en faisant de la misère leur joie et de l'affliction un risible hochet.
LE GEOLIER.
Vraiment !

LA FILLE DU GEOLIER.

Il me semble qu'ils n'ont pas plus le sentiment de leur captivité que je n'ai celui de gouverner Athènes. Ils mangent bien, ont l'air gai, causent de maintes choses, mais point de leur propre gêne ni de leurs désastres. Parfois pourtant, un soupir entrecoupé échappe, comme martyrisé, à l'un d'eux; et aussitôt l'autre lui adresse une si douce remontrance, que je souhaiterais d'être moi-même ce soupir pour être ainsi grondée, ou du moins la personne qui le pousse pour être ainsi consolée.

LE GALANT.

Je ne les ai jamais vus.

LE GEOLIER.

Le duc en personne est venu pendant la nuit secrètement, ainsi qu'eux-mêmes. Pour quelle raison, je l'ignore.

PALÉMON et ARCITE paraissent à la fenêtre de la prison (14).

Tenez, les voilà. C'est Arcite qui regarde dehors.

LA FILLE DU GEOLIER.

Non, monsieur, non; c'est Palémon. Arcite est le plus petit des deux; vous pouvez le voir en partie.

LE GEOLIER.

Allons, ne les montrez pas au doigt. Eux, ils ne voudraient pas faire de nous leur point de mire. Hors de leur vue!

LA FILLE DU GEOLIER.

C'est une fête de les regarder. Seigneur! quelle différence entre les hommes!

Le geôlier, sa fille et le galant sortent.

PALÉMON.

— Comment allez-vous, noble cousin?

ARCITE.

Comment allez-vous, seigneur?

PALÉMON.

— Eh! je me sens assez fort pour rire de la misère, — et affronter encore les chances de la guerre. Nous sommes prisonniers — pour toujours, je le crains, cousin.

ARCITE.

Je le crois; — et à cette destinée j'ai patiemment — soumis mes heures à venir.

PALÉMON.

Oh! cousin Arcite, — où est Thèbes maintenant? où est notre noble pays? — Où sont nos amis, nos parents? Jamais — nous ne retrouverons ces joies-là; jamais nous ne reverrons — les hardis jeunes gens lutter aux joutes de l'honneur, — décorés des couleurs de leurs dames — comme de grands navires sous voile; plus jamais, du milieu de leurs rangs, nous ne nous élancerons — avec la furie du vent d'est pour les laisser tous derrière nous — comme des nuées paresseuses. Alors Palémon et Arcite, — d'un mouvement de leur jarret allègre, — dépassaient toutes les louanges et gagnaient les couronnes — avant d'avoir eu le temps de les souhaiter. Oh! plus jamais — nous ne nous exercerons aux armes, — comme les jumeaux de la gloire, et nous ne sentirons sous nous — nos chevaux fougueux, comme des vagues superbes! Maintenant nos bonnes épées, — (le dieu de la guerre aux yeux rouges n'en porta jamais de meilleures) — sont ravies de nos flancs; elles vont se perdre, avec l'âge, sous la rouille, — et orner les temples des dieux qui nous haïssent; — plus jamais ces mains ne les darderont comme des éclairs — pour en foudroyer des armées entières!

ARCITE.

Non, Palémon; — ces espérances sont prisonnières avec nous; nous sommes ici, — et ici les grâces de notre jeunesse doivent se flétrir, — comme un printemps trop précoce. Ici l'âge doit nous atteindre, — et, ce qu'il y a de plus dur, Palémon, nous atteindre non mariés ! — Les doux embrassements d'une femme aimante, — surchargés de baisers, renforcés de mille Cupidons, — n'étreindront jamais nos cous. Nul enfant ne nous reconnaîtra : — jamais nous ne verrons d'images de nous-mêmes — pour la joie de notre vieillesse ; nous n'enseignerons pas à de jeunes aiglons — à regarder fixement les armes étincelantes, et nous ne leur dirons pas : — Souvenez-vous de ce que furent vos pères, et triomphez ! — Les jeunes filles aux beaux yeux pleureront notre bannissement, — et maudiront dans leurs chansons la fortune toujours aveugle, — jusqu'à ce que, honteuse, elle reconnaisse quel tort elle a fait — à la jeunesse et à la nature... Voici tout notre univers ; — nous ne connaîtrons ici que nous deux ; — nous n'entendrons rien que l'horloge qui comptera nos malheurs. — La vigne mûrira, mais nous ne la verrons jamais ; — l'été viendra, et avec toutes ses délices, — mais l'hiver au froid mortel demeurera toujours ici.

PALÉMON.

— C'est trop vrai, Arcite ! A nos limiers thébains — qui ébranlaient l'antique forêt de leurs échos, — nous ne crierons plus : hallali ! Nous ne brandirons plus — nos javelines affilées, en voyant fuir — devant nos rages, comme un carquois parthe, le sanglier furieux, — frappé de nos traits acérés ! Tous ces vaillants exercices, — (aliment, nourriture des nobles âmes,) — sont ici terminés pour nous ; nous mourrons — finalement (ce qui est la malédiction de l'honneur) — enfants de la douleur et de l'ignorance !

ARCITE.

Pourtant, cousin, — du fond même de ces misères, — de toutes celles que la fortune peut nous infliger, — je vois surgir deux consolations, deux pures bénédictions, — s'il plaît aux dieux de nous les continuer : une valeureuse patience, — et la joie pour nous de souffrir ensemble ! — Tant que Palémon est avec moi, que je meure — si je regarde ceci comme notre prison !

PALÉMON.

Certainement, — c'est un bien suprême, cousin, que nos destinées — soient d'inséparables jumelles. Cela est vrai, deux âmes, — mises en deux nobles corps, ont beau subir — les coups du hasard, pourvu qu'elles restent unies, — elles ne succombent jamais; elles ne doivent pas succomber; et, supposez qu'elles le puissent, — un homme de cœur meurt comme il s'endort, et tout est fini.

ARCITE.

— Voulez-vous que nous fassions un digne usage de ce lieu — que tous les hommes haïssent tant?

PALÉMON.

Comment, gentil cousin?

ARCITE.

— Regardons cette prison comme un sanctuaire sacré — qui nous préserve de la corruption des hommes pires. — Nous sommes jeunes, et nous désirons suivre les voies de l'honneur; — la liberté et une société vulgaire, — ce poison des purs esprits, pourraient nous séduire et nous en écarter, — comme des femmes. Quelle noble félicité — y a-t-il, que notre imagination — ne puisse faire nôtre? Ici, tous deux ensemble, — nous sommes l'un à l'autre une mine inépuisable : — nous sommes l'un pour l'autre une épouse, enfantant sans cesse — de nouveaux fruits d'amour; nous sommes, l'un pour l'autre, père, amis, connaissances; — nous sommes la famille, l'un, de l'autre. — Je suis votre héritier, et vous êtes le mien; ce lieu — est notre héritage; le plus dur oppresseur — n'oserait pas nous l'enlever. Ici, avec un peu de patience, — nous vivrons longtemps, nous aimant. Nulle satiété ne nous atteindra. — Ici, le bras de la guerre ne nous frappera pas, et les mers — n'engloutiront pas notre jeunesse. Si nous étions libres, —

une femme pourrait légitimement nous séparer, ou une affaire; — nous pourrions nous consumer en querelles; l'envie des méchants — chercherait à nous gagner. Je pourrais tomber malade, cousin, — à votre insu, et périr ainsi — sans avoir votre noble main pour me fermer les yeux, — et vos prières pour invoquer les dieux. Mille accidents, — si nous étions hors d'ici, pourraient nous diviser!

PALÉMON.

Vous m'avez rendu, — (je vous en remercie, cousin Arcite,) presque amoureux — de ma captivité. Quelle misère — c'est de vivre au dehors et partout! — C'est une existence bestiale, il me semble! Je trouve ici la vraie cour, — celle, j'en suis sûr, qui contient le plus de satisfaction! Tous ces plaisirs — qui entraînent à la vanité les instincts des hommes, — je les connais maintenant, et je suis assez édifié — pour déclarer au monde que ce sont autant d'ombres éclatantes — que le temps immémorial emporte comme il passe. — Que serions-nous devenus en vieillissant à la cour de Créon, — où le péché est justice, où la luxure et l'ignorance — sont les vertus des grands? Cousin Arcite, — si les dieux amis n'avaient pas trouvé ce lieu pour nous, — nous serions morts comme les mauvais vieillards, non pleurés, — et n'ayant pour épitaphe que les malédictions du peuple! — Dirai-je plus?

ARCITE.

Je vous écouterais toujours.

PALÉMON.

Écoutez. — A-t-on souvenir de deux êtres qui se soient aimés — plus que nous ne nous aimons, Arcite?

ARCITE.

Assurément non.

PALÉMON.

— Je ne crois pas possible que notre amitié — finisse jamais.

ARCITE.

Avant notre mort, c'est impossible !

ÉMILIE et sa SUIVANTE entrent dans le jardin.

— Et, après la mort, nos âmes seront admises — parmi celles qui aiment éternellement. Continuez, seigneur !

ÉMILIE.

— Ce jardin renferme un monde de délices. — Quelle est cette fleur ?

LA SUIVANTE.

On l'appelle Narcisse, madame.

ÉMILIE.

— C'était un beau garçon, certes, mais un sot — de s'aimer lui-même : n'y avait-il pas alors assez de jeunes filles ?

ARCITE, à Palémon.

— De grâce, poursuivez.

PALÉMON.

Oui.

ÉMILIE, à la suivante.

Peut-être avaient-elles toutes le cœur dur.

LA SUIVANTE.

— Elles ne pouvaient être dures pour un être si beau.

ÉMILIE.

Tu ne le serais pas, toi ?

LA SUIVANTE.

— Je crois que non, madame.

ÉMILIE.

Voilà une bonne fille. — Mais prenez garde à votre indulgence, pourtant !

LA SUIVANTE.

Pourquoi, madame ?

ÉMILIE.

— Les hommes sont des fous.

ACTE II, SCÈNE I.

ARCITE, à Palémon.

Voulez-vous continuer, cousin?

ÉMILIE.

— Est-ce que tu ne pourrais pas broder des fleurs pareilles en soie, fillette?

LA SUIVANTE.

Oui.

ÉMILIE.

— Je veux avoir une robe qui en soit couverte; et de celles-ci. — C'est une jolie couleur : cela ne ferait-il pas — à merveille sur une jupe, fillette?

LA SUIVANTE.

Délicieusement, madame.

ARCITE, à Palémon.

— Cousin! cousin! Qu'avez-vous, seigneur? Eh bien, Palémon?

PALÉMON.

— Jamais avant ce moment je n'ai été en prison, Arcite.

ARCITE.

— Ah çà, qu'y a-t-il, mon cher?

PALÉMON.

Regardez, et admirez! — Par le ciel, c'est une déesse!

ARCITE.

Ha!

PALÉMON.

Inclinez-vous! — C'est une déesse, Arcite.

ÉMILIE, à la suivante.

De toutes les fleurs, — il me semble que la rose est la plus belle.

LA SUIVANTE.

Pourquoi, gentille madame?

ÉMILIE.

— C'est le véritable emblème de la vierge; — car, quand le vent d'ouest la courtise doucement, — avec quelle modestie elle s'épanouit, en reflétant le soleil — par ses chastes rougeurs! Quand le vent du nord s'approche d'elle, — rude et brusque, alors, toute chasteté, — elle renferme de nouveau ses beautés dans son bouton, — et le laisse se ruer sur de misérables épines.

LA SUIVANTE.

Pourtant, chère madame, — parfois sa modestie s'épanouit si bien — qu'elle se déflore. Une vierge, — ayant quelque honneur, répugnerait — à prendre exemple sur elle.

ÉMILIE.

Tu es badine.

ARCITE, à Palémon.

— Elle est merveilleusement belle!

PALÉMON.

Elle est toute la beauté existante.

ÉMILIE.

— Le soleil monte; rentrons. Garde ces fleurs; — nous verrons à quel point l'art peut approcher de ces couleurs. — Je suis prodigieusement gaie; je rirais volontiers à présent.

LA SUIVANTE.

— Moi, je m'étendrais volontiers, j'en suis sûre.

ÉMILIE.

Avec quelqu'un près de vous?

LA SUIVANTE.

— Cela dépendrait de l'arrangement, madame.

ÉMILIE.

Eh bien, fais un accord.

Elle sort avec la suivante.

PALÉMON.

— Que pensez-vous de cette beauté?

ARCITE.

Elle est rare.

PALÉMON.

— N'est-elle que rare?

ARCITE.

C'est une beauté incomparable.

PALÉMON.

— Un homme ne pourrait-il pas bien se perdre pour l'aimer?

ARCITE.

— Je ne puis dire si vous l'avez fait; moi, je l'ai fait. — Maudits en soient mes yeux! Maintenant je sens mes chaînes.

PALÉMON.

— Vous l'aimez donc?

ARCITE.

Qui ne l'aimerait pas?

PALÉMON.

Et vous la désirez?

ARCITE.

— Plus que ma liberté.

PALÉMON.

Je l'ai vue le premier.

ARCITE.

Il n'importe.

PALÉMON.

— Mais cela importe.

ARCITE.

Je l'ai vue aussi.

PALÉMON.

Oui; mais vous ne devez pas l'aimer.

ARCITE.

— Je ne prétends pas l'aimer, ainsi que vous l'aimez, jusqu'à l'adorer — comme un être céleste, comme une déesse bienheureuse; — moi, je l'aime comme une femme, et pour la posséder. — Ainsi nous pouvons l'aimer tous deux.

PALÉMON.

Non, vous ne l'aimerez pas du tout.

ARCITE.

— Pas du tout! qui donc m'en empêchera?

PALÉMON.

— Moi qui l'ai vue le premier! moi qui ai pris possession, — le premier, par un regard, de toutes les beautés — révélées en elle à l'humanité! Si tu l'aimes, — ou si tu nourris l'espoir de ruiner mes vœux, — tu es un traître, Arcite, et un compagnon — aussi faux que tes titres sur eux! Amitié, parenté, — tous les liens qui existent entre nous, je les renie, — si tu penses un instant à elle!

ARCITE.

Oui, je l'aime. — Et, quand la vie de toute ma race en dépendrait, — je ne puis faire autrement; je l'aime de toute mon âme; — si cela vous éloigne, adieu, Palémon! — Je répète que je l'aime; et, en l'aimant, je prétends — être un amant aussi digne et aussi libre, — et avoir autant de droits sur sa beauté, — que n'importe quel Palémon, que n'importe quel vivant — qui soit fils d'un homme.

PALÉMON.

T'ai-je appelé ami?

ARCITE.

— Oui, et vous m'avez trouvé tel. Pourquoi êtes-vous ainsi ému? — Laissez-moi raisonner froidement avec vous. Ne suis-je pas — une partie de votre sang, une partie de votre âme? Vous m'avez dit — que j'étais Palémon, et que vous étiez Arcite.

PALÉMON.

Oui.

ARCITE.

— Ne suis-je pas sujet à toutes les affections, — aux joies, aux douleurs, aux colères, aux alarmes que peut éprouver mon ami?

PALÉMON.

Vous pouvez l'être.

ARCITE.

— Pourquoi alors auriez-vous cette prétention si insidieuse, — si étrange, si indigne d'un noble parent, — d'être seul à aimer? Parlez sincèrement : me croyez-vous — indigne de sa vue?

PALÉMON.

Non; mais déloyal, — si tu recherches sa vue.

ARCITE.

Parce qu'un autre — a le premier vu l'ennemi, dois-je rester immobile, — et laisser déchoir mon honneur, et ne pas charger?

PALÉMON.

— Oui, si cet ennemi n'est qu'une seule personne!

ARCITE.

Mais si cette seule personne — préfère combattre avec moi!

PALÉMON.

Qu'elle le dise alors, — et use de ta liberté! Autrement, si tu la poursuis, — tu es comme le maudit qui hait son pays, — un infâme scélérat!

ARCITE.

Vous êtes fou.

PALÉMON.

Je dois l'être, — jusqu'à ce que tu redeviennes loyal, Arcite; cela me regarde! — Si, dans ma folie, je te fais courir des risques, — si je te prends la vie, je n'aurai que trop raison.

ARCITE.

Fi, monsieur! — Vous faites par trop l'enfant. Je prétends l'aimer, — je ne puis pas ne pas l'aimer, je le dois, et je l'ose; — et tout cela justement.

PALÉMON.

Oh! si seulement, si seulement — nous avions, toi, perfide, et moi, ton ami, cette chance — d'avoir une heure de liberté pour brandir — dans nos mains nos bonnes épées, je t'apprendrais vite — ce que c'est que de voler l'affection d'un autre! — Tu es plus vil en cela qu'un filou! — Mets seulement la tête une fois encore à cette fenêtre, — et, sur mon âme, j'y clouerai ta vie.

ARCITE.

— Tu ne l'oserais pas, fou; tu ne le pourrais pas; tu es faible. — Mettre ma tête à cette fenêtre! J'y ferai passer tout mon corps, — et je sauterai dans le jardin, la première fois que je la verrai, — et je tomberai dans ses bras pour t'exaspérer.

Entre LE GEOLIER.

PALÉMON.

— Assez! le gardien arrive; je vivrai assez — pour te faire sauter la cervelle avec mes chaînes.

ARCITE.

— Fais-le!

LE GEOLIER.

Avec votre permission, messieurs...

PALÉMON.

Eh bien, honnête gardien?

LE GEOLIER.

— Seigneur Arcite, vous devez vous rendre sur-le-champ près du duc. — Pourquoi? je ne le sais pas encore.

ARCITE.

Je suis prêt, gardien.

LE GEOLIER.

— Prince Palémon, je dois pour quelque temps vous enlever — la compagnie de votre beau cousin.

Il sort avec Arcite.

PALÉMON.

Enlevez-moi aussi — la vie, quand il vous plaira!... Pourquoi l'envoie-t-on chercher? — Peut-être va-t-il l'épouser: il est beau, — et il est vraisemblable que le duc a remarqué — sa noblesse et sa mine... Mais quelle perfidie! — Pourquoi faut-il qu'un ami soit un traître! Si cela — lui vaut une femme si noble et si belle, — que les honnêtes gens cessent à jamais d'aimer. Une fois encore — je voudrais revoir cette beauté!... Heureux jardin! — Fruits et fleurs plus heureux encore, qui vous épanouissez — à la clarté de ses yeux radieux! Je voudrais, — pour toute la fortune de ma vie future, — être ce petit arbre là-bas, cet abricotier en fleur! — Comme j'étendrais, comme j'élancerais mes bras coquets — à sa fenêtre! Je lui offrirais un fruit — digne du repas des dieux; jeunesse et plaisir, — à mesure qu'elle goûterait, seraient doublés pour elle; — et, si elle ne devenait pas céleste, je la ferais, du moins, — approcher tellement des divinités qu'elles en seraient jalouses; — et alors je suis sûr qu'elle m'aimerait.

Entre LE GEOLIER.

Eh bien, gardien? — où est Arcite?

LE GEOLIER.

Banni. Le prince Pirithoüs — a obtenu sa mise en liberté; mais il est contraint, — par serment et sous peine de mort, de ne jamais remettre le pied — dans ce royaume.

PALÉMON.

C'est un homme bienheureux! — Il reverra Thèbes, et il appellera aux armes — les hardis jeunes gens qui, quand il les lancera à la charge, — se précipiteront comme un jet de flamme. Arcite aura la chance, — s'il ose se montrer un amant digne d'elle, — de pouvoir risquer un combat, afin de la conquérir; — si alors il la perd, il n'est qu'un blême couard. — Que de milliers d'exploits il peut accomplir —

pour l'obtenir, s'il reste le noble Arcite ! — Si j'étais en liberté, je ferais des choses — d'une si héroïque grandeur, que cette dame, — cette vierge rougissante contracterait la hardiesse virile — et essaierait de me violer !

LE GEOLIER.

Monseigneur, pour vous aussi — j'ai des ordres.

PALÉMON.

— L'ordre de m'enlever la vie?

LE GEOLIER.

— Non ; celui d'emmener votre seigneurie de cette chambre ; — les fenêtres sont trop larges.

PALÉMON.

Que le diable emporte ceux — qui me persécutent ainsi!... Je t'en prie, tue-moi.

LE GEOLIER.

— Oui, pour être pendu ensuite !

PALÉMON.

Par cette bonne lumière, — si j'avais une épée, je te tuerais.

LE GEOLIER.

Pourquoi, monseigneur?

PALÉMON.

— Tu apportes continuellement de si pitoyables, de si méchantes nouvelles ; — tu n'es pas digne de vivre!... Je ne m'en irai pas.

LE GEOLIER.

— En vérité, il le faut, monseigneur.

PALÉMON.

Pourrai-je encore voir le jardin?

LE GEOLIER.

Non.

PALÉMON.

— Alors j'y suis résolu, je ne m'en irai pas.

LE GEOLIER.

Je dois — donc vous y contraindre; et, comme vous êtes dangereux, — je vais vous surcharger de nouveaux fers.

PALÉMON.

Faites, bon gardien. — Je les secouerai si fort que vous ne dormirez pas; — je vous ferai danser une nouvelle danse!... Faut-il que je m'en aille?

LE GEOLIER.

— Il n'y a pas de remède.

PALÉMON.

Adieu, bonne fenêtre! — Puisse le vent rude ne jamais te heurter!... Oh! ma dame, — si jamais tu as senti ce que c'est qu'un chagrin, — songe combien je souffre. Allons, qu'on m'enterre à présent.

Ils sortent.

SCÈNE II

[A travers champs.]

Entre ARCITE.

ARCITE.

— Banni du royaume! c'est un bienfait, — une grâce dont je dois les remercier... Mais banni — de la libre jouissance de la beauté pour laquelle je meurs! — Oh! c'est une peine raffinée, une mort — qui dépasse l'imagination! C'est un châtiment — que, fussé-je vieux et méchant, toutes mes fautes — ne devraient pas m'attirer. Palémon, — tu as l'avantage à présent; tu vas rester, toi, tu vas voir — chaque matin ses yeux splendides rayonner à ta fenêtre — et t'apporter la vie; tu pourras te repaître — des charmes d'une noble beauté — que la nature n'a jamais pu et ne pourra jamais dépasser. — Dieux bons! que Palémon a de bonheur! — Je gage vingt contre un qu'elle arrivera à lui parler; — et, si elle est aussi affable qu'elle est belle, — j'affirme qu'elle est à lui; il a un langage qui apprivoiserait — les tempêtes, et ferait raffoler les roches sauvages. Advienne que pourra, — le pire, c'est la mort. Je ne veux pas quitter ce pays; — je sais que le mien n'est qu'un monceau de ruines, — et qu'on ne peut le relever. Si je pars, elle lui appartient. — Je suis résolu. Un changement de costume me sauvera, — ou consommera ma perte; des deux manières, je suis satisfait : — je la verrai, je l'approcherai, ou je cesserai d'être.

Il se met à l'écart.

Entrent QUATRE CAMPAGNARDS; le premier qui paraît est couronné de fleurs.

PREMIER CAMPAGNARD.

— Mes maîtres, je veux y être, c'est décidé.

DEUXIÈME CAMPAGNARD.

Et moi aussi, je veux y être.

TROISIÈME CAMPAGNARD.

Et moi!

QUATRIÈME CAMPAGNARD.

— Eh bien donc, je suis des vôtres, enfants! On sera grondé, voilà tout. — Que la charrue chôme aujourd'hui! je la ferai caresser — demain par la queue de mes rosses.

PREMIER CAMPAGNARD.

Je suis sûr — de rendre ma femme jalouse comme une dinde; — mais c'est égal; j'irai; qu'elle grogne!

DEUXIÈME CAMPAGNARD.

— Aborde-la vigoureusement demain soir, arrime-la bien, — et tout sera réparé.

TROISIÈME CAMPAGNARD.

Oui, mettez-lui seulement — la verge au poignet, et vous la verrez — prendre une leçon nouvelle comme une bonne fille. — Tenons-nous tous pour la fête de mai?

ACTE II, SCÈNE II.

QUATRIÈME CAMPAGNARD.

Si nous tenons? Quel mal — y a-t-il?

TROISIÈME CAMPAGNARD.

Arcas sera là.

DEUXIÈME CAMPAGNARD.

Et Sennoïs, — et Rycas; et jamais trois meilleurs garçons n'ont dansé — sous l'arbre vert; et vous savez quelles filles il y aura. Ha! — mais le délicat magister, le maître d'école, — en tâtera-t-il, croyez-vous? Car il fait tout, vous savez.

TROISIÈME CAMPAGNARD.

— Il mangera son A B C D plutôt que d'y manquer, allez! — Les choses sont trop avancées entre — lui et la fille du tanneur pour qu'il laisse échapper l'occasion; — et il faut qu'elle voie le duc, et il faut qu'elle danse, elle aussi.

QUATRIÈME CAMPAGNARD.

— Allons-nous être des gaillards!

DEUXIÈME CAMPAGNARD.

Que tous les garçons d'Athènes — déchaînent contre nous le vent du fessier! Moi, je serai par ci, — et je serai par là, et je serai partout, — pour l'honneur de notre village! Ha! enfants, hourrah pour les tisserands!

PREMIER CAMPAGNARD.

— Ça doit se passer dans les bois.

QUATRIÈME CAMPAGNARD.

Oh! pardonnez-moi!

DEUXIÈME CAMPAGNARD.

—Oui, vraiment; notre savant l'affirme; — c'est là qu'il doit édifier le duc — par une très-verbeuse harangue faite en notre nom : il est parfait dans les bois. — Mettez-le en plaine, son savoir reste coi.

TROISIÈME CAMPAGNARD.

— Nous verrons les fêtes : donc, chacun à la manœuvre!
—Chers camarades, il faut absolument que nous répétions,

— avant que ces dames nous voient; comportons-nous gentiment, — et Dieu sait ce qui peut en advenir.

QUATRIÈME CAMPAGNARD.

D'accord. Les jeux — une fois terminés, nous donnerons notre représentation. En avant, enfants, et ferme!

ARCITE, s'avançant.

— Permettez, mes honnêtes amis!... Où allez-vous, je vous prie?

QUATRIÈME CAMPAGNARD.

— Où nous allons? Ah! quelle question!

ARCITE.

— Oui, c'est une question, pour moi qui n'en sais rien.

TROISIÈME CAMPAGNARD.

Aux fêtes, mon ami.

DEUXIÈME CAMPAGNARD.

— Où donc avez-vous été élevé, que vous n'en savez rien?

ARCITE.

Pas loin d'ici, monsieur. — Il y a donc des fêtes aujourd'hui?

PREMIER CAMPAGNARD.

Oui, morguienne, il y en a, — et comme vous n'en avez jamais vu. Le duc lui-même — sera là en personne.

ARCITE.

Quels sont les divertissements?

DEUXIÈME CAMPAGNARD.

— La lutte et la course... C'est un joli garçon.

TROISIÈME CAMPAGNARD.

— Tu ne veux pas y venir?

ARCITE.

Pas encore, monsieur.

QUATRIÈME CAMPAGNARD.

Bien, monsieur, — prenez votre temps... Allons, enfants!

PREMIER CAMPAGNARD.

J'ai comme un soupçon — que ce gaillard-là a un fameux croc-en-jambe! — Remarquez comme il a le corps bâti pour ça.

DEUXIÈME CAMPAGNARD.

Je veux être pendu, — s'il ose se risquer. Lui, cette soupe aux pruneaux! fi donc! — Lui, lutter! Il est bon à rôtir des œufs. Allons, partons, enfants!

Les campagnards sortent.

ARCITE, seul.

— Voici une occasion qui s'offre — et que je n'eusse pas osé souhaiter. J'ai été exercé à la lutte; — les meilleurs juges m'y trouvent excellent; et, à la course, — moins rapide est le vent qui souffle sur un champ de blé — et en frise les riches épis! Je vais me risquer; — j'irai là sous quelque pauvre déguisement. Qui sait — si mon front ne sera pas ceint de couronnes, — et si le bonheur ne m'élèvera pas jusqu'à une région — où je pourrai vivre sous ses yeux?

Il sort.

SCÈNE III

(Athènes. La prison.)

Entre LA FILLE DU GEOLIER.

LA FILLE DU GEOLIER.

— Pourquoi faut-il que j'aime ce gentilhomme? Il y a gros à parier — qu'il n'aura jamais d'affection pour moi. Je suis de basse condition, — mon père est l'humble gardien de sa prison, — et lui, c'est un prince. L'épouser, rêve sans espoir! — Être sa maîtresse, folie! Fi donc! — A quels élans nous autres, filles, nous sommes entraînées, — dès qu'une fois quinze ans nous atteignent. — D'abord, je l'ai vu. — En le voyant, je l'ai trouvé charmant: — c'est l'homme le mieux fait pour plaire à une femme — (s'il lui plaît d'y consentir) que jamais — mes yeux aient aperçu. Ensuite, je l'ai plaint; — et c'est ce qu'aurait fait toute jeune fille de ma nature, — ayant jamais, dans ses rêves, voué sa virginité — à un beau jeune homme. Et puis, je l'ai aimé, — aimé extrêmement, aimé infiniment. — Et pourtant il a un cousin, beau comme lui; — mais dans mon cœur, il n'existe que Palémon, et là, — seigneur! quel remue-ménage il fait! L'entendre — chanter le soir, quel ciel cela est! — Et pourtant ses chants sont tristes. Jamais gentilhomme — n'eut un plus doux parler. Quand j'entre — pour lui apporter de l'eau le matin, d'abord — il incline sa noble personne, puis me salue ainsi : — « Jolie enfant, bonjour! puisse ta bonté — te valoir un heureux mari! » Une fois il m'a embrassée; — j'en aimais mieux mes lèvres dix jours après. — Que n'en fait-il autant tous les jours! Il souffre beaucoup, — et je souffre autant que lui de le voir malheureux. — Que pourrais-je faire pour lui faire comprendre que je l'aime? — Car je voudrais tant qu'il fût à moi... Si je me risquais — à lui rendre la liberté?... Que dirait donc la loi?... — Qu'importent la loi et la famille! je le ferai, — cette nuit, ou demain. Il m'aimera!

Elle sort.

SCÈNE IV

[Une grande place.]

Courte fanfare de cornets. Acclamations. Entrent THÉSÉE, HIPPOLYTE, PIRITHOUS, ÉMILIE, ARCITE déguisé, portant une couronne; puis des campagnards.

THÉSÉE, à Arcite.

Vous avez fait des prouesses; je n'ai pas vu, — depuis Hercule, un homme ayant des muscles plus fermes. — Qui

que vous soyez, vous êtes le meilleur coureur, le meilleur lutteur — que puissent reconnaître ces temps.
ARCITE.
Je suis fier de vous plaire.
THÉSÉE.
— Quelle contrée vous a vu naître?
ARCITE.
Celle-ci; mais bien loin, prince.
THÉSÉE.
— Êtes-vous gentilhomme?
ARCITE.
Mon père l'a déclaré, — en consacrant ma vie à ces nobles exercices.
THÉSÉE.
— Êtes-vous son héritier?
ARCITE.
Son plus jeune, seigneur.
THÉSÉE.
Votre père — assurément est un heureux sire. Qu'est-ce qui prouve votre qualité?
ARCITE.
— Un peu de tous les nobles mérites. — J'ai su tenir un faucon et crier : Hallali! — à une épaisse meute de chiens; je n'ose vanter — mon adresse à l'équitation, pourtant ceux qui m'ont connu — ont déclaré que c'était mon plus grand talent; enfin, et surtout, — je puis passer pour un soldat.
THÉSÉE.
Vous êtes accompli.
PIRITHOUS.
— Sur mon âme, c'est un homme distingué.
ÉMILIE.
Il l'est.
PIRITHOUS.
— Comment le trouvez-vous, madame?

HIPPOLYTE.

Je l'admire. — Je n'ai jamais vu si jeune homme si noblement doué, — pour peu qu'il dise vrai.

ÉMILIE.

Croyez — que sa mère était une femme merveilleusement belle; — sa figure, il me semble, tient d'elle.

HIPPOLYTE.

Mais son corps — et son esprit fougueux illustrent un vaillant père.

PIRITHOUS.

— Remarquez comme sa valeur, ainsi qu'un soleil voilé, — brille à travers ses infimes vêtements.

HIPPOLYTE.

Il est bien né, assurément.

THÉSÉE.

— Qu'est-ce qui vous a fait venir ici, monsieur ?

ARCITE.

Le désir, noble Thésée, — d'acquérir un nom et d'offrir mes meilleurs services — à ton mérite si universellement admiré; — car ta cour est la seule au monde — qu'habite l'Honneur à l'œil limpide.

PIRITHOUS.

Toutes ses paroles sont dignes.

THÉSÉE.

— Monsieur, nous vous sommes très-redevables pour votre voyage, — et vous ne perdrez pas vos souhaits... Pirithoüs, — disposez de ce beau gentilhomme.

PIRITHOUS.

Merci, Thésée !

A Arcite.

— Qui que vous soyez, vous êtes à moi; et je vous consacre — au plus noble service, à cette dame, — à cette jeune vierge radieuse.

Il montre Émilie.

Veuillez rendre hommage à ses perfections. — Vous avez aujourd'hui par vos prouesses honoré son beau jour de naissance, — et il vous est dû de lui appartenir; baisez sa jolie main, monsieur.

ARCITE.

— Monsieur, vous êtes un noble donateur.

A Émilie.

Très-chère beauté, — laissez-moi sceller ainsi l'engagement de ma foi. Si jamais votre serviteur, — votre très-indigne créature, vous offense, — commandez-lui de mourir, il mourra.

ÉMILIE.

Ce serait trop cruel. — Je verrai bientôt, monsieur, si vous êtes méritant. — Vous êtes à moi; et j'aurai pour vous des égards — un peu au-dessus de votre rang.

PIRITHOUS.

— Je vais vous faire équiper; et, puisque vous dites — que vous êtes un cavalier, je me fais un devoir de vous inviter — à chevaucher cette après-midi; mais c'est une rude bête.

ARCITE.

— Je ne l'en aime que mieux, prince; je suis sûr alors — de ne pas geler en selle.

THÉSÉE, *à Hippolyte.*

Chère, il faut vous préparer; — et vous, Émilie, et vous, ami, et tous. — Demain, dès l'aube, nous célébrerons — Mai fleuri dans le bois de Diane... Servez bien, monsieur, — votre maîtresse... Émilie, j'espère — qu'il n'ira pas à pied.

ÉMILIE.

Ce serait une honte, monsieur, — quand j'ai des chevaux... Choisissez; et — faites-moi seulement savoir tout ce dont vous aurez besoin. — Si vous me servez fidèlement, j'ose vous assurer — que vous trouverez en moi une affectueuse maîtresse.

ARCITE.

Si je ne le fais pas, — que je subisse ce qui fit toujours horreur à mon père, — la disgrâce et les coups!

THÉSÉE.

— Allez, ouvrez la marche, vous l'avez bien gagné... — Il en sera ainsi. On vous rendra tous les honneurs — dûs à la gloire que vous avez gagnée; autrement, ce serait inique. — Diantre! ma sœur, vous avez un serviteur — qui, si j'étais femme, serait bientôt le maître, — mais vous êtes sage.

ÉMILIE.

Oui, je l'espère, seigneur, trop sage pour cela.

Fanfare. Ils sortent.

SCÈNE V

[Une salle dans la prison.]

Entre LA FILLE DU GEOLIER.

LA FILLE DU GEOLIER.

— Que tous les ducs et tous les démons rugissent, — il est en liberté! J'ai risqué l'aventure pour lui, — et je l'ai mené dans un petit bois — à un mille d'ici. Je lui ai indiqué un cèdre qui, — plus haut que tous les autres, s'étend comme un platane — le long d'un ruisseau; il restera là caché — jusqu'à ce que je lui apporte une lime et des aliments; car — ses bracelets de fer ne sont pas encore enlevés. O amour! — quel enfant intrépide tu es! Mon père, — plutôt que de faire cela, aurait enduré le froid des fers. — Je l'aime au-delà de tout amour, au-delà de toute raison, — de tout bon sens, de toute prudence. Je le lui ai fait connaître. — Peu m'importe ; je suis désespérée ! Si la justice — me découvre et me condamne pour ce que j'ai fait, des filles, — des vierges au cœur honnête, chanteront mon éloge funèbre, — et diront à la postérité que ma mort a été noble, — presque celle d'une martyre. Le chemin qu'il prendra — sera aussi mon chemin, j'y compte; assurément, il ne peut — être assez inhumain pour me laisser ici. — S'il le fait, les filles ne se fieront plus — si aisément aux hommes. Et pourtant il ne m'a pas remerciée — de ce que j'ai fait; non, il ne m'a pas même embrassée ; — et cela, il me semble, n'est pas si bien ! Et à peine — ai-je pu le décider à redevenir libre, — tant il avait de scrupules sur le tort qu'il faisait — à mon père et à moi. Pourtant j'espère — que, quand il réfléchira davantage, cet amour — prendra en lui plus de racine. Qu'il fasse — ce qu'il voudra de moi, pourvu qu'il me traite affectueusement ! — Car il doit me traiter ainsi, ou je proclamerai, — à sa face même, qu'il n'est pas un homme. Je vais immédiatement — lui procurer le nécessaire, et empaqueter mes hardes, — et je m'aventurerai dans n'importe quel sentier, — pourvu qu'il soit avec moi ! Près de lui, comme son ombre, — je demeurerai toujours. Avant une heure il y aura — un hourvari par toute la prison ; je serai alors — à embrasser l'homme qu'ils chercheront. Adieu, mon père. — Ayez beaucoup de prisonniers pareils, et de filles pareilles, — et vous serez vite réduit à vous garder vous-même. Maintenant, à lui !

Elle sort.

ACTE III

SCÈNE I

[Un hallier.]

Fanfares de cornets sur plusieurs points. Rumeurs et cris comme ceux de la foule à la fête de Mai.

Entre ARCITE.

ARCITE.

— Le duc a perdu Hippolyte; chacun a pris — un chemin différent. C'est aujourd'hui la célébration solennelle — qu'on doit à Mai fleuri, et les Athéniens s'en acquittent — par la plus cordiale cérémonie... Oh! ma reine Émilie, — plus fraîche que Mai, plus suave — que tous les boutons d'or des branches, que toutes — les verroteries émaillées de la prairie et du jardin!... Oui, — tu peux défier la rive même de la nymphe — qui fait que le ruisseau semble tout en fleurs; ô toi, joyau — des bois, joyau de l'univers, partout tu fais un lieu béni — par ta seule présence... Puissé-je, — pauvre homme que je suis, intervenir bientôt dans sa rêverie, — et couper court à de froides pensées!... Chance trois fois heureuse — de tomber sur une telle maîtresse! Espérance, — tu en es bien innocente! Dis-moi, ô dame Fortune, — toi, ma souveraine après Émilie, jusqu'à quel point — je puis être fier... Elle a pour moi de grands égards, — elle m'a placé près d'elle; et, dans cette belle matinée, — la plus printanière de toute l'année, elle m'a fait présent — d'une paire de chevaux; deux coursiers pareils seraient dignes — d'être montés par deux rois sur un champ de bataille — où se décideraient leurs titres à la couronne... Hélas! hélas! — pauvre cousin Palémon, pauvre prisonnier! tu — songes si peu à mon bonheur que — tu te crois le plus fortuné des êtres de te trouver — si près d'Émilie; tu me supposes à Thèbes, — et là misérable, quoique libre; mais si — tu savais que ma maîtresse m'effleure de son souffle, et — que j'entends son langage, que je vis sous ses yeux, oh! petit cousin, — quelle colère te saisirait!

PALÉMON, sortant d'un buisson, paraît chargé de chaînes, et montre le poing à Arcite.

PALÉMON.

Perfide parent! — Tu t'apercevrais de ma colère, si ces insignes — de la prison m'étaient enlevés, et si cette main — tenait seulement une épée. Par tous les serments en un seul, — devant la justice de mon amour, je te ferais — confesser ta trahison. O toi, l'être le plus perfide — qui ait jamais porté un noble visage! le plus dénué d'honneur — qui ait jamais eu de nobles dehors! le cousin le plus faux — dont jamais le sang ait fait un allié! tu dis qu'elle est à toi! — Je prouverai sous mes chaînes, avec ces mains — désarmées, que tu mens, et que tu es — un vrai larron d'amour, un seigneur de paille, — indigne du nom même de vilain! Si j'avais une épée, — et que ces entraves me fussent ôtées.....

ARCITE.

Cher cousin Palémon!...

PALÉMON.

— Fourbe cousin Arcite, parle-moi un langage — qui soit d'accord avec tes actes.

ARCITE.

Ne trouvant pas — dans le fond de mon cœur de jargon assez grossier — pour me conformer à votre vocabulaire, je m'astreins — à la dignité de cette réponse : C'est votre colère — qui s'abuse ainsi; étant votre ennemie, — elle ne peut m'être bonne. Je chéris — l'honneur et l'honnêteté, et je m'appuie sur eux, quoique — vous les supprimiez en moi, et d'accord avec eux, beau cousin, — je maintiendrai ma conduite. Veuillez, je vous prie, — exprimer vos griefs en termes généreux, puisque — vous avez affaire à un égal qui prétend — se frayer son chemin avec la résolution et l'épée — d'un vrai gentilhomme.

PALÉMON.

Tu aurais cette audace, Arcite !

ARCITE.

— Mon petit cousin, mon petit cousin, vous avez appris à connaître — combien je sais oser ; vous m'avez vu user de mon épée — contre l'avis de la frayeur. Assurément — vous n'entendriez pas un autre mettre mon courage en doute sans que votre silence — éclatât, fût-ce dans le sanctuaire.

PALÉMON.

Monsieur, — je vous ai vu agir en plus d'un endroit de manière — à prouver pleinement votre courage ; on vous appelait — un bon chevalier et un brave. Mais toute la semaine n'est pas belle, — s'il pleut un jour. Les hommes perdent — leur vaillant caractère, quand ils inclinent à la trahison ; — et alors ils combattent comme des ours forcés à la lutte qui fuieraient bien — s'ils n'étaient pas attachés.

ARCITE.

Parent, vous pourriez aussi bien — dire cela et le débiter à votre miroir — qu'à l'oreille d'un homme qui désormais vous dédaigne.

PALÉMON.

Viens donc à moi ! — Délivre-moi de ces froides entraves, donne-moi une épée, — fût-elle rouillée, et fais-moi — la charité de quelque aliment ; présente-toi alors devant moi, — une bonne épée à la main, et dis seulement —

qu'Émilie t'appartient, je te pardonnerai — le mal que tu m'auras fait, ma mort même, — si alors tu triomphes; et si, dans les ombres, les braves âmes — de ceux qui sont morts virilement me demandent — des nouvelles de la terre, ils obtiendront de moi cette seule réponse, — que tu es brave et noble.

ARCITE.

Soyez donc satisfait; — retournez à votre épineuse demeure. — A la faveur de la nuit, j'y viendrai — avec des aliments réparateurs; ces chaînes, — je les limerai; vous aurez des vêtements, et — des parfums pour détruire cette odeur de prison; après, — quand vous voudrez vous mettre en garde, dites seulement : « Arcite, — je suis prêt! » vous aurez à votre choix — une épée et une armure.

PALÉMON.

O ciel! un être aussi noble — ose-t-il soutenir une cause aussi criminelle! Il n'y a — que l'unique Arcite; il n'y a qu'Arcite — pour avoir tant de hardiesse en une telle affaire.

ARCITE, ouvrant les bras à Palémon.

Bien-aimé Palémon...

PALÉMON.

— Je vous embrasse, vous et votre offre; c'est pour — votre offre seulement que je le fais, monsieur; quant à votre personne, — je ne puis, sans hypocrisie, lui souhaiter — rien de plus que l'entaille de mon épée.

Fanfare de cors.

ARCITE.

Vous entendez les cors; — rentrez dans votre solitude, de peur que notre convention — ne soit entravée avant l'exécution. Donnez-moi votre main; adieu! — Je vous apporterai tout ce qui sera nécessaire; je vous en prie, — du courage et de la force!

PALÉMON.

De grâce, tenez votre promesse, — et agissez le sourcil

froncé! Il est bien certain — que vous ne m'aimez pas; soyez rude avec moi, et — débarrassez votre langage de cette huile. Par l'air que je respire, — je pourrais pour chaque parole rendre un soufflet. Mon ressentiment — ne se laisserait pas calmer par la raison.

ARCITE.

C'est parler franchement! — mais n'exigez pas de moi un dur langage : quand j'éperonne — mon cheval, je ne le gronde pas; la sérénité et la colère — n'ont chez moi qu'un visage.

Sons du cor.

Écoutez, monsieur! on appelle — au banquet les convives épars; vous devez supposer — que j'ai là un office.

PALÉMON.

Monsieur, votre présence là-bas — ne peut plaire au ciel; et je sais que votre emploi — n'a été obtenu qu'injustement.

ARCITE.

J'y ai de bons titres, — j'en suis persuadé; mais à cette douloureuse question qui nous divise, — il n'y a d'autre remède qu'une saignée. Je demande instamment — que vous léguiez ce plaidoyer à votre épée, — et que vous n'en parliez plus.

PALÉMON.

Rien qu'un mot : — vous allez de ce pas contempler ma maîtresse; — car, remarquez-le bien, elle est à moi.

ARCITE.

Allons donc!

PALÉMON.

Allons, je vous en prie, — vous parlez de me nourrir pour me donner de la force, — et vous allez maintenant voir un soleil — qui fortifie tout ce qu'il voit; vous avez là — un avantage sur moi; mais jouissez-en — jusqu'à ce que je puisse imposer mon remède. Adieu!

Ils se séparent.

SCÈNE II

[Un carrefour dans la forêt.]

Entre LA FILLE DU GEOLIER.

LA FILLE DU GEOLIER.

— Il s'est mépris sur le fourré que je lui indiquais, et il s'en est allé — suivant sa fantaisie. Le matin maintenant est tout proche... — N'importe! je voudrais qu'il fît une nuit perpétuelle, — et que les ténèbres fussent maîtresses du monde... Écoutons! c'est un loup!... — En moi le chagrin a tué la peur et je ne me soucie — de rien, excepté de Palémon : — je ne m'inquiéterais pas d'être dévorée par les loups, pourvu — qu'il eût sa lime. Si je le hélais!... — je ne sais pas héler; si je criais?... eh bien après? — Pour peu qu'il ne me répondît pas, j'appellerais un loup, — et voilà tout le service que je lui rendrais... J'ai entendu — d'étranges hurlements pendant cette longue nuit; ne serait-ce pas — qu'ils ont fait de lui leur proie? Il n'a pas d'armes; le bruit de ses fers — a pu appeler l'attention des animaux féroces qui ont en eux — l'instinct de reconnaître un homme désarmé, et savent — flairer la résistance, partout où elle est. J'affirmerais — qu'il a été mis en pièces; un grand nombre hurlaient à la fois, — et c'est alors qu'ils l'ont mangé! voilà la vérité!... — Ayons le courage de sonner la cloche... A quoi bon? — Du moment qu'il n'est plus, tout est fini... Non, non, je mens; — mon père sera pendu pour cette évasion; — moi-même, je serai réduite à mendier, si je tiens à la vie assez — pour nier mon action; mais je ne voudrais pas la nier, — quand je devrais subir des douzaines de morts!... Je suis tout étourdie ; — je n'ai pas pris de nourriture depuis deux jours; — j'ai avalé un peu d'eau; — je n'ai pas fermé les yeux, — excepté pour chasser la saumure de mes paupières. Hélas!... dissous-toi, ma vie! — ne laisse pas ma raison se troubler, — de peur que je ne me noie, — que je ne me poignarde, que je ne me pende! — O existence, écroule-toi toute en moi, — puisque tes meilleurs appuis ont été emportés!... Maintenant, quel chemin?... — Le meilleur chemin est le chemin direct de la tombe; — chaque pas qui m'en distrait est un tourment... Tenez, — la lune est couchée, les grillons crient, le chat-huant — annonce l'aube! Chacun a fait son office, — excepté moi qui ai échoué; mais toute la question, — c'est d'en finir.

Elle sort.

SCÈNE III

[Le hallier.]

Entre ARCITE avec des aliments, du vin et des limes.

ARCITE.

— Je dois être près de l'endroit...... Holà! cousin Palémon!

Paraît PALÉMON.

PALÉMON.

Arcite?

ARCITE.

— Lui-même. Je vous ai apporté de la nourriture et des limes. — Avancez, et ne craignez rien. Il n'y a pas de Thésée ici.

PALÉMON.

— Non, nul d'aussi honnête, Arcite.

ARCITE.

Ce n'est pas la question : — nous argumenterons là-dessus plus tard. Allons, prenez courage ; — vous n'allez pas mourir ainsi comme une brute. Tenez, monsieur, buvez ; — je sais que vous êtes faible. Je causerai plus tard avec vous.

PALÉMON.

— Arcite, tu pourrais m'empoisonner maintenant.

ARCITE.

Je le pourrais ; — mais il faudrait d'abord que j'eusse peur de vous. Asseyez-vous ; et, une fois pour toutes, — renonçons à ces vains parlages ! N'allons pas, — ayant avec nous notre vieille réputation, — bavarder comme des niais ou des lâches !... A votre santé !

Il boit.

PALÉMON.

Soit !

ARCITE.

— Asseyez-vous donc, je vous prie ; et laissez-moi vous supplier, — par tout ce que vous avez d'honneur et d'honnêteté, — de ne plus faire mention de cette femme ! Cela nous troublerait ; — nous aurons plus tard tout le temps.

PALÉMON.

Bien, monsieur, je vous fais raison.

ARCITE.

— Buvez une bonne et cordiale rasade ! Cela fait du bon sang, mon cher. — Ne sentez-vous pas que cela vous dégèle ?

PALÉMON.

Arrêtez ; je vous le dirai — après une rasade ou deux de plus.

ARCITE.

Ne vous gênez pas ; — le duc en a encore, mon petit cousin. Mangez maintenant.

PALÉMON.

Oui.

ARCITE.

Je suis bien aise — que vous ayez si bon appétit.

PALÉMON.

Je suis plus aise encore — d'avoir, pour le satisfaire, un si bon repas.

ARCITE.

N'est-ce pas une folle habitation — que ces forêts farouches, cousin?

PALÉMON.

Oui, pour ceux — qui ont une conscience farouche.

ARCITE.

— Comment trouvez-vous ces mets? Votre faim n'a pas besoin, je le vois, d'assaisonnement.

PALÉMON.

Non. — Mais, si elle en avait besoin, le vôtre aurait trop d'aigreur, doux cousin. — Qu'est ceci?

ARCITE.

De la venaison.

PALÉMON.

C'est une viande succulente. — Donnez-moi encore du vin : cette fois, Arcite, aux belles — que nous avons connues dans le temps!... A la fille du seigneur intendant! — Vous la rappelez-vous?

Il lui tend la coupe.

ARCITE.

Après vous, cousin.

PALÉMON.

— Elle aimait un homme aux cheveux noirs.

ARCITE.

Elle l'aimait. Eh bien, après?

PALÉMON.

— Et cet homme, je l'ai ouï appeler Arcite, et...

ARCITE.

— Achevez, morbleu!

ACTE III, SCÈNE III.

PALÉMON.

Elle le rencontra sous une treille... — Et que fit-elle là, cousin? Elle y joua du virginal?

ARCITE.

— Elle y fit certes quelque chose, monsieur.

PALÉMON.

Qui la rendit dolente un mois, — ou deux, ou trois, ou dix.

ARCITE.

La sœur du majordome — eut aussi sa part, si je m'en souviens bien, cousin; — autrement il y aurait eu bien des fables en circulation. Vous allez boire à sa santé?

PALÉMON.

Oui.

ARCITE.

— C'est une bien jolie brune! Il y avait un temps — où les jeunes gens allaient à la chasse, et il y avait un bois, — et il y avait un gros hêtre; et là aboutit une histoire...

Soupirant.

— Hé! ho!

PALÉMON.

Pour Émilie, sur ma vie!... Imbécile, — assez de cette gaîté forcée! Je répète — que ce soupir a été poussé pour Émilie. Vil cousin, — oses-tu rompre le premier notre engagement?

ARCITE.

Vous vous égarez.

PALÉMON.

Par le ciel et la terre, — il n'y a en toi rien d'honnête.

ARCITE.

Alors, je vous quitte; — vous êtes une bête féroce, à présent.

PALÉMON.

Je suis tel que tu me fais, traître.

ARCITE.

— Voilà tout ce qui est nécessaire : limes, chemises, parfums. — Je reviendrai dans deux heures, et j'apporterai ce qui calmera tout !

PALÉMON.

Une épée et une armure ?

ARCITE.

— Comptez sur moi. Vous êtes maintenant par trop brutal. Adieu. — Otez toute votre ferraille ; vous ne manquerez de rien.

PALÉMON.

— Maroufle !

ARCITE.

Je n'écoute plus rien.

Il sort.

PALÉMON.

S'il tient parole, il est mort.

Il sort.

SCÈNE IV

[Une autre partie du bois.]

Entre la FILLE DU GEOLIER.

LA FILLE DU GEOLIER.

— J'ai bien froid ; et aussi toutes les étoiles ont disparu, — les petites étoiles, et toutes celles qui scintillent comme des paillettes. — Le soleil a vu ma folie... Palémon !... — Hélas ! non... il est au ciel... Où suis-je maintenant ? — Voilà la mer là-bas, et voilà un navire ! comme il roule ! — Et voilà une roche cachée sous l'eau qui le guette... — Là, là, il se heurte contre elle ! Là, là, là ! — Il se déclare une voie d'eau, une solide ! comme ils crient !... — Mettez-la sous le vent, ou vous perdez tout! — Larguez une voile ou deux, et virez de bord, enfants! — Bonsoir! bonsoir! vous voilà partis... J'ai bien faim; — je voudrais trouver une belle grenouille! elle me donnerait — des nouvelles de toutes les parties du monde; alors je ferais — d'un coquillage une caraque, et je voguerais — par l'est et le nord-est jusque chez le roi des Pygmées; — car il dit supérieurement la bonne aventure. Et mon père! — Vingt contre un qu'il sera balancé en un tour de main — demain matin, je n'en dirai pas un mot.

Elle chante.

Car je couperai ma cotte verte à un pied au-dessus du genou,
Et j'émonderai mes tresses blondes d'un pouce au-dessous de mon œil.
     Hey, nonny, nonny, nonny.
Il m'achètera une verge blanche pour chevaucher
Et j'irai le chercher par le monde qui est si vaste.
     Hey, nonny, nonny, nonny.

— Oh! je voudrais avoir, comme le rossignol, une épine — où appuyer ma poitrine! Autrement je vais ronfler comme une toupie.

Elle sort.

SCÈNE V

[Une clairière.]

Entrent GERROLD, quatre CAMPAGNARDS déguisés en danseurs moresques (un d'eux figurant le Bavien), CINQ FILLES et un JOUEUR DE TAMBOURIN.

GERROLD.

Fi! fi! — quelle fastidiosité et quelle insanité — chez vous tous! Me suis-je évertué si longtemps — à vous inculquer les rudiments, à vous les faire téter, — et, pour employer une figure, à vous prodiguer — la compote même et la moelle de mon intellect, — pour que vous vous écriiez continuellement : *par où?* et *comment?* et *pourquoi?* — O capacités de la serge la plus grossière, jugements embrouillés, — ai-je dit : *voici comment,* et *voilà où,* — et *voici quand,* pour que personne ne me comprenne? — *Proh Deum! medius fidius.* Vous êtes tous des nigauds! — Car quoi? Ici je me tiens; ici le duc arrive; là vous êtes, — cachés dans le fourré. Le duc paraît, je l'aborde, — et je lui débite maintes choses savantes, — et maintes figures; il écoute, hoche la tête, marmonne, — et puis s'écrie : *splendide!* Alors je poursuis; et enfin — je jette mon bonnet en l'air. Attention, là! Vous alors, — comme autrefois Méléagre et le sanglier, — vous débusquez gracieusement devant lui, tels que de vrais amants, — vous vous précipitez en corps décemment et, — ravissamment, pour ainsi dire, vous défilez et vous filez, mes enfants!

PREMIER CAMPAGNARD.

— Et ravissamment nous le ferons, maître Gerrold.

DEUXIÈME CAMPAGNARD.

— Passons en revue la troupe. Où est le joueur de tambourin?

TROISIÈME CAMPAGNARD.

Hé! Timothée!

LE JOUEUR DE TAMBOURIN.

— Voici, mes enragés; je suis à vous.

GERROLD.

Mais, je le demande, où sont les femmes?

QUATRIÈME CAMPAGNARD.

Voici Friz et Madeleine.

DEUXIÈME CAMPAGNARD.

— Et la petite Luce, aux jambes blanches, et la dondon Barbery.

PREMIER CAMPAGNARD.

— Et la rousse Nell, qui n'a jamais manqué à son maître.

GERROLD.

— Où sont vos rubans, fillettes? Nagez avec vos corps, — et balancez-les doucement et lestement, — et, de temps à autre, un sourire et une gambade!

NELL.

— Laissez-nous faire, monsieur.

GERROLD.

Où est le reste de l'orchestre?

TROISIÈME CAMPAGNARD.

— Dispersé comme vous l'avez commandé.

GERROLD.

Couplez nos gens, — et voyez qui manque... Où est le Bavien?... — Mon ami, portez votre queue sans offenser — ni scandaliser les dames; et ne manquez pas — de cabrioler avec audace et énergie! — Et, quand vous aboyez, faites-le avec jugement.

LE BAVIEN.

Oui, monsieur.

GERROLD.

— *Quo usque tandem?* Il y a une femme qui manque.

QUATRIÈME CAMPAGNARD.

— Nous pouvons aller chanter : toute la graisse est dans le feu.

GERROLD.

Nous avons, — comme disent de doctes auteurs, lessivé une tuile; — nous avons été *fatuus*, et nous avons perdu nos peines.

DEUXIÈME CAMPAGNARD.

— C'est cette impertinente créature, cette sale drôlesse, — qui nous avait promis si sérieusement d'être ici, — Cécile, la fille du couturier! — Les premiers gants que je lui donne seront en peau de chien! — Ah! si une fois elle me trompe... Vous pouvez le dire, Arcas, — elle avait juré, par le pain et le vin, de ne pas manquer.

GERROLD.

Une anguille et une femme, — dit un savant poëte, à moins que vous ne les teniez — par la queue et avec vos dents, échapperont l'une et l'autre. — En somme, nous voici dans une fausse position.

PREMIER CAMPAGNARD.

— Que le feu du mal l'attrape! Nous faire faux bond à présent!

TROISIÈME CAMPAGNARD.

Qu'allons-nous — décider, monsieur?

GERROLD.

Rien. — Notre affaire est devenue une nullité, — oui, une triste et pitoyable nullité!

QUATRIÈME CAMPAGNARD.

— Au moment même où la réputation de notre ville en dépend, — nous morfondre là à pisser sur des orties!...
— Va ton chemin, je me souviendrai de toi, je t'arrangerai.

Entre LA FILLE DU GEOLIER.

LA FILLE DU GEOLIER, chantant.

Le *George* est descendu du sud,
   De la côte de Barbarie, ah!
Et a rencontré là de braves galiotes de guerre,
   Par un, par deux, par trois, ah!

Salut, salut, coquettes galiotes!
   Et où donc vous dirigez-vous? ah!
Oh! naviguons de compagnie
   Jusqu'à ce que nous arrivions au Sund, ah!

Il y avait trois sots en querelle pour une huette.
   L'un disait que c'était une chouette,
   L'autre, il disait que non;
Le troisième, il disait que c'était un faucon,
   A qui on avait coupé ses grelots.

TROISIÈME CAMPAGNARD.

— Voilà une exquise folle, maître, — qui arrive à point nommé, folle comme un lièvre en mars ! — Si nous pouvons la faire danser, nous sommes sauvés. — Je garantis qu'elle fera les plus rares entrechats !

PREMIER CAMPAGNARD.

— Une folle ! Nous sommes sauvés, enfants !

GERROLD.

Est-ce que vous êtes folle, bonne femme?

LA FILLE DU GEOLIER.

Je serais fâchée de ne pas l'être; — donnez-moi votre main.

GERROLD.

Pourquoi?

LA FILLE DU GEOLIER.

Je puis vous dire la bonne aventure : — vous êtes un niais. Comptez dix... Je l'ai décontenancé. Bah !... — L'ami, ne mangez pas de pain blanc ; si vous le faites, — vos dents saigneront extrêmement... Danserons-nous? Holà... — Je vous reconnais, vous êtes un chaudronnier. Coquin de chaudronnier, — ne bouchez plus de trous, excepté celui que vous devriez boucher.

GERROLD.

Dii boni! — Un chaudronnier, donzelle?

LA FILLE DU GEOLIER.

Ou un sorcier. — Évoquez-moi un diable à présent, et qui joue — à *quipassa* avec des grelots et des osselets!

GERROLD.

Allez, emmenez-la, — et induisez-la bonnement à se taire.

Atque opus exegi, quod nec Jovis ira, nec ignis..

— En avant la musique, et faites-la entrer en danse !

DEUXIÈME CAMPAGNARD, à la fille du geôlier.

Allons, fillette, sautons!

LA FILLE DU GEOLIER.

Je conduirai le pas.

TROISIÈME CAMPAGNARD.

Oui, oui.

GERROLD.

— Éloquemment et adroitement. Retirez-vous, enfants! — J'entends les cors. Laissez-moi méditer un peu, — et attention à votre entrée!

Tous sortent excepté Gerrold.

Que Pallas m'inspire!

Entrent Thésée, Pirithous, Hippolyte, Émilie, Arcite, et leur suite.

THÉSÉE.

— Le cerf a pris ce chemin.

GERROLD.

Arrêtez et édifiez-vous!

THÉSÉE.

Qu'avons-nous là?

PIRITHOUS.

— Quelque fête champêtre, sur ma vie, seigneur!

THÉSÉE, à Gerrold.

— Eh bien, monsieur, poursuivez; nous allons nous édifier. — Mesdames, asseyez-vous. Nous ferons une halte.

GERROLD.

— Duc intrépide, salut! salut, charmantes dames!

THÉSÉE.

Voilà un froid commencement.

GERROLD.

— Pour peu que vous nous soyez favorables, notre fête champêtre est parfaite. — Nous sommes ici un petit nombre de ceux — que les langues grossières qualifient de villageois; — à dire vrai, et sans aucune fable, — nous sommes une joyeuse bande, autrement dit cohue, — ou compagnie, ou, pour employer une figure, un chœur — qui devant votre honneur va danser la morisque. — Et moi, qui suis le régisseur général, — en ma qualité de pédagogue, faisant tomber — les verges sur les fesses des petits — et humiliant les grands sous la férule, — je te présente ici cette machine, ou ce décor, — ô duc exquis, dont la renommée d'intrépidité terrible, — de Dité à Dédalus, du poteau à la colonne, — est trompétée par le monde! Viens en aide à mon pauvre bon vouloir, — et, d'un clin d'œil, regarde droit devant toi ; — regarde cette puissante troupe more qui, en ta présence — se risque; *more* et *risque*, soudés ensemble, — font justement morisque, et c'est pour en danser une que nous sommes ici. — Le corps de notre fête, lequel ne manque pas de science, — c'est moi; je parais le premier, tout grossier, tout brut, tout crotté que je suis, — pour débiter cette harangue devant ta noble grâce, — aux grands pieds de laquelle je dépose mon porte-plume. — Après moi vient le seigneur de Mai et sa brillante dame, — la camériste et le valet de chambre nocturne — qui font silencieusement tapisserie. Puis arrive — mon hôte, et sa grosse épouse, qui accueillent à ses dépens — le voyageur écorché, et d'un signe — avertissent le sommelier d'enfler le compte. — Puis le clown qui dévore les bêtes, et ensuite le bouffon, — le Bavien, avec sa longue queue, et son long instrument, — *cum multis aliis* qui forment la danse. — Dis oui, et tous vont s'avancer sur-le-champ.

THÉSÉE.

— Oui, oui, certainement, cher magister.

PIRITHOUS.

Qu'ils paraissent.

GERROLD.

— *Intrate, filii!* En avant, et trémoussez-vous.

Entrent les campagnards, les villageoises, etc. Tous dansent la danse morisque.

Dames, si nous avons été gais,
Et si nous vous avons plu
Avec ce rigodon,
Dites que le maître d'école n'est point un rustre.
Duc, si nous t'avons satisfait, toi aussi,
Et si nous avons agi en braves enfants,
Donne-nous un arbre ou deux
Pour notre mât de cocagne, et, en retour,
Avant qu'une autre année s'écoule,
Nous te ferons rire, toi et toute la compagnie.

THÉSÉE.

— Prends-en vingt, magister... Comment se trouve ma bien — aimée?

HIPPOLYTE.

On ne peut plus charmée, seigneur.

ÉMILIE.

— Cette danse était excellente; et, pour la préface, — jamais je n'en ai ouï de meilleure.

THÉSÉE.

Maître d'école, je vous remercie. — Qu'on veille à ce qu'ils soient tous récompensés.

PIRITHOUS.

Voici de quoi — peindre votre mât de cocagne.

THÉSÉE.

Retournons à nos divertissements!

GERROLD.

Puisse le cerf que tu chasses tenir longtemps,
Et puissent tes chiens être lestes et forts!
Puissent-ils le tuer sans encombre,
Et que les dames en mangent les daintiers!

Fanfares.

Allons, notre fortune à tous est faite! — *Dii deœque omnes.* Vous avez dansé supérieurement, fillettes.

Ils sortent.

SCÈNE VI

[Le hallier.]

Paraît PALÉMON, sortant d'un buisson.

PALÉMON.

Voici à peu près l'heure où mon cousin s'est engagé — à revenir me visiter, en apportant avec lui — deux épées et deux bonnes armures : s'il y manque, — ce n'est ni un homme, ni un soldat. Quand il m'a quitté, — je ne croyais pas qu'une semaine eût suffi à me restaurer — mes forces perdues, tant j'avais été épuisé — et abattu par le besoin. Je te rends grâces, Arcite, — tu es encore un loyal ennemi ; — et ainsi rafraîchi, je me sens capable — de surmonter tout danger. Un plus long délai — ferait croire au monde, quand il viendra à connaître les choses, — que je suis un pourceau à l'engrais, — et non un soldat. Donc, cette matinée bénie — sera la dernière ; et avec l'épée qu'il aura refusée, — je le tuerai, pour peu qu'elle tienne dans ma main. C'est justice. — Que l'amour et la fortune m'assistent!... Ah! bonjour!

Entre ARCITE, avec des armures et des épées.

ARCITE.

— Bonjour, noble parent!

PALÉMON.

Je vous ai donné — un excès de peine, monsieur.

ARCITE.

Cet excès, beau cousin, — est une dette d'honneur, et pour moi un devoir.

PALÉMON.

— Plût au ciel que vous fussiez de même en tout, monsieur! Je vous voudrais — aussi bon parent que vous me forcez à vous trouver généreux ennemi; ce seraient alors mes embrassements — qui vous remercieraient, et non mes coups.

ARCITE.

Je regarderai les uns et les autres, — loyalement donnés, comme une noble récompense.

PALÉMON.

Eh bien, je vais m'acquitter envers vous.

ARCITE.

—Défiez-moi dans ces nobles termes, et vous vous montrerez — pour moi plus qu'une maîtresse. Plus de colère, — si vous aimez ce qui est honorable! — Nous ne sommes pas nés pour bavarder, mon cher! Quand nous serons armés, — et tous deux sur nos gardes, qu'alors nos furies — jaillissent violemment de nous, comme des marées qui se choquent. — Et alors on verra à qui l'héritage de cette beauté — appartient vraiment; sans reproches, sans bravades, — sans injures personnelles, sans toutes ces boutades — qui sont bonnes pour des filles ou des écoliers, on verra vite — si elle est à vous ou à moi. Voulez-vous vous armer, monsieur? — Ou, si vous ne vous sentez pas encore dispos — et maître de vos forces premières, j'attendrai, cousin, — et chaque jour je viendrai vous réconforter, — à mes moments de loisir. Je veux du bien à votre personne, — et je souhaiterais presque de ne pas avoir dit que j'aimais cette femme, — quand j'aurais dû mourir; mais, puisque je l'aime — et puisque j'ai à justifier mon amour, je ne dois pas reculer.

PALÉMON.

— Arcite, tu es un si brave ennemi — qu'il n'y a qu'un

homme digne de te tuer : ton cousin!... — Je suis dispos et robuste; choisissez vos armes!

ARCITE.

Choisissez vous-même, monsieur!

PALÉMON.

— Veux-tu donc être supérieur en tout, ou agis-tu ainsi — pour me forcer à t'épargner?

ARCITE.

Si vous croyez cela, cousin, — vous vous abusez; car, foi de soldat, — je ne vous épargnerai pas.

PALÉMON.

Voilà qui est bien dit.

ARCITE.

Vous le verrez bien.

PALÉMON.

— Eh bien, foi d'honnête homme, et comme il est vrai que j'aime — avec toute la légitimité de l'affection, — je te réglerai largement ton compte!... Je prends celle-ci.

Il choisit une armure.

ARCITE.

A moi donc celle-là. — Je vais d'abord vous armer.

Il revêt Palémon de l'armure.

PALÉMON.

Dis-moi donc, je te prie, cousin, — où as-tu eu cette bonne armure?

ARCITE.

C'est celle du duc; — et, à dire vrai, je l'ai volée... Est-ce qu'elle vous gêne?

PALÉMON.

Non.

ARCITE.

N'est-elle pas trop lourde?

PALÉMON.

J'en ai porté de plus légères; — mais je ferai servir celle-ci.

ARCITE.

Je vais la boucler au plus près.

PALÉMON.

— Aussi près que vous pourrez.

ARCITE.

Vous ne vous souciez pas d'une grand'garde?

PALÉMON.

— Non, non; nous n'emploierons pas de chevaux; je m'aperçois — que vous êtes impatient de combattre.

ARCITE.

Je suis calme.

PALÉMON.

— Et moi aussi... Bon cousin, enfoncez la boucle — aussi loin que possible.

ARCITE.

Je vous en réponds.

PALÉMON.

Mon casque maintenant!

ARCITE.

— Voulez-vous combattre les bras nus?

PALÉMON.

Nous n'en serons que plus lestes.

ARCITE.

— Mais mettez des gantelets cependant; ceux-ci sont les moins bons; — de grâce, prenez les miens, bon cousin.

PALÉMON.

Je vous remercie, Arcite. — Quelle mine ai-je? Suis-je bien altéré?

ARCITE.

— Ma foi, très-peu. L'amour vous a traité avec indulgence.

PALÉMON.

— Je te garantis que je vais frapper juste!

####### ARCITE.

Faites, et pas de ménagements! — Je vous donnerai de la besogne, cher cousin.

####### PALÉMON.

Maintenant à vous, monsieur! — Il me semble, Arcite, que cette armure ressemble fort à celle — que tu portais le jour où les trois rois succombèrent, mais elle est plus légère.

####### ARCITE.

— Celle-là était bien bonne! Et ce jour-là, — je m'en souviens parfaitement, vous m'avez surpassé, cousin. — Je n'ai jamais vu pareille valeur. Quand vous avez chargé — l'aile gauche de l'ennemi, — j'ai piqué des deux pour m'élancer, et sous moi — j'avais un excellent cheval.

####### PALÉMON.

En effet, — bai clair, je me souviens.

####### ARCITE.

Oui. Mais tous — mes efforts ont été vains; vous m'aviez dépassé, — et mon émulation n'a pu vous rattraper. Pourtant j'ai fait — quelque chose... par imitation.

####### PALÉMON.

Ou plutôt par bravoure. — Vous êtes modeste, cousin.

####### ARCITE.

Quand je vous ai vu charger tout d'abord, — il m'a semblé entendre jaillir de la troupe — un effroyable coup de foudre.

####### PALÉMON.

Mais toujours en avant resplendissait — l'éclair de votre vaillance... Attendez un peu! — Est-ce que cette pièce n'est pas trop serrée?

####### ARCITE.

Non, non; elle est bien.

####### PALÉMON.

— Je ne veux pas que tu sois blessé autrement que

par mon épée. — Une meurtrissure serait un déshonneur.

ARCITE.

Maintenant, je suis parfaitement.

PALÉMON.

— En garde donc !

ARCITE.

Prenez mon épée ; je la crois meilleure.

PALÉMON.

— Non, merci, gardez-la ; votre vie en dépend ; — en voici une ; pour peu qu'elle tienne bon, je n'en souhaite pas d'autre — à toutes mes espérances. Que ma cause et mon honneur me secondent !

ARCITE.

— Et moi, mon amour !

Ils saluent de différentes manières, puis s'avancent et s'arrêtent face à face.

Reste-t-il encore quelque chose à dire ?

PALÉMON.

— Ceci seulement, et rien de plus : Tu es le fils de ma tante ; — le sang que nous désirons verser nous est commun ; — ton sang est dans mes veines, et le mien dans les tiennes. Mon épée — est dans ma main, et, si tu me tues, — que les dieux te pardonnent, comme je le fais ! S'il y a — une place réservée à ceux qui s'endorment dans l'honneur, — je souhaite qu'elle soit acquise à l'âme fatiguée de celui qui va succomber. — Combats bravement, cousin. Donne-moi ta noble main !

ARCITE.

— Voici, Palémon !... Cette main ne se tendra plus — jamais vers toi avec une telle amitié.

PALÉMON.

Je t'approuve.

ARCITE.

— Si je succombe, maudis-moi, et dis que j'étais un couard. — Car il n'y a qu'un lâche pour oser mourir dans ces épreuves de la justice! — Encore une fois, adieu, mon cousin !

PALÉMON.

Adieu, Arcite!

Ils se battent. Bruit de cor au loin. Ils s'arrêtent.

ARCITE.

— Tenez, cousin, tenez! notre folie nous a perdus!

PALÉMON.

Pourquoi?

ARCITE.

— Voici le duc, en chasse, comme je vous l'ai dit; — si nous sommes découverts, malheur à nous! Oh! retirez-vous, — au nom et pour le salut de l'honneur; retournez vite — à votre buisson, monsieur! Nous ne trouverons — que trop de moments pour mourir. Gentil cousin, — si l'on vous voit, vous périrez sur-le-champ — pour vous être évadé de prison; et moi, pour mon insubordination, — si vous me dénoncez. Alors le monde entier nous méprisera — et dira que nous avions une noble querelle, — mais que nous l'avons dégradée.

PALÉMON.

Non, non, cousin; — je ne veux plus me cacher, ni ajourner — cette grande aventure à une seconde épreuve. — Je connais votre ruse, et je connais vos motifs. — Que celui qui faiblira maintenant soit frappé d'ignominie... Mets-toi — vite en garde...

ARCITE.

Vous n'êtes pas fou?

PALÉMON.

— Sinon, je vais faire mon profit — de ce moment; ce qui me menace dans l'avenir, — je le redoute moins que mon sort actuel. Sache, faible cousin, — que j'aime Émilie, et que j'ensevelirai dans cet amour — toi, et tous les obstacles!

ARCITE.

Eh bien, advienne que pourra! — Tu sauras, Palémon, que j'ose aussi bien — mourir que parler ou dormir. Je ne crains qu'une chose, — c'est que la loi nous enlève l'honneur de notre fin. — Défends ta vie.

PALÉMON.

Veille bien sur la tienne, Arcite.

Ils recommencent le combat. Fanfare.

Entrent Thésée, Hippolyte, Émilie, Pirithous, et leur suite.

THÉSÉE.

— Quels traîtres ignorants et follement pervers — êtes-vous donc, vous qui, contre la teneur de mes lois, — combattez ainsi, armés en chevaliers, — sans mon congé, et sans hérauts d'armes? — Par Castor, tous deux mourront!

PALÉMON.

Tiens ta parole, Thésée! — Traîtres, nous le sommes certainement tous les deux ; tous deux nous avons insulté — à toi et à tes lois. Je suis Palémon, — un homme qui ne peut t'aimer, s'étant échappé de tes prisons : — songe bien à ce que tout cela mérite!... Et celui-ci est Arcite; — jamais traître plus hardi ne foula ta terre; — jamais plus fourbe n'eut l'air d'un ami. Voici l'homme — qui fut banni par grâce; il te brave, toi — et tout ce que tu oserais faire; sous ce déguisement, — au mépris de l'édit public, il suit ta sœur, — la belle Émilie, cette heureuse et brillante étoile, — dont je suis, moi, (si c'est un titre que de l'avoir vue le premier, — que de lui avoir le premier légué mon âme), — le légitime serviteur; et, qui pis est, il ose prétendre qu'elle lui appartient! — C'est de cette trahison que, comme l'amant le plus loyal, — je lui demandais compte en ce moment. Si, — comme on le dit, tu es grand et vertueux, — si tu es le véritable redresseur de toutes les injures, — dis-nous de recommencer la lutte, et tu me verras, Thésée, — faire de lui une telle justice que toi-même en seras jaloux. — Ensuite prends ma vie! Je te le demanderai en grâce.

PIRITHOUS.

O ciel! — quel être surhumain est-ce là?

THÉSÉE.

J'ai juré.

ARCITE.

Nous ne réclamons pas — de toi un murmure de merci, Thésée! Pour moi, — c'est chose aussi facile, aussi peu émouvante, de mourir — que, pour toi, de me condamner. Mais, puisque cet homme m'appelle traître, — laisse-moi dire ceci : S'il y a trahison à aimer, — à servir une aussi parfaite beauté, — comme je l'aime immensément et que je suis prêt à mourir dans ce culte, — comme, pour le prouver, j'ai exposé ici mes jours, — comme je l'ai servie, elle, avec le plus loyal dévouement, — *comme je suis résolu à tuer ce cousin qui le nie*, — déclare-moi le plus grand des traîtres, et tu me réjouiras. — Si j'ai méprisé ton édit, duc, demande à cette dame — pourquoi elle est si belle, et pourquoi ses yeux me commandent — de rester ici à l'aimer; et si elle déclare que je suis un traître, — je suis un misérable qui mérite la mort sans sépulture.

PALÉMON.

— Tu auras pitié de nous deux, ô Thésée, — si tu n'as de merci ni pour l'un ni pour l'autre. Ferme, — si tu es un juste, ferme pour nous ta noble oreille; — si tu es un vaillant, par l'âme de ton cousin, — dont les douze grands travaux couronnent la mémoire, — fais-nous mourir ensemble, duc, sur l'heure. — Seulement fais-le périr un moment avant moi, — que je puisse affirmer à mon âme qu'il n'aura pas ma bien-aimée!

THÉSÉE.

— Je vous accorde votre demande; car, à dire vrai,

votre cousin — est dix fois plus coupable que vous, puisque j'ai eu pour lui — plus d'indulgence que vous n'en avez obtenu, monsieur, bien que vos torts — ne fussent pas plus grands que les siens. Que personne ici ne parle en leur faveur! — Car, avant que le soleil soit couché, tous deux seront endormis pour toujours.

HIPPOLYTE.

— Hélas! quel dommage!... Maintenant ou jamais, ma sœur, — parlez de façon à ne pas être refusée; autrement votre figure — subira les malédictions de l'avenir — pour avoir perdu ces cousins!

ÉMILIE.

Dans ma figure, chère sœur, — je ne vois rien d'hostile, rien de funeste pour eux. — C'est la mésaventure de leurs propres regards qui les tue. — Pourtant je suis femme, et j'ai de la pitié, — et je veux obtenir leur grâce, dussent mes genoux prendre racine en terre. — Secondez-moi, chère sœur! Pour un acte si vertueux, — les influences de toutes les femmes seront avec nous. — Très-royal frère!

Elle s'agenouille.

HIPPOLYTE.

Seigneur, par le lien de notre mariage!

Elle s'agenouille.

ÉMILIE.

— Par notre honneur immaculé!

HIPPOLYTE.

Par la foi, — par la noble main, par l'honnête cœur que vous m'avez donnés!

ÉMILIE.

— Par la pitié que vous souhaiteriez à un autre, — par vos propres vertus infinies!

HIPPOLYTE.

Par la vaillance, — par toutes les chastes nuits où je vous ai jamais charmé!

THÉSÉE.

— Voilà d'étranges conjurations!

PIRITHOUS *s'agenouillant.*

Eh bien, je m'y joins aussi... — Par toute notre amitié, seigneur, par tous nos dangers, — par tout ce qu'au monde vous aimez le mieux, la guerre et cette charmante dame!
Il montre Hippolyte.

ÉMILIE.

— Par cette virginale rougeur à laquelle vous trembleriez — de rien refuser!

HIPPOLYTE.

Par vos propres yeux, par cette force — avec laquelle vous juriez que je dépassais toutes les femmes, — et presque tous les hommes, par cette force qui n'a cédé qu'à Thésée!

PIRITHOUS.

— Enfin, pour couronner tout cela, par votre grande âme — qui ne saurait manquer d'une légitime pitié! Je vous adjure tout le premier.

HIPPOLYTE.

— Écoutez ensuite ma prière!

ÉMILIE.

Enfin, laissez-moi vous supplier, seigneur!

PIRITHOUS.

Pitié!

HIPPOLYTE.

Pitié!

ÉMILIE.

Pitié pour ces princes!

THÉSÉE.

— Vous faites chanceler en moi la foi jurée. Supposez que je ressentisse — de la compassion pour eux deux, que lui demanderiez-vous?

ÉMILIE.

— Qu'ils vivent, mais qu'ils soient bannis.

THÉSÉE.

— Vous êtes une vraie femme, sœur; vous avez de la pitié,

— mais vous ne savez pas en faire usage. — Si vous désirez qu'ils vivent, imaginez un moyen — plus sûr que le bannissement. Ces deux hommes pourraient-ils vivre — et supporter leur agonie d'amour — sans vouloir se tuer l'un l'autre? Chaque jour — ils se battraient pour vous; à toute heure, publiquement, ils mettraient — votre honneur en question avec leurs épées; soyez donc sensée, — et oubliez-les désormais! Il y va de votre crédit — comme de mon serment. J'ai dit qu'ils mourraient. — Mieux vaut qu'ils succombent par la loi que l'un par l'autre. — Ne fléchissez pas mon honneur.

ÉMILIE.

Oh! mon noble frère, — ce serment a été fait précipitamment, dans un accès de colère; — votre raison ne le tiendra pas. Si de tels vœux — avaient force de volonté expresse, tout le monde devrait périr. — Aussi bien, j'ai un serment à opposer à votre serment, — un serment de plus de valeur, et à coup sûr plus charitable, — qui n'a pas été fait dans la passion, mais à bon escient.

THÉSÉE.

— Quel est-il, sœur?

PIRITHOUS.

Invoquez-le hautement, noble dame!

ÉMILIE.

— Vous avez juré de ne me refuser aucune demande — digne de mes modestes instances et de votre libre acquiescement : — je vous lie donc à votre parole; si vous y manquez, — songez combien vous mutilez votre honneur... — Maintenant que je me suis faite sollicitseuse, seigneur, je suis sourde — à tout, hormis à votre pitié... Comment leurs vies — pourraient-elles engendrer la ruine de mon nom? Étrange opinion! — Ce qui m'aime doit-il périr à cause de moi? — Ce serait là une cruelle sagesse! Élague-t-on — les jeunes rameaux élancés, déjà rouges de mille boutons, —

sous prétexte qu'ils peuvent se flétrir? Oh! duc Thésée, — les nobles mères qui pour eux ont tant souffert, — toutes les jeunes filles passionnées qui ont jamais aimé, — me maudiront, si vous tenez votre serment; elles maudiront ma beauté, — et, dans leurs chants funèbres en l'honneur de ces deux cousins, — elles réprouveront ma cruauté et jetteront l'anathème sur moi, — jusqu'à ce que je sois méprisée de toutes les femmes. — Au nom du ciel, sauvez leurs vies et bannissez-les!

THÉSÉE.

— A quelles conditions?

ÉMILIE.

Qu'ils jurent de ne plus — faire de moi l'objet de leurs querelles, de ne plus me connaître, — de ne plus mettre le pied dans ton duché, et d'être, — partout où ils voyageront, à jamais étrangers — l'un à l'autre.

PALÉMON.

Je veux être coupé en morceaux — avant de prendre cet engagement! Oublier que je l'aime! — O vous tous, grands dieux, méprisez-moi ce jour-là! Bannis-nous, — je le veux bien, pourvu que nous puissions loyalement emporter — avec nous nos épées et notre cause. Autrement, pas de badinage, — et prends nos vies, duc! Il faut que j'aime, et j'aimerai; — et, pour cet amour, il faut que je tue mon cousin, et je l'oserai — sur quelque coin de terre que ce soit!

THÉSÉE.

Voulez-vous, Arcite, — accepter ces conditions?

PALÉMON.

C'est un misérable, alors!

PIRITHOUS.

Voilà des hommes!

ARCITE.

— Non, jamais, duc! Il me serait moins pénible de mendier, — que d'accepter si bassement l'existence. Bien que je ne croie pas — posséder jamais celle que j'aime, je veux préserver — l'honneur de mon amour et mourir pour elle, — fût-ce d'une mort diabolique!

THÉSÉE.

— Que peut-on faire? Car maintenant je me sens gagner par la compassion.

PIRITHOUS.

— Ne la rejetez pas, seigneur!

THÉSÉE.

Dites-moi, Émilie, — l'un des deux mort, puisque l'un des deux doit mourir, consentiriez-vous — à prendre l'autre pour mari? — Ils ne peuvent tous deux vous posséder; ce sont des princes — dignes de vos beaux yeux, et des plus nobles — qu'ait jamais vantés la renommée; regardez-les, — et, si vous pouvez aimer, terminez ce différend. — Je donne d'avance mon assentiment... Consentez-vous également, princes?

ARCITE ET PALÉMON.

— De tout cœur.

THÉSÉE.

Celui qu'elle refusera — devra donc mourir.

ARCITE ET PALÉMON.

De la mort, quelle qu'elle soit, que tu imagineras, duc.

PALÉMON.

— Si je tombe du haut de ces lèvres, je tombe favorisé, — et les amants encore à venir béniront mes cendres.

ARCITE.

— Si elle me refuse, la tombe du moins m'épousera, — et les soldats chanteront mon épitaphe.

THÉSÉE, à Émilie.

Faites donc votre choix.

ÉMILIE.

— Je ne puis, seigneur, ils sont tous deux trop accomplis; — jamais, à cause de moi, il ne tombera un cheveu de ces deux têtes.

HIPPOLYTE.

— Qu'en adviendra-t-il donc?

THÉSÉE.

Voici ma décision; — et, sur mon honneur, elle prévaudra, — ou tous deux mourront!... Vous allez tous deux retourner dans votre pays; — et, dans un mois, chacun de vous, accompagné — de trois loyaux chevaliers, reparaîtra à cette place même — où je vais ériger une pyramide; et celui des deux — qui, devant nous tous ici présents, pourra forcer son cousin — à toucher le pilier dans une joûte loyale et chevaleresque, — celui-là possédera Émilie. L'autre perdra la vie ainsi que tous ses amis; — il succombera sans murmurer, — sans prétendre, en mourant, avoir des droits sur cette dame. — Ceci vous satisfait-il?

PALÉMON.

Oui. Tenez, cousin Arcite, — je redeviens votre ami jusqu'à cette heure-là.

ARCITE.

Je vous embrasse.

THÉSÉE.

— Consentez-vous, ma sœur?

ÉMILIE.

Oui, il le faut bien; — autrement, il leur arriverait malheur à tous deux.

THÉSÉE.

Allons, serrez-vous la main de nouveau; — et, si vous êtes gentilshommes, laissez dormir — cette querelle jusqu'à l'heure fixée, et tenez votre engagement.

PALÉMON.

— Nous n'oserions pas te tromper, Thésée.

THÉSÉE.

Allons, je veux — maintenant vous traiter comme des

princes, et comme des amis. — A votre retour, celui qui triomphe, je l'établis ici; — quant au vaincu, je verserai des larmes sur son cercueil.

Ils sortent.

ACTE IV

SCÈNE I

[Athènes. La cour de la prison.]

Entrent LE GEOLIER et UN AMI.

LE GEOLIER.

— Ne savez-vous rien de plus? Est-ce qu'on n'a rien dit de moi — concernant l'évasion de Palémon? — Cher monsieur, rappelez-vous!

L'AMI.

Rien que je sache; — car j'étais rentré chez moi avant que l'affaire — fût pleinement terminée. Pourtant j'ai pu voir, — avant mon départ, qu'il était fort probable — que tous deux obtiendraient leur pardon : car Hippolyte — et la charmante Émilie l'imploraient à genoux — avec une pitié si belle que le duc ébranlé — m'a paru hésiter s'il obéirait — au vœu de sa colère ou à la douce compassion — de ces deux dames; à les seconder, Pirithoüs, ce prince vraiment noble, — mettait la moitié de son cœur. J'espère donc — que tout finira bien. D'ailleurs je n'ai rien ouï dire — de vous, ni de l'évasion.

Entre UN DEUXIÈME AMI.

LE GEOLIER.

Fasse le ciel que cela se confirme!

DEUXIÈME AMI.

— Rassurez-vous, mon cher! Je vous apporte des nouvelles, — de bonnes nouvelles.

LE GEOLIER.

Elles sont les bien venues.

DEUXIÈME AMI.

Palémon vous a justifié, — et a obtenu votre pardon, en révélant comment — il s'est évadé, grâce à votre fille — dont le pardon est également accordé; le prisonnier, — pour ne pas être déclaré ingrat envers un tel dévouement, — a donné pour la doter une somme d'argent, — et une large, je vous assure.

LE GEOLIER.

Vous êtes un bon homme; — vous m'apportez toujours de bonnes nouvelles.

PREMIER AMI.

Comme la chose a-t-elle fini?

DEUXIÈME AMI.

— Eh bien, comme elle devait finir. Des solliciteurs — qui ont toujours prévalu ont vu leur prière noblement exaucée : — les prisonniers ont la vie sauve.

PREMIER AMI.

Je savais bien qu'il en serait ainsi.

DEUXIÈME AMI.

— Mais il y a de nouvelles conditions dont on vous parlera — à un meilleur moment.

LE GEOLIER.

J'espère qu'elles sont bonnes.

DEUXIÈME AMI.

Elles sont honorables : — jusqu'à quel point elles sont bonnes, je ne le sais pas.

PREMIER AMI.

On le saura plus tard.

Entre LE GALANT.

LE GALANT, au geôlier.

— Hélas! monsieur, où est votre fille?

LE GEOLIER.

Pourquoi cette question?

LE GALANT.

— Ah! monsieur, quand l'avez-vous vue?

DEUXIÈME AMI.

Quelle mine il a!

LE GEOLIER.

Ce matin.

LE GALANT.

— Était-elle bien? Était-elle en bonne santé, monsieur?
— Quand a-t-elle dormi?

PREMIER AMI.

Voilà d'étranges questions.

LE GEOLIER.

— Je ne crois pas qu'elle fût très-bien; car, maintenant
— que vous m'y faites penser, aujourd'hui même — je lui
ai adressé diverses questions, et elle m'a répondu — d'une
façon si inusitée, si puérile, — si niaise, qu'on eût dit une
folle, — une innocente! et j'étais fort en colère. — Mais
qu'avez-vous à dire d'elle, monsieur?

LE GALANT.

Rien, sinon que je la plains; — mais il faudra bien que
vous l'appreniez, et autant vaut que ce soit par moi — que
par un autre moins attaché à elle.

LE GEOLIER.

— Eh bien, monsieur?

PREMIER AMI.

Elle n'est donc pas parfaitement?

DEUXIÈME AMI.

Pas bien?

LE GALANT.

Non, monsieur; pas bien; — il n'est que trop vrai; elle est folle!

PREMIER AMI.

Cela ne se peut pas.

LE GALANT.

— Croyez-moi, vous le verrez bien.

LE GEOLIER.

Je soupçonnais à demi — ce que vous me dites. Que les dieux l'assistent! — La cause, c'est son amour pour Palémon, — ou son inquiétude pour ma sûreté à la suite de cette évasion; — peut-être l'un et l'autre.

LE GALANT.

C'est probable.

LE GEOLIER.

Mais pourquoi toute cette précipitation, monsieur?

LE GALANT.

— Je vais vite vous le dire. Tout à l'heure, comme je jetais ma ligne — dans le grand lac qui est derrière le palais, — tout patiemment occupé que j'étais de ma pêche, — d'une rive éloignée, encombrée de roseaux et de joncs, — j'ai entendu partir une voix, une voix perçante; j'ai écouté attentivement, j'ai pu alors facilement reconnaître — que c'était quelqu'un qui chantait; à en juger par la délicatesse de la voix, — un enfant ou une femme. J'ai alors abandonné ma ligne — à ses propres forces, je me suis approché, mais je n'apercevais pas encore — la personne qui faisait ce bruit, tant elle était enveloppée — par les joncs et les roseaux. Je me suis étendu à terre, — écoutant les paroles qu'elle chantait; et alors, — à travers une petite éclaircie taillée par les pêcheurs, — j'ai reconnu votre fille.

LE GEOLIER.

De grâce, poursuivez, monsieur.

LE GALANT.

— Elle chantait beaucoup, mais sans suite; seulement je l'ai entendu — répéter souvent : *Palémon est parti.* — *Il est allé au bois cueillir des mûres,* — *je le retrouverai demain.*

PREMIER AMI.

Jolie âme !

LE GALANT.

— *Ses chaînes vont le trahir; il sera pris,* — *et que ferai-je alors ? J'amènerai un essaim* — *de cent jeunes filles aux yeux noirs, amoureuses comme moi,* — *ayant sur la tête des guirlandes d'asphodèles,* — *les lèvres cerises et les joues roses comme les roses de Damas,* — *et toutes nous danserons une bacchanale devant le duc,* — *et nous demanderons sa grâce.* Puis, elle parlait de vous; — elle disait que vous perdriez la vie demain matin, — et qu'elle allait cueillir des fleurs pour vous ensevelir — et faire belle la maison. Puis, elle ne chantait plus — que ce refrain : *Saule ! saule ! saule !* entrecoupé — sans cesse de *Palémon ! beau Palémon !* — ou de *Palémon était un grand jeune homme !* A la place — où elle était assise, elle avait de l'eau jusqu'au genou; ses tresses en désordre — étaient ceintes d'une guirlande de joncs; autour d'elle étaient attachées — mille fleurs aquatiques de diverses couleurs; — si bien qu'elle m'avait l'air de la belle nymphe — qui fournit l'eau du lac, ou d'Iris — nouvellement tombée du ciel ! Elle faisait des anneaux — avec les roseaux qui croissaient près d'elle, et elle leur appliquait — les plus jolies devises : « *Ainsi est lié notre amour fidèle,* » — « *Vous pouvez détacher cela, mais pas moi,* » et bien d'autres; — et alors elle pleurait, et chantait de nouveau, et soupirait, — et, au milieu de ce soupir, souriait et de sa main envoyait des baisers.

DEUXIÈME AMI.

— Hélas ! quel malheur !

LE GALANT.

Je me suis dirigé vers elle; — elle m'a vu, et immédiatement s'est jetée à l'eau; je l'ai rattrapée, — et je l'ai déposée à terre saine et sauve; aussitôt — elle s'est échappée, et a couru vers la ville, — en criant, et d'une telle vitesse que, ma foi, — elle m'a laissé loin derrière elle; j'ai vu de loin — trois ou quatre personnes lui barrer le chemin, une entre autres — que j'ai reconnue pour votre frère; là elle a été arrêtée, — elle est tombée, et c'est à grand'peine qu'elle a été emmenée; je les ai laissés avec elle, — et je suis venu tout vous dire. Les voici!

Entrent LA FILLE DU GEOLIER, LE FRÈRE DU GEOLIER et autres.

LA FILLE DU GEOLIER, chantant.

Puissiez-vous ne plus jamais jouir de la lumière, etc.

— N'est-ce pas là une belle chanson?

LE FRÈRE DU GEOLIER.

Oh! une bien belle!

LA FILLE DU GEOLIER.

— Je puis en chanter vingt autres.

LE FRÈRE DU GEOLIER.

Je le crois.

LA FILLE DU GEOLIER.

— Oui, vraiment, je le puis; je peux chanter *le Balai* — et *Bon Robin*. N'êtes-vous pas un tailleur?

LE FRÈRE DU GEOLIER.

Oui.

LA FILLE DU GEOLIER.

— Où est ma robe de noce?

LE FRÈRE DU GEOLIER.

Je l'apporterai demain.

LA FILLE DU GEOLIER.

— Apportez-la de très-bonne heure; autrement, je se-

rais sortie — pour appeler les filles et payer les ménestrels;
— car je dois perdre ma virginité au chant du coq; — autrement elle ne fructifiera jamais.

Fredonnant.

Oh! charmant! oh! bien-aimé, etc.

LE FRÈRE DU GEOLIER, au geôlier.
— Il faut que vous preniez la chose en patience.

LE GEOLIER.

C'est vrai.

LA FILLE DU GEOLIER.
— Bonsoir, bonnes gens! Dites-moi, avez-vous jamais ouï parler — d'un jeune Palémon?

LE GEOLIER.

Oui, fillette, nous le connaissons.

LA FILLE DU GEOLIER.
— N'est-ce pas un beau jeune homme?

LE GEOLIER, à son frère.

C'est l'amour!

LE FRÈRE DU GEOLIER.
— Ne la contrariez à aucun prix; son délire alors — empirerait.

PREMIER AMI.

Oui, c'est un bel homme.

LA FILLE DU GEOLIER.
— Oh! certes!... Vous avez une sœur?

PREMIER AMI.

Oui.

LA FILLE DU GEOLIER.
— Eh bien, elle ne l'aura jamais, dites-le-lui, — à cause d'un tour que je sais... Vous ferez bien de veiller sur elle; — car si elle le voit une fois, elle est perdue; elle sera faite — et défaite en une heure. Toutes les jeunes filles — de notre ville sont amoureuses de lui; mais je ris d'elles, — et je les laisse faire; n'est-ce pas un sage parti-pris?

ACTE IV, SCÈNE I. 321

PREMIER AMI.

Oui.

LA FILLE DU GEOLIER.

— Il y en a maintenant deux cents au moins qui sont grosses de lui; — il y en aura quatre cents; pourtant je lui reste attachée, — attachée comme une coquille; et tous ces enfants-là seront des garçons; — il connaît le secret pour ça; et à l'âge de dix ans, — ils seront tous châtrés pour faire des chanteurs, — et ils chanteront les guerres de Thésée.

DEUXIÈME AMI.

— C'est étrange.

LA FILLE DU GEOLIER.

Vous n'avez rien ouï de plus étrange; mais n'en dites rien.

PREMIER AMI.

Non.

LA FILLE DU GEOLIER.

— Elles viennent à lui de toutes les parties du duché; — la nuit dernière, je vous assure, il n'en avait pas moins — de vingt à expédier; il caressera tout ça — en deux heures, une fois en train.

LE GEOLIER.

Elle est perdue! — Incurable!

LE FRÈRE DU GEOLIER.

Le ciel nous en préserve, mon cher!

LA FILLE DU GEOLIER, à son père.

— Approchez; vous êtes un homme sage, vous.

PREMIER AMI.

Est-ce qu'elle le reconnaît?

DEUXIÈME AMI.

Non. Plût à Dieu qu'elle le reconnût!

LA FILLE DU GEOLIER.

— Vous êtes capitaine de navire?

LE GEOLIER.

Oui.

LA FILLE DU GEOLIER.

— Où est votre compas?

LE GEOLIER.

Le voici.

LA FILLE DU GEOLIER.

Mettez-le sur le nord; — et puis dirigez votre course vers le bois où Palémon — brûle de me retrouver. Pour la manœuvre, — laissez-moi faire. Allons, levez l'ancre, mes petits cœurs, gaîment!

TOUS.

— Haou! haou! haou! l'ancre est levée! le vent est bon! — En haut la bouline! dehors la grande voile! — Où est votre sifflet, maître?

LE FRÈRE DU GEOLIER.

Emmenons-la.

LE GEOLIER.

Au haut du mât, mousse!

LE FRÈRE DU GEOLIER.

Où est le pilote?

PREMIER AMI.

Ici.

LA FILLE DU GEOLIER.

Qu'aperçois-tu?

DEUXIÈME AMI.

Un beau bois.

LA FILLE DU GEOLIER.

Mets le cap dessus, maître, vire de bord.

Chantant.

Quand Cynthia avec sa lumière empruntée...

Ils sortent.

SCÈNE II

[Dans le palais.]

Entre ÉMILIE, tenant deux portraits.

ÉMILIE.

— Pourtant je pourrais fermer ces blessures; sans cela, elles vont s'ouvrir — et saigner à mort... Je vais choisir, — et terminer leur querelle; deux jeunes gens si beaux — ne doivent pas succomber pour moi. Il ne faut pas que leurs mères éplorées, — suivant les cendres mortellement froides de leurs fils, — maudissent ma cruauté.

Elle regarde le portrait d'Arcite.

Ciel bon ! — quel doux visage que celui d'Arcite! Si la sage nature, — avec ses dons les plus précieux, avec toutes les beautés — qu'elle prodigue à la naissance des nobles personnes, — se faisait ici-bas femme mortelle, eût-elle en elle — toutes les pudiques réserves des jeunes vierges, certes — elle s'éprendrait follement de cet homme! Quels yeux — a ce jeune prince! de quelle ardente étincelle, — et de quelle énergique douceur! Ici l'amour lui-même trône souriant ! — Tel, cet autre mignon, Ganimède, — enflamma Jupiter et força le dieu — à enlever le bel enfant et à le placer près de lui, — radieuse constellation ! quel sourcil il a ! — de quelle ample majesté ! — arqué comme celui de Junon aux grands yeux, mais bien plus suave, — bien plus doux que l'épaule de Pallas ! Il semble — que de là, comme d'un promontoire — élancé dans le ciel, la Renommée et l'Honneur devraient secouer leurs ailes et chanter — à tout le monde inférieur les amours et les combats — des dieux et des hommes les plus divins. Palémon — n'est que son repoussoir; près d'Arcite, il n'est qu'une ombre terne, — il est basané et chétif, il a l'œil aussi morne —

que s'il avait perdu sa mère; un tempérament inerte; — en lui pas de mouvement, pas de vivacité; — il n'a rien de cette pénétrante animation, pas même un sourire.

Elle regarde le portrait de Palémon.

— Pourtant ce que nous appelons imperfection peut plaire chez lui : — Narcisse était un triste enfant, mais il était céleste... — Oh! qui pourrait connaître les détours du caprice féminin?... — Je suis une folle, ma raison s'est égarée en moi... — Je n'ai pas fait de choix, et j'ai menti si impudemment — que toutes les femmes devraient me battre. A genoux — je te demande pardon, Palémon ! Tu es seul — beau, et d'une beauté unique... Voilà bien tes yeux, — ces lampes éclatantes de beauté, qui imposent — et fulminent l'amour, et quelle jeune fille oserait leur résister? — Quelle gravité hardie, et attrayante pourtant, — a cette brune et virile figure! O amour! voici — désormais l'unique carnation!... Arrière, Arcite! — Près de lui tu es un enfant perdu, un pur bohémien... — Et voilà la noble personne!... Je suis affolée, — complétement égarée! Ma virginale véracité m'a fuie. — Car, si mon frère m'avait tout à l'heure demandé — qui j'aimais, j'aurais nommé frénétiquement Arcite; — et si ma sœur me faisait la même demande maintenant, je préférerais Palémon.

Elle compare les deux portraits.

— Mettons-les tous les deux l'un près de l'autre... Maintenant, mon frère, faites-moi la demande... — Hélas! je ne sais que dire... Maintenant faites-la-moi, chère sœur... — Que je regarde encore! Quel enfant gâté que cet amour, — qui, entre deux hochets d'un charme égal, — ne peut faire de choix, mais crie pour les avoir tous deux !

Entre UN GENTILHOMME.

— Eh bien, monsieur?

LE GENTILHOMME.

De la part du noble duc votre frère, — madame, je vous apporte des nouvelles. Les chevaliers sont arrivés.

ÉMILIE.

— Pour finir la querelle?

LE GENTILHOMME.

Oui.

ÉMILIE.

Que ne puis-je finir auparavant!... — Quels péchés ai-je commis, chaste Diane, — pour que ma jeunesse immaculée soit aujourd'hui souillée — du sang de ces princes? pour que ma chasteté — devienne l'autel où la vie de ces amants, — les plus nobles, les meilleurs qui aient jamais — fait la joie d'une mère, soit sacrifiée — à ma malheureuse beauté!

Entrent THÉSÉE, HIPPOLYTE, PIRITHOUS *et leur suite.*

THÉSÉE, s'avançant.

Introduisez-les — au plus vite! Il me tarde de les voir.

A Émilie.

— Vos deux amants rivaux sont revenus, — accompagnés de leurs beaux chevaliers. Maintenant, ma charmante sœur, — il va falloir aimer l'un des deux.

ÉMILIE.

Je préférerais tous les deux, — pourvu que ni l'un ni l'autre ne succombât prématurément à cause de moi.

THÉSÉE.

— Qui les a vus?

PIRITHOUS.

Moi, tout à l'heure.

LE GENTILHOMME.

Et moi.

Entre UN MESSAGER.

THÉSÉE, au messager.

— D'où venez-vous, monsieur ?

LE MESSAGER.

Je viens de voir les chevaliers.

THÉSÉE.

Veuillez nous dire, — vous qui les avez vus, ce qu'ils sont.

LE MESSAGER.

Je vais, seigneur, — vous dire vraiment ce que j'en pense. S'il faut en juger par l'extérieur, — je n'ai jamais vu, de mes yeux ni dans l'histoire, six cœurs plus braves — que ceux qu'ils portent. Celui qui se tient — au premier rang avec Arcite, a la prestance — d'un vaillant, le visage d'un prince, — (son seul regard le dit); il a le teint — plutôt brun que noir, une mine farouche, et pourtant noble, — qui annonce un homme hardi, intrépide, et fier du danger. — Les cercles de ses yeux sont profonds, — et il a l'air d'un lion courroucé; — sa chevelure flotte longue derrière lui, noire et lustrée — comme l'aile du corbeau; ses épaules sont larges et fortes; — ses bras longs et ronds; sur sa cuisse, une épée — pend à un baudrier curieux, prête, sur un froncement de sourcil, — à mettre le sceau à sa volonté; jamais, sur ma conscience, — on ne vit meilleur compagnon d'armes.

THÉSÉE.

— Tu l'as bien décrit.

PIRITHOUS.

Il n'en est pas moins inférieur, — ce me semble, à celui qui s'avance de front avec Palémon.

THÉSÉE.

— De grâce, décris-nous-le, ami.

PIRITHOUS.

Je soupçonne qu'il est prince aussi, — et plus grand que l'autre, s'il est possible; car son extérieur — a tout le prestige de la noblesse. — Il a un peu plus de corpulence que le chevalier dont on vient de parler, — mais le visage bien plus doux; son teint — est empourpré, comme une grappe mûre; il a sans doute conscience — de tout ce qu'il va défendre, et il n'en est que plus apte — à faire de cette cause la sienne; son visage laisse paraître — toutes les belles espérances qu'il conçoit de son entreprise. — Et, quand il est en colère, une calme vaillance, — pure de toute exagération, pénètre toute sa personne — et guide son bras aux braves actions. Craindre lui est impossible, — il n'est pas d'une trempe assez molle. Sa tête est blonde; — sa chevelure épaisse, bouclée et emmêlée comme la cime du lierre, — inextricable à la foudre même; sa face — porte la livrée de la vierge guerrière, — toute rose et toute blanche, car la barbe ne l'a pas encore parée; — dans ses yeux qui roulent la Victoire trône, — comme si elle comptait à jamais couronner sa valeur; — son nez est proéminent, signe de noblesse; — ses lèvres rouges, après les combats, sont faites pour les femmes.

ÉMILIE.

— Et il faut aussi que ces hommes meurent!

PIRITHOUS.

Quand il parle, sa voix — résonne comme une trompette, tous ses traits — sont comme un homme doit les souhaiter, vigoureux et nets. — Il porte une hache de bel acier, dont le manche est d'or. — Son âge, environ vingt-cinq ans.

LE MESSAGER.

Il y en a un autre, — un petit homme, mais qui, par l'énergie de l'âme, semble — aussi grand qu'aucun. Je n'ai jamais vu — un tel extérieur tant promettre.

PIRITHOUS.

— Oh! celui qui a ces taches de rousseur?

LE MESSAGER.

Lui-même, monseigneur. — Ne sont-elles pas gracieuses?

PIRITHOUS.

Oui, elles sont bien.

LE MESSAGER.

Il me semble — qu'étant si peu nombreuses et si bien disposées, elles attestent — l'art exquis et grand de la nature. Il a les cheveux blonds, — non d'un blond efféminé, mais de cette nuance virile — voisine du châtain; robuste et agile, — ce qui indique une âme active; ses bras sont charnus, — doublés de muscles vigoureux; vers l'épaule — ils se gonflent doucement, comme une femme qui vient de concevoir; — ce qui montre qu'il est apte au travail et qu'il ne fléchit jamais — sous le poids des armes; intrépide, calme, — mais, quand il s'émeut, un tigre! Il a l'œil azuré, — ce qui implique la compassion après qu'il a vaincu; habile — à apercevoir les avantages, et, dès qu'il les découvre, — prompt à en profiter; il ne fait pas d'offense, — mais n'en accepte pas. Il a le visage ovale; s'il sourit, — c'est un amant; s'il fronce le sourcil, un guerrier. — Sur la tête il porte une triomphale couronne de chêne, — à laquelle sont fixées les faveurs de sa dame. — Son âge, environ trente-six ans. A la main — il porte un bâton de combat, rehaussé d'argent.

THÉSÉE.

— Sont-ils tous ainsi?

PIRITHOUS.

Ils sont tous les fils de l'honneur.

THÉSÉE.

— Ah! sur mon âme, il me tarde de les voir!... — Madame, vous allez voir combattre des hommes.

HIPPOLYTE.

J'en suis bien aise, — mais j'en regrette la cause, monseigneur. Il ferait beau — les voir se disputer les titres de deux royaumes. — C'est dommage que l'amour soit si tyrannique. — Oh! ma tendre sœur, à quoi pensez-vous? — Ne pleurez pas, fillette, avant qu'ils aient pleuré du sang!... Il le faut.

THÉSÉE, à Émilie.

— Vous avez acéré leur bravoure avec votre beauté.

A Pirithoüs.

Honorable ami, — je vous livre le champ clos; veuillez l'ordonner, — en disposant les personnes qui doivent l'occuper.

PIRITHOUS.

Oui, seigneur.

THÉSÉE.

— Allons, je vais les visiter; je ne puis attendre — qu'ils paraissent, tant leur renommée m'a enflammé. — Cher ami, soyez royal.

PIRITHOUS.

Toutes les magnificences seront déployées.

ÉMILIE.

— Va, pauvre fille, pleure. Quel que soit le vainqueur, — il perdra un noble cousin pour tes péchés.

Ils sortent.

SCÈNE III

[La prison.]

Entrent LE GEOLIER, LE GALANT et LE DOCTEUR.

LE DOCTEUR.

Son égarement est plus grand à certaines époques de la lune qu'à d'autres, n'est-ce pas?

LE GEOLIER.

Elle est toujours dans un délire inoffensif; elle dort peu, n'a pas le moindre appétit, mais boit souvent; songeant à un autre monde, à un monde meilleur; quel que soit l'objet incohérent qui l'occupe, elle le larde de ce nom : Palémon! Elle en farcit toute chose, l'assaisonne de toute façon.

Entre LA FILLE DU GEOLIER.

Tenez, la voici qui vient! Vous allez voir son état.
LA FILLE DU GEOLIER.

Je l'ai tout à fait oubliée. Le refrain est : *A bas! A bas!* L'auteur n'est ni plus ni moins que Giraldo, le précepteur d'Émilie. C'est un homme qui sera fantasque tant qu'il marchera sur ses pieds; car dans l'autre monde Didon verra Palémon, et alors elle désaimera Énée.

LE DOCTEUR.

Qu'est-ce que cela veut dire?... Pauvre âme!
LE GEOLIER.

C'est comme ça tout le long du jour.
LA FILLE DU GEOLIER.

Quant au charme dont je vous ai parlé, voici : vous devez porter une pièce d'argent au bout de votre langue; sinon, pas de bac! Alors si vous avez la chance d'aller où sont les âmes bienheureuses, quel spectacle!... Nous autres, filles qui avons eu le cœur broyé, mis en lambeaux par l'amour, nous irons là, et tout le jour nous ne ferons que cueillir des fleurs avec Proserpine; alors je ferai un bouquet pour Palémon; alors, qu'il... vous comprenez... qu'il...

LE DOCTEUR.

Quelle gracieuse aberration ! Écoutons-la encore un peu.
LA FILLE DU GEOLIER.

Ma foi, je vais vous dire ; parfois nous jouons à la courtepaille, nous les bienheureuses... Hélas! c'est une cruelle existence qu'on a dans l'autre endroit : brûler, frire, bouillir, siffler, hurler, déblatérer, jurer! Oh! on y fait un vilain concert! Prenez-y garde! si l'on devient fou furieux, si l'on se pend ou si l'on se noie, c'est là qu'on va. Jupiter nous bénisse! et là on est mis dans une chaudière de graisse d'usurier et de plomb fondu, en compagnie d'un million de coupe-bourse, pour y bouillir sans rémission comme une couenne de lard.

LE DOCTEUR.

Comme sa cervelle travaille!

LA FILLE DU GEOLIER.

Les seigneurs et les courtisans qui ont fait des enfants à des filles sont dans cet endroit; ils y restent dans le feu jusqu'au nombril, et dans la glace jusqu'au cœur, et là la partie coupable brûle, et la partie trompeuse gèle. En vérité, on pourrait trouver la punition bien cruelle pour une pareille vétille! Croyez-moi, je vous assure que, pour en être quitte, on épouserait volontiers une sorcière lépreuse.

LE DOCTEUR.

Comme elle poursuit cette idée! Ce n'est pas une démence superficielle, mais une mélancolie bien épaisse et bien profonde.

LA FILLE DU GEOLIER.

Entendre là une fière grande dame et une fière bourgeoise hurler ensemble! Je serais une brute d'appeler ça une bonne plaisanterie. L'une crie : *Oh! quelle fumée!* L'autre : *Quel feu!* Celle-ci crie : *Oh! pourquoi ai-je fait ça derrière la tapisserie?* et alors elle pousse un hurlement; celle-là maudit son galant et le pavillon de son jardin.

Chantant.

Je serai fidèle, mon étoile, ma destinée, etc.

LE GEOLIER.

Que pensez-vous d'elle, monsieur?

LE DOCTEUR.

Je pense qu'elle a une perturbation d'esprit à laquelle je ne puis remédier.

LE GEOLIER.

Hélas! que faire alors?

LE DOCTEUR.

Savez-vous si elle a jamais aimé quelqu'un, avant d'avoir vu Palémon?

LE GEOLIER, montrant le galant.

J'ai eu naguère, monsieur, la pleine espérance qu'elle avait fixé son affection sur ce gentleman, mon ami.

LE GALANT.

Je l'ai cru aussi, et je penserais faire une bonne aubaine en donnant la moitié de ma fortune pour qu'elle et moi nous fussions encore sans conteste dans les mêmes termes.

LE DOCTEUR.

C'est le trouble de ses yeux enivrés qui a troublé ses autres sens; il peuvent se rétablir et se remettre suffisamment pour remplir leurs fonctions prédestinées; mais ils sont maintenant dans le plus extravagant délire. Voici ce que vous devez faire : vous la confinerez en un lieu où la lumière semble se faufiler plutôt qu'être admise. Vous, jeune homme, son ami, assumez le nom de Palémon; dites que vous êtes venu souper avec elle et faire la communion d'amour; cela fixera son attention, car c'est la pensée dont elle a le cerveau frappé; les autres objets qui s'interposent entre son regard et son esprit ne sont que les caprices fantasques de sa démence. Chantez-lui de ces vertes chansons d'amour qu'elle prétend que Palémon chantait dans sa prison. Arrivez à elle, paré des fleurs les plus embaumées que possède la saison, et parfumé en outre de quelque autre odeur artificielle qui soit agréable aux sens : tout cela fera un Palémon accompli, car Palémon sait chanter, et Palémon est embaumé, et tout ce qu'il y a de bon. Demandez à souper avec elle, découpez pour elle, buvez à elle, et insistez sans cesse à travers tout cela pour obtenir ses bonnes grâces et l'accès de sa faveur. Sachez quelles jeunes filles ont été ses compagnes et ses camarades de jeux; et faites-les venir à elle avec le nom de Palémon à la bouche, et chargées de cadeaux qu'elles seront censées offrir en son nom. C'est un mensonge qui la trouble, et c'est par des mensonges qu'il faut le combattre. Ceci pourra l'induire à manger, à dormir, et remettre en ordre et en équilibre ce qui est faussé en elle. J'ai vu cela réussir je ne sais combien de fois; et j'ai grand espoir de voir ce cas s'ajouter au nombre. Je viendrai, entre les diverses phases de ce projet, donner mes soins. Mettons-le à exécution; et hâtons-en le succès qui, n'en doutez pas, ramènera le bien-être.

Ils sortent.

ACTE V

SCÈNE I

[Une place sur laquelle sont disposés les autels de Mars, de Vénus et Diane.]

Fanfares. Entrent THÉSÉE, PIRITHOUS, HIPPOLYTE et leur suite.

THÉSÉE.

— Maintenant, qu'ils entrent, et qu'ils offrent — aux dieux leurs saintes prières! Que les temples — resplendissent de feux sacrés, et que les autels — fassent monter leur encens en nuées pieuses, — jusqu'à ceux qui nous dominent! N'omettons rien de ce qui est dû. — Ils ont une noble tâche à remplir, ceux qui veulent honorer — les puissances dont ils sont aimés.

Fanfares de cors. Entrent PALÉMON, ARCITE *et leurs chevaliers.*

PIRITHOUS.

Seigneur, ils arrivent.

THÉSÉE.

— Vaillants et magnanimes adversaires, — cousins royalement ennemis, venus aujourd'hui — pour éteindre cette parenté qui flamboie entre vous, — laissez de côté pour une heure votre colère, et, comme des colombes, — devant les saints autels de vos protecteurs, — les dieux redoutables, inclinez vos têtes inflexibles. — Votre courroux est surhumain ; que tel soit votre appui ! — Et, avec la faveur des dieux, combattez pour la justice ! — Je vous laisse à vos prières, et entre vous — je partage mes vœux.

PIRITHOUS.

Que l'honneur couronne le plus digne !

Tous sortent, excepté PALÉMON, ARCITE *et leurs chevaliers.*

PALÉMON.

— Le sablier d'où le gravier s'échappe en ce moment, ne sera pas encore vide, — qu'un de nous aura expiré. Songez seulement à ceci : — s'il y avait en moi quelque chose qui prétendît — me faire obstacle en cette affaire, un de mes yeux — se tournant contre l'autre, un bras luttant contre l'autre bras, — je détruirais le rebelle ; oui, cousin, je le détruirais, — bien que faisant partie de moi-même. D'après cela jugez donc — comment je vais vous traiter.

ARCITE.

Je travaille — à chasser de ma mémoire votre nom, votre vieille amitié, — notre parenté, et à substituer à tout cela — quelque chose que je désire anéantir. Hissons donc — les voiles qui doivent mener nos vaisseaux au port même — que désignera le divin nautonnier.

ACTE V, SCÈNE I.

PALÉMON.

Vous parlez bien. — Avant que je m'éloigne, laisse-moi t'embrasser, cousin! — C'est pour la dernière fois.

ARCITE.

— Un adieu suprême!

PALÉMON.

Eh bien, soit. Adieu, cousin!

ARCITE.

Adieu, monsieur.

Sortent Palémon et ses chevaliers.

— Chevaliers, parents, amis, vous qui vous sacrifiez pour moi, — vrais adorateurs de Mars dont l'esprit — dissipe en vous les germes de la frayeur et l'appréhension même — qui en est la mère, présentez-vous avec moi — devant le dieu de notre profession. — Allons lui demander le cœur des lions, — le souffle des tigres, et leur furie, — et leur élan, pour aller en avant, veux-je dire; — car, pour faire retraite, nous souhaiterions être des limaçons... Vous savez que la palme — doit être ramassée dans le sang. Il faut que la force et la prouesse — me confèrent la couronne à laquelle est attachée — la reine des fleurs! Nos invocations — doivent donc être adressées à celui qui fait du champ de bataille une cuve — d'où déborde le sang humain; secondez-moi, — et inclinez vos âmes vers lui.

Ils se prosternent devant la statue de Mars.

— O puissant, qui par ton pouvoir as changé — en pourpre le vert Neptune, toi dont l'approche — est annoncée par des comètes, toi dont les dévastations dans les plaines — sont proclamées par des crânes hors de terre, toi dont le souffle abat — la féconde moisson de Cérès, toi dont la main irrésistible — arrache du haut de la nue bleue — les donjons maçonnés, toi qui édifies et brises — les ceintures de pierre des cités, initie-moi, moi, ton élève, — moi, le plus jeune de ceux qui suivent ton tambour, — initie-moi à l'art de la guerre, que je puisse — arborer mon étendard pour ta gloire et être, grâce à toi, — salué vainqueur de la journée! Donne-moi, grand Mars, — quelque gage de ta faveur!

> Ici, ils se prosternent de nouveau la face contre terre; on entend un cliquetis d'armures, accompagné d'un rapide coup de tonnerre, ressemblant au fracas d'une bataille; sur quoi tous se lèvent et s'inclinent devant l'autel.

O grand correcteur des énormités des temps, — qui précipites les états pourris, suprême arbitre — des titres poudreux et surannés, qui avec des saignées soulages — la terre malade, et guéris le monde — de sa pléthore de peuples, j'accepte — tes signes comme un heureux augure, et en ton nom — je marche hardiment à mon dessein. Partons!

Ils sortent.

> Entrent PALÉMON et ses chevaliers. Ils se prosternent devant l'autel de Vénus, puis se relèvent.

PALÉMON.

— Nos étoiles doivent briller d'un nouveau feu, ou — s'éteindre aujourd'hui. Notre argument est l'amour; — si la déesse d'amour l'adopte, elle nous donne — la victoire. Unissez donc vos esprits aux miens, — vous tous dont la magnanime noblesse fait de ma cause — votre hasard personnel! A la déesse Vénus — recommandons notre entreprise, et implorons — sa protection pour notre parti.

Ils s'agenouillent.

— Salut, reine souveraine des secrets, toi qui as le pouvoir — d'arracher à sa furie le plus farouche tyran — pour le jeter pleurant aux pieds d'une fille, toi qui peux — avec une simple œillade amortir le tambour de Mars — et dissiper la fanfare d'alarme en murmures, toi qui permets — au boiteux de jeter en l'air sa béquille, en le guérissant — plus vite qu'Apollon, toi qui peux forcer le roi — à être le vassal de sa sujette, et induire — la gravité surannée à danser!... Le vieux garçon chauve, — dont la jeunesse, comme un enfant espiègle traversant un feu de joie, — a échappé à tes flammes, tu l'attrapes à soixante-dix ans — et tu lui fais écorcher au hoquet de sa voix chevrottante — de jeunes chansons d'amour. Quel est le divin pouvoir — sur qui tu n'aies pas de pouvoir? A Phébus tu — ajoutes des flammes, plus ardentes que les siennes; les feux du ciel — ont brûlé son fils mortel, les tiens l'ont brûlé, lui! La Chasseresse, — humide et froide, fut surprise, dit-on, à jeter — son arc et à soupirer! Admets-moi dans tes grâces, — moi, ton soldat dévoué, moi qui porte ton joug — comme une couronne de roses, bien qu'il soit plus lourd — que le plomb même et plus piquant que l'ortie! — Je n'ai jamais récriminé contre ta loi; — je n'ai jamais révélé de secrets, n'en connaissant aucun, et j'eusse fait — de même, les connaissant tous; je n'ai jamais entrepris — la femme d'un autre, ni lu les libelles — des beaux esprits; je n'ai jamais, à de grands festins, — cherché à séduire une beauté, mais j'ai rougi — au sourire des petits-maîtres qui le faisaient; j'ai été dur — envers les libertins bavards, et leur ai demandé vivement — s'ils avaient des mères; j'en avais une, moi! une femme! — et c'étaient toutes les femmes qu'ils outrageaient! J'ai connu un homme — de quatre-vingts hivers, leur disais-je, qui — épousa une fille de quatorze ans... Déesse, tu as le pouvoir — de donner vie à la poussière!... Les crampes séniles — avaient tordu en cercle son pied carré; — la goutte avait noué ses doigts; — d'atroces convulsions avaient presque soustrait — aux globes de ses yeux leurs orbites; en sorte que tout ce qui était vie — en lui semblait une torture. Ce squelette — eut de cette jeune et belle compagne un garçon, et moi, — j'affirmais qu'il était bien son fils, car elle jurait qu'il l'était, — et comment se refuser à la croire? Bref, — pour ceux qui jasent ayant réussi, je ne suis pas un camarade; — pour ceux qui, n'ayant pas réussi, se vantent, je suis un ennemi; — pour ceux qui voudraient réussir et n'y parviennent pas, je n'ai que des applaudissements. — Non, je n'aime pas celui qui raconte de secrètes intrigues — de la plus sale manière, ni celui qui trahit des mystères — dans le plus impudent langage. Tel je suis, — et je jure que jamais amant n'a jamais soupiré — plus sincèrement que moi. Donc, ô souverainement tendre déesse, — donne-moi la victoire dans cette lutte où se débat — le mérite du véritable amour, et honore-moi d'un signe — de ta haute faveur.

Ici on entend une musique, et l'on voit voltiger des colombes. Tous se prosternent la face contre terre, puis se mettent à genoux.

— O toi qui règnes sur les cœurs mortels — de onze à quatre-vingt-dix ans, toi qui as pour parc ce monde — et nos hordes pour gibier, je te remercie — de ce gage propice! En fortifiant — mon cœur innocent et loyal, il m'arme tout entier d'assurance — pour cette entreprise. Relevons-nous, et — inclinons-nous devant la déesse! Le temps marche.

Ils s'inclinent et sortent.

Doux accords de flageolets. Entre ÉMILIE, *les cheveux sur les épaules, sur la tête une guirlande d'épis; une jeune fille en blanc, ayant des fleurs dans les cheveux, tient la queue de sa robe; une autre porte devant elle un encensoir d'argent, en forme de biche, rempli d'encens et de parfums, qu'elle dépose sur l'autel; elle se retire; Émilie y met le feu; puis toutes s'inclinent et s'agenouillent.*

ÉMILIE.

— O reine sacrée, mystérieuse, froide et constante, — ennemie des orgies, muette, contemplative, — suave, solitaire, blanche autant que chaste, pure — comme la neige tamisée au vent, toi qui à tes chevaliers femelles — ne laisses que le sang nécessaire à la rougeur, — cette robe de leur ordre, moi, ta prêtresse, — je m'humilie ici devant ton autel. Oh! daigne — abaisser sur ta vierge ce merveilleux œil vert — qui n'a jamais regardé une chose maculée! — Oh! sainte et argentine maîtresse, prête ton oreille, — (qui n'a jamais entendu un terme impur, où — n'a jamais pénétré un voluptueux murmure), à ma supplication — que trouble une sainte frayeur. Voici la fin — de ma fonction de vestale; j'ai la robe nuptiale, — mais le cœur vierge. Un mari m'est destiné, — mais je ne le connais pas. De deux, j'en dois — choisir un, et prier pour son succès, mais — mes yeux ne sont complices d'aucune élection. — Tous deux sont également précieux; j'aurais à en sacrifier un, — que je ne pourrais condamner ni l'un ni l'autre; celui qui périrait — disparaîtrait sans jugement. Ainsi donc, ô ma pudique reine, — que celui des deux prétendants qui m'aime le mieux — et qui a le plus de titres, que celui-là — m'enlève ma couronne d'épis; sinon, permets — que je conserve dans ta légion — mon rang et ma dignité.

Ici l'encensoir disparaît sous l'autel, et à la place s'élève un rosier portant une seule rose.

— Voyez ce que la souveraine du flux et du reflux — fait surgir par sa sainte puissance — des entrailles même de son autel sacré! Rien qu'une rose! — Si je suis bien inspirée, ce combat sera la ruine — de ces deux braves chevaliers, et moi, fleur vierge, — je croîtrai solitaire sur ma tige.

Ici des instruments font entendre un son aigu, et la rose tombe de l'arbre.

— La fleur est tombée; l'arbre descend! O maîtresse, — voilà que tu me congédies; je serai cueillie, — je le crois; je ne connais pas ton intime volonté; — démasque ton mystère!.... J'espère qu'elle est satisfaite; — ses signes étaient favorables.

Elles saluent et sortent.

SCÈNE II.

[La prison.]

Entrent LE DOCTEUR, LE GEOLIER et LE GALANT, habillé comme Palémon.

LE DOCTEUR.

— Le conseil que je vous ai donné lui a-t-il fait du bien?

LE GALANT.

— Oh! beaucoup. Les jeunes filles qui lui tenaient compagnie — l'ont à demi convaincue que je suis Palémon. — Il y a une demi-heure, elle est venue à moi souriante, — et m'a demandé ce que je voulais manger, et quand je l'embrasserais; — je lui ai dit : *immédiatement*, et je l'ai embrassée deux fois.

LE DOCTEUR.

— C'était bien. Vingt fois eût été mieux encore; — car c'est de là surtout que dépend la cure.

LE GALANT.

Alors elle m'a dit — qu'elle veillerait avec moi cette nuit, car elle savait bien — à quelle heure mon accès me prendrait.

LE DOCTEUR.

Laissez-la faire; — et, dès que l'accès vous arrivera, accommodez-la bien et tout de suite.

LE GALANT.

— Elle a voulu me faire chanter.

LE DOCTEUR.

Et vous avez chanté?

LE GALANT.

Non.

LE DOCTEUR.

Vous avez fort mal fait alors; — vous devriez lui complaire en tout.

LE GALANT.

Hélas! — je n'ai pas de voix, monsieur, pour la satisfaire sur ce point.

LE DOCTEUR.

— Peu importe, pourvu que vous fassiez du bruit; — si elle vous redemande, faites n'importe quoi. — Couchez avec elle, si elle vous en prie.

LE GEOLIER.

Halte-là, docteur!

LE DOCTEUR.

— Oui, par manière de guérison.

LE GEOLIER.

Gardons, d'abord, si vous le permettez, — les manières de l'honnêteté.

LE DOCTEUR.

Ce n'est là qu'une subtilité. — N'allez pas perdre votre enfant par honnêteté. — Guérissez-la de la bonne manière; alors, si elle veut être honnête, — elle aura le droit chemin devant elle.

LE GEOLIER.

Merci, docteur.

LE DOCTEUR.

Veuillez l'amener, — et voyons comment elle est.

LE GEOLIER.

Je vais lui dire — que son Palémon l'attend. Mais, docteur, — il me semble que vous avez tort pourtant.

Il sort.

LE DOCTEUR.

— Allez, allez! vous autres pères, vous êtes de jolis fous!... Son honnêteté! — Si nous lui donnions de la médecine jusqu'à ce que nous trouvions ça!...

LE GALANT.

— Quoi! est-ce que vous ne la croyez pas honnête, monsieur?

LE DOCTEUR.

— Quel âge a-t-elle?

LE GALANT.

Dix-huit ans.

LE DOCTEUR.

Elle peut l'être; — mais n'importe! ça ne fait rien à notre affaire. — Quoi que dise son père, si vous vous apercevez — que son humeur incline du côté que je disais, — *videlicet* du côté de la chair... Vous me comprenez?

LE GALANT.

— Oui, très-bien, monsieur.

LE DOCTEUR.

Satisfaites son désir — et largement; ça la guérira, *ipso facto*, — de l'humeur mélancolique qui l'empoisonne.

LE GALANT.

— Je suis de votre avis, docteur.

LE DOCTEUR.

— Vous verrez. La voici; je vous en prie, accommodez-la.

Entrent LE GEOLIER, LA FILLE DU GEOLIER et une compagne.

LE GEOLIER, à sa fille.

— Venez; votre amoureux Palémon vous attend, mon enfant; — et voilà déjà une grande heure qu'il est ici pour vous voir.

LA FILLE DU GEOLIER.

— Je le remercie de son aimable patience; — c'est un bon jeune homme, et je lui suis grandement obligée. — Vous n'avez jamais vu le cheval qu'il m'a donné?

LE GEOLIER.

Si fait.

LA FILLE DU GEOLIER.
— Comment le trouvez-vous ?
LE GEOLIER.
C'est un très-beau cheval.
LA FILLE DU GEOLIER.
— Vous ne l'avez jamais vu danser ?
LE GEOLIER.
Non.
LA FILLE DU GEOLIER.
Moi, je l'ai vu souvent; — il danse très-bien, très-élégamment; — et, pour une gigue, il peut défier toutes les queues longues et courtes ! — Il tourne comme une toupie.
LE GEOLIER.
Ça doit être bien beau.
LA FILLE DU GEOLIER.
— Il dansera la morisque en faisant vingt milles à l'heure ; — et il enfoncera le meilleur cheval de bois — de toute la paroisse, si je m'y connais bien ; — et il galope sur l'air de *Léger amour.* — Que pensez-vous de ce cheval?
LE GEOLIER.
Avec ces vertus-là, — je pense qu'on pourrait l'amener à jouer à la paume.
LA FILLE DU GEOLIER.
— Bah ! ça ne serait rien.
LE GEOLIER.
Sait-il lire et écrire ?
LA FILLE DU GEOLIER.
— Il a une très-belle main; et il dresse lui-même le compte — de son foin et de sa provende; le palefrenier — qui voudrait l'attraper devrait se lever de bien bonne heure. Vous connaissez — la jument marron qu'a le duc ?
LE GEOLIER.
Fort bien.

LA FILLE DU GEOLIER.

— Elle est terriblement amoureuse de lui, pauvre bête ! — Mais lui, il est comme son maître, froid et dédaigneux.

LE GEOLIER.

— Quelle dot a-t-elle ?

LA FILLE DU GEOLIER.

Environ deux cents bottes de foin — et vingt boisseaux d'avoine. Mais il ne voudra jamais d'elle ; — il zézaie si bien en hennissant qu'il serait capable de séduire — la jument d'un meunier ; il causera sa mort.

LE DOCTEUR.

Quelles niaiseries elle dit là !

LE GEOLIER, à sa fille.

— Faites la révérence ; voici votre amoureux qui s'avance.

LE GALANT.

Jolie âme, — comment vous portez-vous ? La belle demoiselle ! voilà une révérence.

LA FILLE DU GEOLIER.

— A vos ordres, en tout honneur. — Quelle distance y a-t-il d'ici au bout du monde, mes maîtres ?

LE DOCTEUR.

— Eh bien, une journée de voyage, fillette.

LA FILLE DU GEOLIER, au galant.

Voulez-vous y aller avec moi ?

LE GALANT.

— Que ferons-nous là, fillette ?

LA FILLE DU GEOLIER.

Eh bien, nous y jouerons au trou-madame : — y a-t-il autre chose à faire ?

LE GALANT.

Je veux bien, — si nous y célébrons notre noce.

LA FILLE DU GEOLIER.

C'est juste ; — je vous assure en effet que nous trouverons là — tout exprès quelque prêtre aveugle qui s'aventurera — à nous marier, car ici ils sont bêtement scrupuleux. — En outre, mon père doit être pendu demain, — et ça ferait tache à l'affaire. — N'êtes-vous pas Palémon?

LE GALANT.

Est-ce que vous ne me reconnaissez pas?

LA FILLE DU GEOLIER.

— Si fait; mais vous ne vous souciez pas de moi! Je n'ai rien — que cette pauvre jupe et deux grosses chemises.

LE GALANT.

— N'importe; je veux vous avoir.

LA FILLE DU GEOLIER.

Voulez-vous? bien sûr?

LE GALANT.

— Oui, par cette loyale main! je le veux.

LA FILLE DU GEOLIER.

Alors nous irons au lit.

LE GALANT.

Quand vous voudrez.

Il l'embrasse.

LE GEOLIER, au galant.

— Ah! messire, vous êtes bien gourmand.

LE GALANT, à la fille du geôlier.

— Pourquoi essuyez-vous mon baiser?

LA FILLE DU GEOLIER.

C'est un baiser embaumé; — il va me parfumer joliment pour la noce... — N'est-ce pas là votre cousin Arcite?

LE DOCTEUR.

Oui, cher cœur; — et je suis bien aise que mon cousin Palémon — ait fait un si bon choix.

LA FILLE DU GEOLIER.

Croyez-vous qu'il voudra de moi?

LE DOCTEUR.

— Oui, sans doute.

LA FILLE DU GEOLIER, au geolier.

Et vous, le croyez-vous aussi?

LE GEOLIER.

Oui.

LA FILLE DU GEOLIER.

— Nous aurons beaucoup d'enfants. Seigneur! comme vous avez engraissé! — Mon Palémon va engraisser aussi, j'espère, et joliment, — maintenant qu'il est en liberté. Hélas! pauvre poulet, — on l'a bien fait pâtir avec la maigre chère et le mauvais logement, — mais je le rétablirai à force de baisers.

Entre un MESSAGER.

LE MESSAGER.

Que faites-vous ici? — Vous allez perdre le plus noble spectacle qu'on ait jamais vu.

LE GEOLIER.

— Sont-ils dans le champ-clos?

LE MESSAGER.

Oui. — Vous remplissez une charge là aussi.

LE GEOLIER.

J'y vais de ce pas... — Il faut que je vous laisse ici.

LE DOCTEUR.

Non, nous irons avec vous. — Je ne veux pas manquer cette joute.

LE GEOLIER, montrant sa fille au docteur.

Comment l'avez-vous trouvée?

LE DOCTEUR.

— Je vous garantis que dans trois ou quatre jours — je l'aurai rétablie.

Au galant.

Vous, vous ne devez pas la quitter; — entretenez-la toujours dans ce sens-là.

LE GALANT.
Je le ferai.
LE DOCTEUR.
Faisons-la rentrer.
LE GALANT, à la fille du geôlier.
— Venez, mignonne, nous allons dîner; — et puis nous jouerons aux cartes.
LA FILLE DU GEOLIER.
Et nous embrasserons-nous?
LE GALANT.
— Cent fois.
LA FILLE DU GEOLIER.
Et vingt fois encore?
LE GALANT.
Et vingt fois encore.
LA FILLE DU GEOLIER.
— Et puis nous coucherons ensemble?
LE DOCTEUR, au galant.
Acceptez son offre.
LE GALANT, à la fille du geôlier.
— Oui, certes.
LA FILLE DU GEOLIER.
Mais vous ne me ferez pas de mal?
LE GALANT.
— Je ne le voudrais pas, mignonne.
LA FILLE DU GEOLIER.
Si vous me faites mal, amour, je crierai.

Ils sortent.

SCÈNE III

[Le vestibule du palais ducal.]

Entrent Thésée, Hippolyte, Émilie, Pirithous et leur suite.

ÉMILIE.
— Je n'irai pas plus loin.

PIRITHOUS.

Voulez-vous perdre ce spectacle?

ÉMILIE.

— J'aimerais mieux voir un roitelet fondre sur une mouche — que voir ce débat. Chaque horion qui tombe — menace une brave existence... Chaque coup gémit — sur la place où il frappe, et a le son — d'un glas plus que d'une estocade. Je resterai ici. — C'est assez que mon oreille soit torturée — par l'événement fatal auquel il m'est impossible — d'être sourde; c'est assez que j'entende, sans souiller mes regards — du terrible spectacle qu'ils peuvent éviter.

PIRITHOUS, à Thésée.

Sire, mon bon seigneur, — votre sœur ne veut pas aller plus loin.

THÉSÉE.

Oh! elle le doit. — Elle verra dans leur réalité des exploits glorieux — qui feront merveille un jour, rien qu'en peinture.

A Émilie.

En présence de ce drame — que la nature elle-même va composer et jouer, la conviction — doit être scellée à la fois de la vue et de l'ouïe. Il faut que vous soyez présente. — Vous êtes la récompense du vainqueur, le prix et la couronne — destinée à sacrer le mérite triomphant.

ÉMILIE.

Excusez-moi. — Si j'étais là, je fermerais les yeux.

THÉSÉE.

Il faut que vous soyez là. — Cette épreuve a lieu, pour ainsi dire, dans la nuit, et vous êtes — le seul astre qui puisse l'éclairer.

ÉMILIE.

Je suis éteinte. — Elle ne peut être que perfide, la lumière qui les montrera — l'un à l'autre. La nuit, cette éternelle — mère de l'horreur, sur laquelle pèse la malédiction

— de tant de millions de mortels, n'aurait en ce moment — qu'à jeter son noir manteau sur ces deux hommes — et à les empêcher de se retrouver, et peut-être réparerait-elle — un peu sa réputation, et ferait-elle oublier — bien des meurtres dont elle est coupable.

HIPPOLYTE.

— Il faut que vous veniez.

ÉMILIE.

En vérité, je n'irai pas.

THÉSÉE.

— Mais il faut que les chevaliers allument — leur vaillance à votre regard. Sachez que de cette guerre — vous êtes le trésor, et qu'il faut que vous soyez là — pour payer le service.

ÉMILIE.

Seigneur, excusez-moi. — La couronne d'un royaume peut se disputer — loin de lui.

THÉSÉE.

Bien, bien, à votre guise! — Les personnes qui resteront près de vous pourraient souhaiter leur office — à quelqu'un de leurs ennemis.

HIPPOLYTE.

Adieu, sœur! — Il est probable que je connaîtrai votre mari avant vous-même, — dans l'éclair d'un instant. Celui des deux que les dieux — reconnaissent pour le plus digne, je les prie — de vous l'accorder.

Sortent Thésée, Hippolyte, Pirithoüs, etc.

ÉMILIE.

—Arcite a le visage doux; mais son regard — est comme un engin de guerre braqué, ou comme une lame aiguë — dans un fourreau soyeux; la clémence et le courage viril — se marient sur son visage. Palémon — a l'aspect très-menaçant; son front — se creuse et semble ouvrir une tombe à ce qui l'assombrit. — Pourtant il n'est pas toujours ainsi, mais il se modifie suivant — la nature de ses pensées; longtemps son regard — s'arrêtera sur son objet. La mélancolie — lui sied aussi noblement que l'enjouement à Arcite; — mais la tristesse de Palémon est une sorte de joie — tempérée, comme si la gaîté le rendait triste — et la tristesse gai. Ces humeurs sombres qui — s'attachent si fâcheusement à d'autres, en lui — demeurent gracieuses.

Fanfares de cors. Les trompettes sonnent la charge.

— Écoutez comme ces éperons de la vaillance excitent — les princes à l'épreuve! Arcite peut m'obtenir; — et pourtant Palémon peut blesser Arcite jusqu'à — déparer son visage. Oh! quels regrets — seraient suffisants pour un pareil désastre!... Si j'étais là, — je pourrais être nuisible; car ils détourneraient leurs regards — de mon côté, et dans ce mouvement ils pourraient — manquer une parade ou omettre une attaque — réclamée par le moment même; il vaut beaucoup mieux — que je ne sois pas là. Oh! mieux vaudrait n'être jamais née — qu'être la cause d'un pareil malheur.

Fanfares. On crie : Vive Palémon !

Entre UN SERVITEUR.

Qui a l'avantage?

LE SERVITEUR.

On acclame Palémon.

ÉMILIE.

— Il a donc vaincu. Cela était probable : — sa mine respirait le triomphe et le succès, et il est — sans aucun doute le premier des hommes... Je t'en prie, cours — et rapporte-moi ce qui se passe.

Fanfare. Cris de : Vive Palémon !

LE SERVITEUR.

Toujours Palémon!

ACTE V, SCÈNE III.

ÉMILIE.

— Cours et informe-toi.

Le serviteur sort.

Elle tire de son sein le portrait d'Arcite et le regarde.

Tu as donc perdu, mon pauvre serviteur! — J'ai constamment porté ton portrait à ma droite, — celui de Palémon à gauche. Pourquoi? Je ne sais pas; — je n'avais pas de but en les plaçant ainsi; c'est le hasard qui l'a voulu. — Du côté gauche est le cœur : Palémon — avait la meilleure chance.

Acclamations et cris. Fanfare de cors.

Cette explosion de clameurs — est assurément la fin du combat.

Rentre LE SERVITEUR.

LE SERVITEUR.

— On dit que Palémon avait acculé Arcite — à un pouce de la colonne, et le cri — général était : « Vive Palémon! » Mais aussitôt, — les seconds d'Arcite l'ont bravement dégagé, et les deux hardis jouteurs sont en ce moment — aux prises.

ÉMILIE.

S'ils pouvaient tous deux se métamorphoser — en un seul!... Oh! pourquoi? Il n'y aurait pas une femme — digne d'un homme ainsi composé! Leur mérite respectif, — la noblesse spéciale à chacun d'eux donne déjà — le désavantage de l'infériorité et de l'insuffisance — à toute femme existante.

Fanfare. Cris de : Vive Arcite!

Nouvelle ovation! — Est-ce toujours Palémon?

LE SERVITEUR.

Non, maintenant on acclame Arcite.

ÉMILIE.

— Je t'en prie, fais attention aux cris. — Tiens tes deux oreilles aux écoutes.

Fanfare. Acclamations. Cris de : Arcite! Victoire!

LE SERVITEUR.

On crie : — *Arcite! Victoire!* Écoutez! *Arcite! Victoire!* — L'achèvement du combat est proclamé — par les instruments à vent.

ÉMILIE.

Les moins clairvoyants voyaient — qu'Arcite n'était pas un enfant. Dieu du ciel! l'éclat, — la splendeur même de la vaillance rayonnait à travers lui! Elle ne pouvait — pas plus se dissimuler en lui que le feu ne peut se cacher dans la flamme, — que l'humble rive ne peut chercher chicane aux flots — que l'ouragan force à se déchaîner. Je croyais bien — qu'il arriverait malheur au bon Palémon, mais je ne savais pas — pourquoi je croyais cela. Notre raisonnement n'est pas prophète, — tandis que notre fantaisie l'est souvent. Les voici qui arrivent... — Hélas! pauvre Palémon!

Fanfare. Entrent Thésée, Hippolyte, Pirithous, Arcite vainqueur, et la suite.

THÉSÉE.

— Là! voici notre sœur qui attend — frémissante et inquiète. Charmante Émilie, — les cieux, par leur divin arbitrage, — vous ont donné ce chevalier. Jamais plus brave que lui — ne frappa sur un cimier. Donnez-moi vos mains. — Recevez-la, vous; et vous, recevez-le. Soyez fiancés par un amour — qui croîtra à mesure que vous vieillirez.

ARCITE.

Émilie, — pour vous acquérir, j'ai perdu ce qui m'était le plus cher — après vous, mon trésor; et pourtant je vous obtiens à vil prix, — si je vous estime à votre valeur.

THÉSÉE.

Oh! sœur aimée, — il parle d'un des plus braves chevaliers qui aient jamais — éperonné un noble destrier; assurément les dieux — ont voulu qu'il mourût célibataire, de peur que sa race — ne parût au monde trop divine. Sa conduite — m'a tellement charmé qu'il m'a semblé qu'Arcite n'était — auprès de lui qu'une masse de plomb. Si je puis justement faire — de toutes ses qualités un si complet éloge, votre Arcite — n'y perd rien; car l'homme qui s'est montré si grand — a pourtant trouvé son supérieur. J'ai entendu — deux Philomèles émules rebattre les oreilles de la nuit — de leurs chants rivaux; tantôt l'une dominait, — tantôt l'autre; puis la première reprenait le dessus — pour être à son tour dépassée, en sorte que l'ouïe — ne pouvait être juge entre les deux. Longtemps — il en a été de même entre ces cousins, et c'est à grand'peine qu'enfin les cieux — ont fait de l'un d'eux le vainqueur.

A Arcite.

Portez avec joie — la couronne que vous avez gagnée. Quant aux vaincus, — appliquez-leur immédiatement notre sentence, car je sais — que la vie leur est à charge; que l'arrêt soit exécuté ici; — cette scène n'est pas faite pour nos regards. Partons donc, — joyeux, avec quelque tristesse!... Prenez à votre bras votre conquête, — je sais que vous ne voudriez pas la perdre... Hippolyte, — je vois vos yeux concevoir une larme, — dont ils vont être délivrés.

ÉMILIE.

Est-ce là un triomphe? — O puissances célestes, où est votre miséricorde? — Si vos volontés n'avaient pas décidé qu'il en doit être ainsi — et ne me commandaient pas de vivre pour consoler cet ami esseulé, — ce misérable prince qui vient de rejeter — loin de lui une vie plus précieuse que toutes les femmes, — je devrais, et je voudrais mourir.

HIPPOLYTE.

O malheur infini! — Ces quatre beaux yeux ne devaient-ils se fixer sur un seul objet — que pour qu'il y en eût deux d'aveuglés!

THÉSÉE.

Il en doit être ainsi.

Ils sortent.

SCÈNE IV

[La place de l'exécution. Un billot préparé.]

Entrent PALÉMON et ses CHEVALIERS garrottés, LE GEOLIER, le bourreau et des gardes.

PALÉMON.

— Il y a bien des hommes vivants qui ont survécu — à l'amour de leurs contemporains; bien des pères — en sont là au milieu de leurs enfants. Nous trouvons — quelque consolation dans cette réflexion. Nous expirons, nous, — mais non sans la pitié des hommes; ils souhaiteraient de tout cœur — que la vie nous fût laissée; nous prévenons — la misère répulsive de la vieillesse, nous esquivons — la goutte et les catharres qui, dans les derniers jours, s'attachent — aux traînards grisonnants; nous allons vers les dieux, — jeunes, droits, sans trébucher sous le poids — de maints vieux crimes; assurément les dieux — nous admettront d'autant plus volontiers à goûter avec eux le nectar, — que nous sommes des âmes plus pures. Mes chers parents, — vous dont l'existence est ainsi sacrifiée pour cet unique espoir, — vous ne l'aurez certes pas vendue assez cher.

PREMIER CHEVALIER.

Quelle fin pourrait être — plus satisfaisante? Les vainqueurs — ont sur nous la supériorité de la fortune, faveur aussi incertaine — que la mort pour nous est sûre. Ils ne l'emportent pas sur nous — d'un atome d'honneur.

DEUXIÈME CHEVALIER.

Disons-nous adieu; — et insultons par notre résignation à la fortune vacillante — qui chancelle à sa plus ferme allure.

TROISIÈME CHEVALIER, désignant le billot.

Allons, qui commence?

PALÉMON.

— Celui-là même qui vous a conduits à ce banquet, doit — y goûter avant vous tous.

Au geôlier.

Ah! ah! mon ami, mon ami, — votre charmante fille m'a donné un jour la liberté; — vous allez me la voir perdre pour toujours... Comment va-t-elle, je vous prie? — J'ai ouï dire qu'elle n'était pas bien; la nature de son mal — m'a fait de la peine.

LE GEOLIER.

Monsieur, elle est parfaitement rétablie, — et elle va se marier bientôt.

PALÉMON.

Par ma courte existence, — j'en suis on ne peut plus aise. Ce sera le dernier bonheur — dont je me serai réjoui; je t'en prie, dis-lui cela; — recommande-moi à elle, et, pour arrondir sa dot, — offre-lui ceci.

Il lui donne sa bourse.

PREMIER CHEVALIER.

— Ah! donnons tous!

DEUXIÈME CHEVALIER.

Est-ce une vierge?

PALÉMON.

Vraiment, je le crois; — une bien bonne créature, qui m'a rendu des services — que je ne puis payer ni apprécier à leur valeur.

TOUS LES CHEVALIERS.

— Faites-lui nos compliments.

Ils donnent leurs bourses au geôlier.

LE GEOLIER.

Que les dieux vous récompensent tous, — et la rendent reconnaissante !

PALÉMON.

Adieu ! et puisse ma vie être maintenant aussi courte — que ce salut suprême !

Il se place sur le billot.

PREMIER CHEVALIER.

— Ouvrez la marche, courageux cousin.

DEUXIÈME CHEVALIER.

Nous vous suivrons avec joie.

Cris derrière le théâtre.

Vite !... Sauvez-les !... Arrêtez !

Entre en hâte UN MESSAGER.

LE MESSAGER.

Arrêtez, arrêtez ! Oh ! arrêtez, arrêtez, arrêtez !

Entre en hâte PIRITHOUS.

PIRITHOUS.

— Arrêtez ! holà ! maudite soit votre précipitation, — si vous avez si vite fait votre besogne !... Noble Palémon, — les dieux vont manifester leur gloire dans l'existence nouvelle — que vous êtes appelé à mener.

PALÉMON.

Cela peut-il être, quand — j'ai dit que Vénus m'avait trahi ? Que se passe-t-il ?

PIRITHOUS.

— Relevez-vous, noble sire, et prêtez l'oreille à des nouvelles — qui sont bien profondément douces et amères !

PALÉMON.

Qu'est-ce donc — qui nous a réveillés de notre songe ?

PIRITHOUS.

Écoutez donc! Votre cousin — montait le cheval qu'Émilie — lui avait donné naguère, un cheval noir, n'ayant pas — un poil blanc; singularité qui, prétend-on, — diminue son prix et qui l'empêcherait, — malgré son excellence, d'être acheté par bien des gens, en raison d'une superstition — fort répandue ici. Ainsi chevauchait Arcite, — trottant sur les pavés d'Athènes, que les paturons de la bête — semblaient compter plutôt que fouler; car ce cheval — ferait un mille d'un bond, pour peu qu'il plût à son cavalier — de le stimuler. Comme il allait ainsi comptant — les dalles de pierre, dansant pour ainsi dire sur la musique — que faisaient ses sabots (c'est du fer, dit-on, — que la musique tire son origine), un caillou perfide, — froid comme le vieux Saturne et, comme lui, recelant — un feu funeste, lança une étincelle — ou je ne sais quel brusque et fatal éclair. Le cheval, ardent comme la flamme, — prit ombrage et s'abandonna à tout l'emportement — que ses forces donnaient à son instinct; il bondit, il se cabre, — il oublie la règle d'école à laquelle il a été dressé, — lui si facile à manier; il geint comme un porc, — sous l'éperon aigu qui l'exaspère — sans le faire obéir, et emploie toutes les vilaines ruses — d'une rosse furieuse et violente pour désarçonner — son cavalier qui le domine bravement. Tout est inutile, — le mors ne voulant pas se briser, ni la sangle se rompre; les plus brusques soubresauts — n'ont pas déraciné le cavalier qui — l'étreint toujours entre ses genoux; alors sur ses sabots de derrière — il se dresse tout debout, — de telle sorte que les jambes d'Arcite, plus hautes que sa tête, — semblaient suspendues par un art étrange. La couronne du vainqueur — lui tombe alors de la tête, et immédiatement — l'animal se renverse en arrière, s'affaissant — de tout son poids sur le cavalier. Pourtant Arcite vit encore, — mais il est comme le vaisseau qui ne flotte que pour être englouti — par la prochaine lame. Il désire beaucoup — échanger avec vous quelques mots. Tenez, le voici!

Entrent Thésée, Hippolyte, Émilie, Arcite, *porté dans une chaise.*

PALÉMON.

— O misérable fin de notre alliance! — Les dieux sont puissants!... Arcite, si ton cœur, — ton noble et vaillant cœur n'est pas encore brisé, — donne-moi tes dernières paroles! Je suis Palémon, — Palémon qui t'aime encore à ton agonie.

ARCITE.

Prends Émilie — et avec elle toutes les joies du monde. Tends-moi ta main; — adieu! J'ai compté ma dernière heure. J'ai été infidèle, — mais jamais traître. Pardonne-moi, cousin! — Un baiser de la belle Émilie!

Il l'embrasse.

C'est fait. — Prends-la, je meurs.

Il expire.

PALÉMON.

Que ta belle âme aille vers l'Élysée!

ÉMILIE.

— Je vais fermer tes yeux, prince; que les âmes bienheureuses soient avec toi! — Tu fus un homme accompli; et, tant que je vivrai, — je consacrerai ce jour à te pleurer.

PALÉMON.

Et moi à t'honorer.

THÉSÉE.

— C'est en ces lieux que vous avez combattu pour la première fois; c'est ici même — que je vous ai séparés. Rendons grâces — aux dieux de ce que vous vivez.

Montrant Arcite.

— Il a joué son rôle, et, bien que trop court, — il l'a bien rempli. Votre existence est prolongée, et — la rosée des bénédictions du ciel vous inonde. — La puissante Vénus a rehaussé son autel, — en vous donnant celle que vous aimez. Mars, notre maître, — a justifié son oracle en accordant à Arcite — les honneurs de la lutte. Ainsi les divinités — ont manifesté leur stricte justice... Emportez ce corps d'ici !

PALÉMON.

O cousin ! — Pourquoi faut-il que nous ayons des sympathies qui nous coûtent — le sacrifice de nos sympathies ? Pourquoi faut-il que le prix — d'une affection chère soit la perte d'une chère affection ?

THÉSÉE.

Jamais la fortune — n'a joué un jeu plus subtil. Le vaincu triomphe — ; le vainqueur est le sacrifié ; pourtant dans cet événement — les dieux ont été souverainement équitables. Palémon, — votre cousin a avoué que vous aviez tous les titres — à l'amour de cette dame ; car vous l'aviez vue le premier, et — vous aviez dès lors proclamé votre passion. Il vous l'a restituée, — comme un bijou volé, en souhaitant que votre conscience — le renvoie d'ici amnistié. Les dieux retirent — la justice de mes mains, et se font eux-mêmes — les exécuteurs... Emmenez votre dame, — et éloignez de cette scène de mort vos partisans — que j'adopte pour mes amis ! Manifestons de la tristesse — un jour ou deux, et faisons honneur — aux funérailles d'Arcite ! Puis — nous reprendrons nos visages de noces, — et nous sourirons avec Palémon. Il y a une heure, une heure à peine, — j'étais aussi affligé pour Palémon — que joyeux pour Arcite ; et maintenant je suis aussi joyeux pour Palémon — qu'affligé pour Arcite. O célestes charmeurs, — que faites-vous de nous ? Après un échec, — nous nous prenons à rire ; après un succès, à pleurer ; et toujours — nous sommes des enfants de façon ou d'autre. Soyons reconnaissants — de ce qui est, et abandonnons à votre arbitrage — ce qui est au-dessus de nos discussions ! Partons, — et conformons-nous aux circonstances.

Fanfare. Ils sortent.

ÉPILOGUE.

— Je voudrais maintenant vous demander comment vous trouvez la pièce. — Mais, ainsi qu'un écolier qui ne sait que dire, — j'ai une cruelle frayeur. De grâce pourtant, demeurez une minute, — que je vous regarde! Personne ne sourit? — Alors ça va mal, je le vois. Que celui qui — a aimé une belle jeune fille, montre son visage!... — (Il serait étrange que nul ici ne fût dans ce cas...) Et, s'il veut agir — contre sa conscience, qu'il siffle et ruine — notre marché!... C'est en vain, je le vois, qu'on essayerait de vous retenir. — Eh bien, tant pis! à votre guise!... Que dites-vous maintenant?... — Ah! ne vous méprenez pas sur ma pensée, je ne suis pas un insolent. — Nous n'avons nulle raison d'être outrecuidants. Si le conte que nous vous avons conté, — (car ce n'est qu'un conte), vous satisfait aucunement, — (comme il vous est présenté dans cette honnête intention), — nous avons atteint notre but; et avant peu nous vous en conterons, — j'ose le dire, de meilleurs encore pour prolonger — vos vieilles sympathies pour nous. Nous et tout notre zèle — nous restons à votre service. Messieurs, bonne nuit!

Fanfares.

FIN DES DEUX NOBLES PARENTS (15).

NOTES

SUR

TITUS ANDRONICUS,

UNE TRAGÉDIE DANS L'YORKSHIRE

ET LES DEUX NOBLES PARENTS

—⊷❧❧⊷—

(1) La ballade que voici, inscrite sur les registres du *Stationers'hall* à la date du 6 février 1593, fut publiée par le libraire John Danter, en même temps que l'édition primitive de *Titus Andronicus*. Est-elle antérieure au drame? Lui est-elle postérieure? Les critiques sont divisés sur cette question. Pour ma part, j'incline à croire qu'elle fut composée après l'apparition de la pièce dont elle rectifie le défaut le plus saillant, en passant sous silence les crimes commis par Titus et en rendant sympathique, par cette omission ingénieuse, la figure du principal personnage.

BALLADE DE TITUS ANDRONICUS.

« Vous, âmes nobles, guerriers fameux, qui combattez pour la défense de votre pays natal, prêtez-moi l'oreille, à moi qui, pendant dix années, ai combattu pour Rome, et n'ai recueilli qu'ingratitude à mon retour dans la patrie.

» Soixante ans je vécus considéré dans Rome ; mon nom y était aimé de tous mes pairs ; j'avais vingt-cinq fils vaillants dont les vertus précoces rendaient leur père heureux.

» En effet, quand les ennemis de Rome la menaçaient de leurs forces belliqueuses, mes fils et moi, nous étions toujours envoyés contre eux ; dix longues années, nous soutînmes contre les Goths une guerre pénible, recevant maintes blessures sanglantes.

» Vingt-deux de mes fils furent tués, avant que nous fussions revenus à Rome ; de mes vingt-cinq fils, je n'en ramenai que trois vivants pour voir les tours majestueuses de Rome.

» A la fin de la guerre, je ramenai mes conquêtes, et je présentai au roi mes prisonniers, la reine des Goths, ses fils et un More qui commit des meurtres inouïs.

» L'empereur prit pour femme cette reine ; ce qui produisit dans Rome bien des débats et des rivalités mortelles ; les deux fils de la reine et le More devinrent si superbes que personne dans Rome n'avait autant de priviléges.

» Le More charma tellement les regards de la nouvelle impératrice qu'elle consentit à souiller le lit de son mari de connivence avec lui, et ainsi un jour elle mit au monde un négrillon.

» Elle alors, dont les pensées étaient portées au meurtre, se ligua avec ce More sanguinaire contre moi, ma famille et tous mes amis, afin de hâter notre fin d'une façon cruelle.

» Ainsi, quand je comptais achever en repos ma vieillesse, le souci et le chagrin s'accrurent pour moi. Outre mes fils, j'avais une fille charmante, qui réjouissait et ravissait mes vieux regards.

» Ma chère Lavinia était alors fiancée au fils de César, un noble jeune homme, qui dans une chasse fut privé de la vie par l'impératrice et ses deux fils.

» Le cadavre fut jeté sans pitié dans une sombre fosse, loin de la lumière des cieux ; le cruel More arriva alors en ce lieu avec mes trois fils qui tombèrent dans la fosse.

» Puis le More alla rapidement chercher l'empereur afin de les accuser de ce meurtre ; et, comme mes fils furent trouvés dans la fosse, ils furent jetés dans une prison inique et enchaînés.

» Mais maintenant, apprenez ce qui me blessa le plus dans

l'âme : les deux sauvages fils de l'impératrice violèrent sans pitié ma fille et de force lui ravirent l'honneur.

» Quand ils eurent touché à cette douce fleur, craignant que cette douceur ne leur fût bientôt amère, ils lui coupèrent la langue pour qu'elle ne pût dire comment elle avait été déshonorée.

» Puis ils lui coupèrent lâchement les deux mains, pour qu'elle ne pût écrire leur forfait ni broder sur un canevas avec son aiguille le nom des sanglants auteurs de sa terrible détresse.

» Mon frère Marcus la trouva dans la forêt, arrosant l'herbe du sang empourpré qui dégouttait de ses bras mutilés et livides, et elle n'avait pas de langue pour expliquer ses malheurs.

» Quand je la vis en ce lamentable état, j'inondai mon vieux visage de larmes de sang; je me lamentai sur ma Lavinia plus que je n'avais fait sur mes vingt-deux fils.

» Quand je vis qu'elle ne pouvait ni parler ni écrire, je sentis mon vieux cœur se fendre de douleur. Nous répandîmes du sable sur le sol, et nous parvînmes ainsi à découvrir ces sanguinaires tyrans.

» En effet, avec un bâton, sans l'aide de ses mains, elle écrivit ces mots sur la couche de sable : « Les fils luxurieux de la » superbe impératrice sont les auteurs de cet odieux forfait. »

» J'arrachai de ma tête mes cheveux blancs comme le lait ; je maudis l'heure de ma naissance ; je souhaitai que cette main, qui avait combattu pour la gloire du pays, eût été estropiée dès le berceau.

» Le More, faisant toujours ses délices de la sélératesse, déclara que, si je voulais délivrer mes fils de prison, je n'avais qu'à envoyer au roi ma main droite, et qu'alors mes trois enfants captifs auraient la vie sauve.

» Je me fis aussitôt trancher la main par le More, et je la vis saigner, sans regret ; car j'aurais volontiers donné mon cœur sanglant pour la rançon de mes fils.

» Mais, comme je languissais ainsi dans l'anxiété, on me rapporta mon inutile main, avec les têtes de mes trois fils; ce qui remplit mon cœur agonisant de nouvelles angoisses.

» Alors je me démenai comme un désespéré, et avec mes larmes j'écrivis ma douleur dans la poussière ; je lançai mes flèches vers les cieux, et maintes fois j'implorai de l'enfer ma vengeance.

» Alors l'impératrice s'imagina que j'étais fou. Elle et ses deux fils se travestirent en furies pour contreminer et surprendre mes projets ; elle se disait la Vengeance, eux, le Meurtre et le Viol.

» Je flattai quelque temps leur folle humeur, jusqu'au moment où mes amis, ayant trouvé une retraite propice, attachèrent ses deux fils à un poteau ; et alors notre juste vengeance fut satisfaite d'une cruelle manière.

» Je leur coupai la gorge, ma fille tint entre ses moignons le bassin où leur sang coulait ; et alors je réduisis en poudre leurs os, et j'en fis la pâte d'un pâté.

» Avec leur chair je fis deux grands pâtés, et à un banquet solennel j'offris cet horrible mets à l'impératrice ; et ainsi elle mangea la chair même de ses enfants.

» Moi-même alors j'ôtai la vie à ma fille, puis avec le couteau sanglant je tuai l'impératrice ; immédiatement après je poignardai l'empereur, et enfin moi-même ; et c'est ainsi que mourut Titus.

» Alors voici le châtiment qui fut infligé au More : il fut tout vif enterré à demi dans le sol, et on le laissa mourir de faim. Et Dieu veuille que tous les meurtriers soient ainsi traités ! »

(2) On se rappelle qu'Hécube vengea la mort de son fils Polydore en tuant de ses propres mains le roi de Thrace Polymnestor qui l'avait fait périr.

(3) Selon l'opinion de Solon, le bonheur ne peut commencer pour l'homme qu'après la mort.

Ultima semper
Expectanda dies homini ; dicique beatus
Ante obitum nemo, supremaque funera, debet.
OVID.

(4) *Yes, and will nobly him remunerate.*

Ce vers ne se trouve pas dans l'édition de 1600 et a été rétabli dans le texte par l'édition de 1623.

(5)   *That both should speed?*

Cet hémistiche, nécessaire au sens de la phrase, est omis par l'édition de 1623.

(6) *Per Styga, per manes vehor.* Selon Steevens, cette citation est extraite d'une tragédie de Sénèque.

(7) Toute cette scène, qui est évidemment de Shakespeare, manque aux éditions de 1600 et de 1611 et a été ajoutée au drame par l'édition de 1623. D'où l'on doit conclure que cette dernière édition a été imprimée sur le manuscrit même révisé par le maître.

(8) *That you are both deciphered, that's the news.* — Ce vers manque à l'édition de 1623.

(9) *And stop their mouths, if they begin to cry.* — Encore un vers omis par l'in-folio.

(10) Il y a ici une erreur historique. Virginie mourut sans avoir été violée.

(11) Dans le drame révisé par Ravenscroft sous le règne de Jacques II, Aaron est roué, et rôti vivant sur la scène.

(12) Moll et Doll, abréviations anglaises des noms de Marie et de Dorothée.

(13) C'est la jalousie de Junon, on se le rappelle, qui provoqua la guerre de Troie.

(14) La situation de Palémon et d'Arcite qui, de leur prison, peuvent observer et commenter ce qui passe dans le jardin, après l'entrée d'Émilie, implique une double action qui nécessite

l'emploi d'une scène secondaire. Voir au cinquième volume de cette traduction (p. 313-14), les explications que j'ai données sur la distribution de l'ancien théâtre anglais.

(15) La légende de *Palémon et Arcite* avait été transportée sur la scène anglaise, longtemps avant l'apparition du drame signé de Shakespeare et de Fletcher. Les manuscrits de Wood nous apprennent que, « quand la reine Élisabeth visita Oxford en 1566, elle entendit un soir la première partie d'une pièce intitulée *Palémon* ou *Palémon et Arcite*, composée par M. Richard Edwards, gentleman de la chapelle royale, et jouée avec grand succès à Christ Church Hall. » Un accident arriva au commencement de la représentation ; un tréteau, chargé de monde, s'effondra, et trois personnes furent tuées — un étudiant de Mary's-Hall, un brasseur et un cuisinier. Malgré cette catastrophe, la reine n'en fit pas moins continuer la représentation ; sa majesté manifesta même une hilarité inaccoutumée, en riant de tout cœur jusqu'à la fin de la pièce qui pourtant n'était pas comique. — Plus tard, en septembre 1594, un autre ouvrage également intitulé *Palémon et Arcite* fut joué quatre fois à Newington Butts par les troupes réunies du lord chambellan et du lord amiral.

FIN DES NOTES.

APPENDICE.

LE CONTE DU CHEVALIER.

[Extrait des *Contes de Cantorbéry* de Chaucer].

Il était une fois, comme nous disent les vieux contes, un duc qui s'appelait Thésée. D'Athènes il était seigneur et gouverneur, et dans son temps un tel conquérant qu'il n'y en avait pas de plus grand sous le soleil. Il avait pris maint riche pays. Grâce à sa sagesse et à sa chevalerie, il conquit tout le royaume de Féminie, qui jadis était appelé Scythie, et épousa la jeune reine Hippolyte, et la ramena avec lui en son pays, en grande gloire et grande solennité, — en même temps que sa jeune sœur Émilie. Et ainsi, avec la victoire et avec la mélodie, je laisse le digne duc chevaucher vers Athènes, suivi de toute son armée.

Et certes, si le récit n'en était pas trop long, je vous aurais dit en détail comment le royaume de Féminie fut conquis par Thésée et par sa chevalerie, et la grande bataille entre le duc d'Athènes et les Amazones, et comment fut assiégée Hippolyte, la belle reine de Scythie, et la fête qui fut donnée pour sa noce, et le service religieux qui précéda son départ pour Athènes. Mais je dois pour le moment laisser tout cela de côté. J'ai, Dieu le sait, un champ assez vaste à défricher pour des bœufs aussi faibles que ceux de ma charrue. Le reste de mon histoire est suffisamment long.

Quand ce duc, dont j'ai fait mention, fut presque arrivé à la ville, dans toute sa pompe et dans le plus grand faste, il aperçut, en détournant les yeux, agenouillées sur le grand chemin, et échelonnées deux par deux, une compagnie de dames, toutes de noir habillées; elles proféraient de tels cris, de tels gémissements, que jamais créature vivante n'entendit lamentations pareilles. Et elles ne cessèrent de crier que quand elles eurent saisi les rênes de son cheval.

— Quelles gens êtes-vous donc, dit Thésée, vous qui, quand je reviens dans ma patrie, troublez ainsi ma fête par vos clameurs? Ma gloire vous inspire-t-elle une telle envie, que vous en jetez les hauts cris? Ou bien, qui vous a lésées? qui vous a offensées? Dites-moi si le mal est réparable et pourquoi vous êtes ainsi toutes vêtues de noir.

La plus vieille dame essaya alors de parler, mais elle s'évanouit et fut prise d'une pâleur mortelle qui faisait mal à voir; enfin elle murmura : — Seigneur, à qui la fortune a assuré la victoire, comme au conquérant de l'avenir, nous ne sommes nullement affligées de votre gloire et de votre honneur; mais nous implorons de vous merci et secours. Ayez pitié de notre malheur et de notre détresse. Que votre gentillesse fasse tomber quelques larmes de pitié sur nous, pauvres femmes. Car certes, seigneur, il n'y a pas une d'entre nous qui n'ait été ou duchesse ou reine! Maintenant nous ne sommes, on le voit bien, que des misérables, grâce à la fortune et à sa roue perfide qui rend toutes les situations précaires. Et aussi, seigneur, c'est pour attendre votre venue qu'ici, dans le temple de la déesse Clémence, nous sommes restées depuis quinze jours. Maintenant secourez-nous, seigneur, puisque cela est en votre pouvoir. Moi, pauvre créature qui pleure et me désole ainsi, j'étais naguère la femme du roi Capanée, qui, hélas! a succombé à Thèbes. Et nous toutes qui sommes en cet attirail et exhalons ainsi tant de lamentations, nous avons perdu nos maris devant cette ville pendant qu'elle était assiégée. Et, las! maintenant, le vieux Créon, plein d'ire et d'iniquité, animé par le dépit et par sa tyrannie, voulant faire outrage aux cadavres de nos époux qui tous ont été tués, a entassé leurs corps en un monceau, et, ne voulant pas permettre qu'ils soient ensevelis ou brûlés, les fait cruellement dévorer par ses chiens.

Et à ces mots, sans plus tarder, toutes se prosternèrent en s'écriant piteusement : — Aie pitié de nous, misérables femmes, et que notre douleur pénètre dans ton cœur!

Le gentil duc, ému de les entendre ainsi parler, crut que son cœur se fendrait en les voyant si piteuses et si accablées, elles qui naguère étaient dans une telle prospérité. Vite il sauta à bas de son cheval et leur tendit la main pour les relever toutes, et les réconforta de son mieux, et jura, foi de vrai chevalier, que, pour les venger, il châtierait formidablement le tyran Créon, en lui infligeant, avec l'approbation de tout le peuple de Grèce, la mort qu'il avait si bien méritée.

Et immédiatement, sans demeurer davantage, il déploya sa bannière, et chevaucha vers Thèbes, suivi de toute son armée; il ne voulut pas même entrer dans Athènes, ni s'y reposer pleinement une demi-journée, mais il poursuivit sa route toute cette nuit, après avoir renvoyé la reine Hippolyte et sa charmante jeune sœur Émilie à la ville d'Athènes où elles devaient demeurer. Bref, il chevaucha en avant.

La rouge figure de Mars avec sa lance et sa targe resplendissait sur sa vaste bannière blanche, au point que tous les champs en étaient illuminés; et près de sa bannière était porté son pennon, riche flamme d'or, sur laquelle apparaissait le Minotaure qu'il avait tué en Crète. Ainsi chevauchait ce duc, ainsi chevauchait ce conquérant, au milieu de son armée, la fleur de la chevalerie. Enfin il arriva devant Thèbes et s'installa bellement dans la plaine pour y offrir la bataille. Pour abréger le récit, il se battit avec Créon, qui était roi de Thèbes, et le tua vaillamment, comme un chevalier, en rase campagne, et mit ses gens en fuite; puis, par assaut, il s'empara de la cité, et il en détruisit les murailles, les défenses et les chevrons, et il rendit aux dames les corps de leurs maris tués, afin qu'elles procédassent aux funérailles, selon la coutume.

Je n'insisterai pas sur les grandes lamentations que firent retentir les dames au brûlement des corps, et sur les grands honneurs que le noble conquérant Thésée rendit aux dames, quand elles le quittèrent. Parler brièvement est mon intention.

Quand ce digne duc, ce Thésée eut ainsi tué Créon et conquis Thèbes, il se reposa toute la nuit sur le champ de bataille, et fit de la contrée tout ce qu'il voulut. Après le combat et la déconfiture, les pillards se mirent en devoir de dépouiller les cadavres entassés et de leur enlever leurs armures et leurs vêtements. Alors il advint que, dans le monceau, ils trouvèrent deux jeunes gens, couverts de blessures sanglantes, gisant côte à côte, dans les bras l'un de l'autre, et richement équipés : de ces deux jeunes gens, l'un se nommait Arcite, et l'autre avait nom Palémon. Ils n'étaient ni tout à fait vivants, ni tout à fait morts. A leur cotte d'armes, à leur accoutrement, les hérauts les reconnurent tous deux spécialement comme étant princes du sang royal de Thèbes et enfants de deux sœurs. Les pillards les avaient arrachés du tas, et les avaient doucement transportés à la tente de Thésée; et lui, ne voulant pas accepter de rançon, les envoya aussitôt à Athènes pour qu'ils y fussent détenus dans une prison perpétuelle. Cela fait, le digne duc rassembla son armée, et retourna dans son pays, couronné de lauriers comme un conquérant, et là il vécut en joie et en honneur toute sa vie. Que dirai-je de plus?

Dans une tour, en proie aux angoisses et à la désolation, Palémon et Arcite étaient enfermés ensemble pour toujours, sans espoir de rachat...

Ainsi s'écoulèrent les années et les jours, jusqu'à une certaine matinée de mai, où apparut Émilie, plus éclatante que le lis sur sa tige verte, et plus belle que Mai fleuri lui-même. Avant le jour, comme c'était son habitude, elle était levée et déjà vêtue. Car Mai ne veut pas de nuit paresseuse; la saison alors stimule tout gentil cœur, et le force à s'arracher au sommeil, et lui dit: *Lève-toi, et fais ton devoir.* Aussi Émilie n'avait pas manqué de se lever pour faire honneur au mois de Mai. Elle était vêtue de neuf et à ravir. Sa chevelure blonde était ramassée, derrière ses épaules, en une tresse longue, à peu près d'une verge. Et dans le jardin, au soleil levant, elle errait en tous sens à sa guise. Elle cueillait des fleurs blanches et roses, pour s'en faire une gracieuse couronne, et comme un ange, elle chantait divinement. La grande tour si épaisse et si forte, qui était le principal donjon du château où, comme je vous l'ai dit, étaient emprisonnés les chevaliers, était contiguë au mur du jardin où Émilie se livrait à ses ébats.

Le soleil brillait; la matinée était splendide, et Palémon, ce triste prisonnier, selon sa coutume, avec la permission de son geôlier, s'était levé et se promenait dans une chambre d'en haut, d'où il voyait toute la noble cité et le jardin verdoyant où la charmante Émilie faisait sa promenade. Ce malheureux prisonnier, ce Palémon errait donc dans sa chambre, se plaignant de son infortune, et déplorant mair tes fois le jour où il était né. Et il advint, par aventure, qu'à travers une fenêtre grillée d'énormes barreaux de fer, il jeta les yeux sur Émilie, et pâlit aussitôt en criant : *Ha!* comme s'il avait été frappé au cœur.

A ce cri, Arcite s'éveilla en sursaut et dit : — Mon cousin, qu'as-tu donc? pourquoi cette pâleur mortelle? Pourquoi cries-tu? Qui t'a fait mal? Au nom du ciel, prends en patience notre prison, car nous n'y pouvons mais. La Fortune nous a infligé cette adversité. Quelque funeste disposition de Saturne, dominé par certaine constellation, nous a imposé notre destinée, et, en dépit de nos protestations, puisque tel était l'état du ciel au moment de notre naissance, nous devons la subir : voilà la sèche et franche vérité !

A quoi Palémon répondit : — Cousin, tu interprètes mal ma pensée. Ce n'est pas cette prison qui m'a fait crier, mais j'ai été pour mon malheur frappé par les yeux jusqu'au cœur. Les charmes d'une dame que je vois là-bas se promener dans le jardin, sont la cause de mon cri et de ma souffrance. Est-elle femme ou déesse? Je ne sais. Mais je soupçonne, ma foi, que c'est Vénus.

Sur ce, Arcite se mit à regarder du côté où se promenait la dame, et il fut frappé de sa beauté : si déjà Palémon était cruellement blessé, Arcite ne fut pas atteint moins profondément. Avec un soupir il dit piteusement : — J'ai été accablé soudain par l'éclatante beauté de celle qui se promène là-bas. Si je n'obtiens pas sa pitié et sa faveur, si je ne puis au moins la voir, je suis mort, et c'en est fait de moi.

Quand Palémon entendit ces paroles, il le regarda sévèrement et répliqua : — Dis-tu cela sérieusement ou en plaisanterie? — Ah! s'écria Arcite, fort sérieusement, sur ma foi. Dieu me pardonne ! la plaisanterie ne sied guère à ma souffrance.

Alors Palémon fronça le sourcil : — Il n'y aurait pas pour toi grand honneur, dit-il, à être fourbe et traître envers moi qui suis ton cousin et ton frère d'adoption. Ne nous sommes-nous pas juré d'être fidèles l'un à l'autre, jusqu'à ce que la mort nous séparât, et de ne jamais nous contrarier dans nos amours, ni dans quelque entreprise que ce fût? N'as-tu pas juré, toi, mon frère chéri, de me seconder en toute chose, comme je te seconderais moi-même? Tel fut ton serment, et tel fut aussi le mien : voilà ce que j'affirme; et tu n'oserais me contredire. Tu es de mon avis, sans doute, et tu aurais la perfidie d'aimer la dame que j'aime et que je sers, et que je servirai jusqu'à ce que mon cœur se dessèche! Ah! tu ne seras pas à ce point perfide, Arcite! Je l'ai aimée le premier, et je t'ai dit ma peine comme à mon confident, comme à un frère qui, je le répète, a juré de me seconder. Tu es tenu par ta foi de chevalier à m'assister, si cela est en ton pouvoir; sinon, tu es un traître, j'ose le dire.

A cela Arcite répliqua fièrement : — Traître! C'est toi qui le serais, bien plutôt que moi!... Oui, je te le dis hautement, tu es un traître. Car je l'ai aimée *d'amour* avant toi. Que prétends-tu donc? Tu ne savais pas tout à l'heure si elle était femme ou déesse. Ton sentiment est une pieuse affection; le mien est un amour pour une créature. Je t'ai avoué mon impression comme à mon cousin, comme à mon frère d'adoption. Admettons que tu l'aies aimée le premier. Ne connais-tu pas le vieux dicton : *il n'est pas de loi pour l'amoureux?* L'amour est, selon ma mesure, une loi plus haute que toutes celles qui peuvent être promulguées par un simple mortel. Et voilà pourquoi les lois positives et tous les décrets terrestres sont violés, chaque jour et partout, par amour. L'homme doit aimer, bon gré, mal gré. Au risque de mourir, il ne peut échapper à l'amour, dût-il s'éprendre d'une vierge, d'une veuve ou d'une épouse. D'ailleurs, il n'est pas probable que, ni toi, ni moi, nous obtenions jamais les faveurs de cette dame ; car, tu te sais bien toi-même, nous sommes, toi et moi, condamnés à une prison perpétuelle, sans qu'aucune rançon puisse nous racheter. Nous luttons, comme ces limiers qui se querellaient pour un os : ils combattirent tout le jour, sans qu'aucun d'eux l'obtînt; tandis qu'ils étaient ainsi acharnés, survint un milan qui emporta l'os entre les deux rivaux. Donc, à la cour, mon cher frère, chacun pour soi, voilà la règle. Aime à ta guise ; moi, j'aime, et je prétends aimer : voilà mon dernier mot. Nous devons rester ici, dans cette prison, et chacun de nous doit accepter sa destinée.

La dispute fut vive et longue entre les cousins, je n'y insisterai pas. Venons au fait. Un jour, — pour résumer l'histoire autant que possible, — un noble duc nommé Pirithoüs, qui était compagnon du duc Thésée depuis son enfance, vint à Athènes pour voir son ami et prendre part aux jeux, selon son habitude... Ce duc Pirithoüs aimait fort Arcite qu'il avait connu à Thèbes depuis maintes années. Et finalement, à la requête et à la prière de Pirithoüs, le duc Thésée mit Arcite en liberté, sans rançon aucune, en l'autorisant à aller où il voudrait, sous certaines réserves que je vais dire. Il fut convenu entre Thésée et Arcite que, si jamais, de nuit ou de jour, Arcite était surpris dans les domaines de Thésée et appréhendé, il aurait la tête tranchée, sans autre forme de procès. Il n'avait qu'à faire ses adieux et à retourner chez lui au plus vite. Sans cela, gare à son cou !

Quelle douleur éprouve maintenant Arcite ! C'est un coup de mort qui a frappé son cœur; il pleure, il se lamente, il sanglote pitoyablement : — Malheureux, s'écrie-t-il, le jour où je suis né ! Maintenant ma captivité est bien pire qu'auparavant; désormais je suis réduit à vivre éternellement, non pas même dans le purgatoire, — dans l'enfer! Hélas! pourquoi ai-je connu Pirithoüs? Sans lui, je serais resté chez Thésée, à jamais enchaîné dans cette prison; et j'y aurais trouvé, non le malheur, mais la béatitude. Car il m'eût suffi d'apercevoir celle que j'aime, sans même avoir l'espoir d'obtenir ses faveurs... O cher cousin Palémon, ajoutait-il, tu triomphes de cette aventure. Tu peux, toi, rester en prison dans une complète félicité. En prison? Non, en un paradis! La fortune a tourné les dés en ta faveur. A toi la vue d'Émilie! A moi, son absence! Puisque je ne puis plus vous voir, Émilie, je suis perdu, et perdu sans remède.

De son côté Palémon, quand il apprit le départ d'Arcite, en conçut un tel chagrin que la grande tour retentissait de ses clameurs et de ses hurlements. Les chaînes même qui pesaient sur ses jambes étaient mouillées de ses larmes saumâtres :

— Hélas! disait-il, Arcite, mon cousin, le fruit de toute notre lutte est à toi. Tu marches maintenant dans Thèbes à ton aise, et mon malheur ne te pèse guère. Tu peux, puisque tu as et la sagesse et l'énergie, réunir tous les gens de ta race, et faire à ce pays une guerre terrible, de manière à obtenir pour dame et pour épouse, par quelque succès ou par quelque traité, celle pour qui je me sens mourir. Dans les voies de la possibilité, puisque tu es délivré de prison et que tu es prince, ton avantage est grand, plus grand que mon avantage, à moi qui me morfonds ici dans une cage. Car je n'ai plus qu'à pleurer tout le reste de ma vie, sous le poids de tout le chagrin que peut me causer la prison, doublé de la douleur que doit me causer l'amour.

Sur ce, le feu de la jalousie pénétra dans son sein et envahit son cœur si profondément, qu'il devint blême comme la cendre du buis éteinte et refroidie. L'été passa, et les longues nuits redoublèrent les tourments de l'amoureux et du prisonnier.

Quand Arcite fut revenu à Thèbes, bien souvent il soupira et dit : *hélas!* en songeant qu'il ne reverrait plus sa dame. Jamais créature, tant que le monde durera, n'eut autant de chagrin. Il ne dormait plus, ne mangeait plus, ne buvait plus ; en sorte qu'il était devenu maigre et sec comme une flèche. Ses yeux étaient creux et hagards ; son teint jaune ; et il restait toujours solitaire, pleurant et sanglotant toute la nuit. Après qu'il eut enduré, un an ou deux, ce cruel tourment, — une nuit, comme il s'était assoupi, il lui sembla que le dieu ailé Mercure surgissait devant lui et lui commandait de reprendre courage. Le dieu brandissait dans sa main le caducée soporifique, et portait sur sa chevelure un radieux chapeau ; il apparaissait alors tel qu'il était quand il endormit Argus, et il dit à Arcite ceci : « Va à Athènes ; c'est là que la destinée a marqué la fin de tes malheurs. »

A ces mots Arcite s'éveilla et se leva. Il saisit un miroir et reconnut que son teint était tout changé, et que son visage était méconnaissable. Aussitôt cette idée lui vint à l'esprit, que, puisqu'il était ainsi défiguré par la maladie, il pourrait bien vivre à Athènes et voir sa dame presque tous les jours, sans être jamais reconnu.

Sur-le-champ, il changea de costume, s'habilla comme un pauvre journalier, et tout seul, accompagné seulement d'un écuyer, qui était dans la confidence de sa situation et déguisé aussi pauvrement que lui-même, il partit droit pour Athènes. Un jour il alla à la cour, et se présenta à l'entrée pour offrir ses services en qualité de porteur. Bref, il fut agréé par un chambellan qui était attaché à Émilie. Il pouvait fort bien couper du bois et porter de l'eau, car il était jeune et vigoureux. Un an ou deux il resta à ce service, page de la chambre de la belle Émilie, et se faisant nommer

Philostrate. Au bout d'un certain temps il s'acquit par sa conduite et par son beau langage une telle réputation, que Thésée, voulant le rapprocher de sa personne, le fit écuyer de sa chambre, et lui donna de l'or pour maintenir son rang. Trois ans il mena cette vie, et se comporta de telle sorte dans la paix et dans la guerre, que nul, plus que lui, n'était cher à Thésée. Dans cette félicité je laisse maintenant Arcite, et je vais parler un peu de Palémon.

Depuis sept ans, Palémon était resté dans les ténèbres d'une horrible prison, languissant à la fois d'amour et de détresse. Qui pourrait rimer convenablement son martyre? Certes ce n'est pas moi ; aussi je passe là-dessus aussi légèrement que possible. Pourtant, dans la septième année, la troisième nuit de mai, il parvint, aidé d'un ami, à s'évader de sa prison, et à s'échapper de la ville, après avoir fait boire à son geôlier d'un certain vin clairet mélangé à des narcotiques et à de fins opiats de Thèbes, si bien que ce gardien dormit toute la nuit sans pouvoir s'éveiller. La nuit était courte, et l'approche du jour força le fugitif à se cacher. Il se dirigea donc d'un pas inquiet vers un bois voisin, décidé à s'y cacher tout le jour et à partir dans la nuit pour Thèbes, afin de prier ses amis de lui prêter son aide contre Thésée. Il était déterminé à perdre la vie, ou à obtenir pour femme Émilie.

Bientôt l'alouette affairée, messagère du jour, salua de son chant l'aube grise ; et le flamboyant Phébus se leva si radieux que tout l'Orient rit de son apparition. Arcite, qui était devenu à la cour royale le principal écuyer de Thésée, s'était levé, voyant le joyeux jour, pour rendre hommage au mois de mai. Tout en se promenant, il s'engagea dans le bois où par aventure Palémon s'était caché en un hallier à la vue de tous les hommes. Palémon ne reconnut pas Arcite, et Arcite ne se doutait guère que son compagnon était ainsi à portée de l'entendre.

— Hélas! disait Arcite! quel malheur que je sois jamais né! Combien de temps, cruelle Junon, accableras-tu la cité de Thèbes? Hélas! à quelle confusion est réduit le sang royal de Cadmus et d'Amphion! Moi, qui suis de la lignée de Cadmus, moi, qui suis son descendant en ligne directe, me voilà si chétif et si misérable que je sers, en qualité de pauvre écuyer, celui qui est mon mortel ennemi! Et pour surcroît de malheur, l'amour perce de son dard de feu mon cœur plein d'anxiété. Vous m'avez tué d'un regard, Émilie, et vous êtes cause que je me meurs.

A ces mots il tomba évanoui, et resta longtemps sans connaissance. Palémon tressaillit, comme s'il avait senti une froide lame traverser son cœur; il frémit de colère, et, s'élançant hors du fourré : — Perfide Arcite, s'écria-t-il, méchant traître! Enfin je te tiens! Oses-tu donc aimer la dame pour laquelle je languis si douloureusement, toi, mon parent, toi mon confident juré!... Non, tu n'aimeras pas madame Émilie ; je veux être seul à l'aimer. Car je suis Palémon, ton mortel ennemi. Et, quoique je n'aie pas d'arme ici, sous la main, je ne crains rien. Il faut que tu meures ou que tu renonces à l'amour d'Émilie. Choisis!... Tu ne bougeras pas d'ici.

Arcite, saisi de dépit, en reconnaissant Palémon et en l'entendant parler ainsi, tira son épée avec la fureur d'un lion, et répondit : — Par le Dieu qui trône là-haut, si tu n'étais pas défaillant et affaibli par l'amour, si tu n'étais pas sans arme, tu ne bougerais pas de ce bois, que je ne t'eusse frappé mortellement de ma main. Car je me ris de l'engagement par lequel tu prétends que je suis lié envers toi. Fou que tu es, dis-toi bien que l'amour est libre, et que j'aimerai, malgré tout ce que tu peux faire. Mais, puisque tu es un digne et gentil chevalier, et que tu es prêt à soutenir par bataille tes prétentions sur elle, reçois ici ma parole. Demain je me fais fort d'apporter des armures pour que tu puisses t'équiper; tu choisiras la meilleure, et me laisseras la pire. Et ce soir même je t'apporterai à boire et à manger, et des couvertures pour te coucher. Et si le sort veut que tu obtiennes ma dame, en me tuant dans ce bois, je me résigne : au lieu de m'appartenir, Émilie sera ta dame.

Palémon répondit : « C'est convenu. » Et sur ce, ils se séparèrent jusqu'au matin comme chacun s'y était engagé. Le matin venu, avant même le lever du jour, Arcite s'était rendu à cheval à la ville et s'était secrètement procuré deux armures propres au combat qui devait avoir lieu. Comme il était seul, il mit ces armures devant lui sur son cheval; et, dans le bois, au lieu et au moment désigné, il rejoignit Palémon. Aucun bonjour, aucun salut ne fut échangé. Mais sur-le-champ, sans proférer une parole, ils s'aidèrent l'un l'autre à s'armer, aussi amicalement que s'ils étaient deux frères. Cela fait, brandissant leurs lances effilées et fortes, ils fondirent l'un sur l'autre avec un merveilleux acharnement.

Belle était la matinée, comme je l'ai dit, et Thésée, plein de joie et de gaîté, avec son Hippolyte, la belle reine, et Émilie, toute de vert habillée, était monté à cheval pour chasser, et s'était dirigé tout droit sur le bois où un cerf avait été signalé. Il galopa ainsi jusqu'à une clairière d'où ce cerf avait l'habitude de s'élancer pour traverser un ruisseau et poursuivre sa route. Et, quand le duc fut venu à cette clairière, il aperçut Arcite et Palémon qui combattaient au soleil. Les épées étincelantes allaient et venaient si affreusement qu'il semblait que le moindre coup dût abattre un chêne. Qui étaient ces hommes? Le duc n'en savait rien; il donna de l'éperon à son coursier, et d'un bond il fut entre les deux combattants, et, tirant son épée, leur cria : — Holà! Arrêtez, sous peine de la vie! Par le puissant Mars, c'en est fait du premier qui frappera. Mais, dites-moi, quels manants êtes-vous donc pour oser ainsi combattre en mes États, sans avoir près de vous quelque juge du camp, comme il sied à une lice loyale?

Alors Palémon répondit hâtivement : — Sire, qu'est-il besoin de plus de paroles? Nous avons tous deux mérité la mort. Nous sommes deux malheureux, deux misérables, à qui la vie est à charge. Si tu es un seigneur et un juge équitable, ne nous accorde ni merci ni refuge; et tue-moi le premier, au nom de la sainte charité. Mais tue mon compagnon, ainsi que moi. Ou plutôt tue-le le premier, car bien que tu ne t'en doutes guère, c'est ton mortel ennemi, c'est cet Arcite qui a été banni de tes États sous peine de mort, et qui t'a trompé depuis longues années, cet Arcite dont tu as fait ton premier écuyer et qui est amoureux d'Émilie! Et, puisque voici le jour où je dois mourir, je ferai franchement ma confession. Je suis, moi, ce malheureux Palémon qui s'est délibérément échappé de tes prisons. Je suis ton mortel ennemi, et je suis si ardemment épris de la charmante Émilie, que je voudrais mourir présentement sous ses yeux. Aussi je réclame la mort qui m'est due. Mais tue également mon compagnon. Car tous deux nous avons mérité de périr.

Sur ce, le noble duc répondit : — Voilà une brève conclusion. Votre propre bouche, par votre propre confession, vous a condamnés, et je n'ai qu'à confirmer l'arrêt. Il est inutile de vous torturer avec la corde. Vous mourrez, par le sanglant Mars!

La reine, émue de compassion féminine, se mit aussitôt à pleurer, ainsi qu'Émilie, et toutes les dames de la compagnie. C'était grand dommage, pensaient-elles toutes, qu'un pareil malheur dût arriver à des gentilshommes de haute naissance, pour une querelle dont l'unique cause était l'amour. Et, les voyant couverts de sanglantes blessures, toutes s'écrièrent, à voix plus ou moins haute :

« Seigneur, ayez pitié, nous toutes, pauvres femmes, nous vous en conjurons! » Et sur leurs genoux nus elles se prosternèrent pour baiser les pieds du duc, quand enfin son humeur se radoucit. Car la pitié règne vite sur un noble cœur, et, bien que Thésée eût tout d'abord frémi de colère, il avait bientôt réfléchi à la nature et la cause de la faute commise par les deux jeunes gens; et, quoique son courroux les eût déclarés coupables, sa raison finit par les excuser tous deux.

— Je vous pardonne cette faute, dit-il, à la requête de a reine que voici agenouillée, et d'Émilie, ma chère sœur. Mais tous deux vous allez me jurer que vous respecterez à jamais mon cher pays, et que jamais, ni nuit ni jour, vous ne me ferez la guerre, mais que vous serez mes amis en toute occasion. A cette condition, je vous pardonne complétement votre faute.

Et les jeunes gens jurèrent avec empressement ce que demandait le duc, et ils invoquèrent sa seigneuriale merci, et le duc leur fit grâce, en disant ceci :

— A ne considérer que l'éclat de la naissance et de la richesse, chacun de vous est digne sans doute d'épouser la plus grande dame, fût-elle princesse ou reine ; mais pourtant (je parle ici au nom de ma sœur Émilie pour laquelle vous avez cette querelle et cette jalousie), vous reconnaissez bien vous-mêmes qu'elle ne peut vous épouser tous deux ; vous aurez beau prolonger cette dispute, il faut qu'un de vous, bon gré, mal gré, se résigne au rôle d'amoureux transi. Bref, elle ne peut vous posséder tous deux, si jaloux et si furieux que vous en soyez. Voici donc ma décision sans réplique : chacun de vous s'en ira où il voudra, librement, sans rançon ni danger ; et dans cinquante semaines à partir de ce jour, chacun de vous amènera cent chevaliers, armés de toutes pièces pour combattre dans la lice. Et tel est l'arrêt irrévocable que je vous signifie sur ma foi de chevalier : celui de vous deux qui aura le dessus, c'est-à-dire celui qui parviendra avec ses cent seconds à tuer son adversaire ou à le chasser de la lice, celui-là obtiendra Émilie pour femme, et je la lui donnerai, comme au plus favorisé de la fortune. J'établirai la lice en ce lieu, et que Dieu en fasse porter la peine à mon âme, si je ne suis pas un juge équitable !

Qui prit alors un air satisfait? Palémon ! Qui sauta de joie? Arcite ! Qui pourrait peindre l'allégresse universelle, quand Thésée eut accordé une si noble grâce? Tous les assistants tombèrent à genoux et le remercièrent du fond du cœur. Et sur ce, pleins d'espoir et de contentement, les jeunes Thébains prirent congé, et s'en allèrent au galop vers Thèbes, toujours ceinte de ses vieilles murailles.

. . . .

Le jour de leur retour était arrivé ; et, selon la convention faite, chacun d'eux amena à Athènes cent chevaliers armés de toutes pièces pour le combat. Alors vous pourriez voir venir avec Palémon Lycurgue lui-même, le grand roi de Thrace. Noire était sa barbe, et virile était sa figure. Les cercles de ses yeux dans sa tête brillaient entre le jaune et le rouge, et il avait l'air d'un griffon, avec ses cheveux rabattus sur ses épais sourcils. Ses membres étaient grands, ses chairs dures et fortes, ses épaules larges, ses bras ronds et longs. Et, selon la coutume de son pays, il se tenait debout sur un char d'or traîné par quatre taureaux blancs. En guise de surcot par-dessus son armure, il portait une peau d'ours, noire comme le charbon, fixée par des clous jaunes et brillants comme l'or. Sur ses épaules retombait sa longue chevelure, d'un noir lustré comme celui de l'aile du corbeau. Un diadème d'or massif, d'un poids énorme, était posé sur sa tête, resplendissant de pierreries, de rubis fins et de diamants. Derrière son char couraient plus de vingt molosses blancs, grands comme des génisses, dressés à chasser le lion ou le cerf. Ils le suivaient, la muselière serrée, un collier d'or autour du cou. Il avait pour escorte cent seigneurs armés de toutes pièces, avec des cœurs vaillants et intrépides.

Avec Arcite venait, tel qu'il apparaît dans les histoires, le grand Émétrius, le roi de l'Inde. Sur un destrier bai, caparaçonné d'acier, et couvert d'un drap d'or magnifiquement diapré, il chevauchait, pareil au dieu des armes Mars. Son surcot était un drap de Tarse, garni de grosses perles rondes et blanches. Sa selle était d'or bruni; à ses épaules pendait un manteau constellé de rubis rouges, brillants comme du feu. Ses cheveux, frisés comme des anneaux de métal, étaient blonds et reluisaient au soleil. Son nez était haut, ses yeux d'un cristal transparent, ses lèvres rondes, son teint sanguin; quelques taches de rousseur, d'un jaune sombre, étaient éparses sur son visage, et il avait tout l'air d'un lion. Je lui aurais donné vingt-cinq ans. Sa barbe était déjà touffue; sa voix était tonnante comme la trompette. Sur sa tête il portait une épaisse et fraîche guirlande de laurier vert. Sur sa main il portait, pour son plaisir, un aigle apprivoisé, blanc comme un lis. Il avait là avec lui cent seigneurs, tous, sauf la tête qui était découverte, armés de toutes pièces, tous dans le plus riche attirail. Car, sachez bien que des comtes, des ducs et des rois se pressaient dans cette noble compagnie, pour l'amour et pour la plus grande gloire de la chevalerie. Autour de ce roi Émétrius couraient de tous côtés nombre de lions et de léopards apprivoisés.

Et, dans cet équipage, tous ces seigneurs arrivèrent à la cité d'Athènes un dimanche, vers prime, et ils mirent pied à terre dans la ville.

Ce Thésée, ce duc, ce digne chevalier, après les avoir accueillis dans sa ville et les avoir logés, chacun suivant son rang, les festoya et fit tout son possible pour les mettre à l'aise et leur faire honneur. Dans la nuit du dimanche, avant le point du jour, au premier chant de l'alouette, Palémon, plein d'une sainte ferveur et d'un haut courage, se leva pour aller en pèlerinage vers la bienheureuse Cithérée, je veux dire l'honorable et digne Vénus ; il se dirigea vers la lice où était son temple, et il s'agenouilla, et, avec une humble contenance et un cœur contrit, il s'adressa à elle en ces termes :

— O toi, la plus belle des belles, ô ma dame Vénus, fille de Jupiter et épouse de Vulcain, toi qui charmes le mont Cithéron, au nom de l'amour que tu as eu pour Adonis, aie pitié de mes larmes amères et cuisantes, et prends à cœur mon humble prière. Hélas ! la parole me manque pour exprimer mes sentiments, pour peindre les tourments de mon enfer. Mon cœur ne saurait révéler mes souffrances, et je suis si troublé que je ne sais que dire. Mais aie pitié, dame radieuse, qui connais si bien ma pensée, et vois les maux que je ressens ; considère tout cela, prends en compassion ma douleur, et je m'engage pour toujours à être ton serviteur fidèle et à être l'ennemi de la stérile chasteté. Viens à mon aide, que je puisse tenir ma parole. Je ne me soucie pas de la gloire des armes, je ne demande pas à avoir demain la victoire, je ne recherche en cette circonstance ni la renommée ni la vaine gloire du triomphe ; ce que je veux, c'est avoir pleine possession d'Émilie, et mourir à son service. Exauce mon vœu comme tu voudras. Peu m'importe que la victoire soit à eux ou à moi, pourvu que j'aie ma dame dans mes bras. Mars a beau être le dieu des armées ; ta puissance est si grande au ciel que, si tu le veux, j'obtiendrai celle que j'aime. En reconnaissance, je vénérerai à jamais ton temple, et toujours, à cheval ou à pied, je me rendrai à ton autel pour y offrir un sacrifice et y allumer le feu sacré. Et, si vous ne voulez pas qu'il en soit ainsi, ma dame chérie, faites en sorte, je vous prie, qu'Arcite demain me traverse le cœur avec sa lance. Peu m'importe de perdre la vie, si Arcite doit épouser Émilie. Voilà la substance et la fin de ma prière. Accordez-moi mes amours, bienheureuse dame !

Quand l'oraison de Palémon fut terminée, il offrit un sacrifice, et à la fin la statue de Vénus trembla et fit un signe dont il conclut que sa prière était agréée, et, le cœur joyeux, il s'en retourna chez lui.

Trois heures après que Palémon était sorti pour aller au temple de Vénus, le soleil se leva, et Émilie se leva, et elle se rendit au temple de Diane; quand le feu fut allumé, avec une humble contenance elle parla ainsi à la déesse :

— O chaste déesse des forêts verdoyantes, qui domines le ciel et la terre et la mer, reine du royaume sombre et infini de Pluton, déesse des vierges, toi qui connais mon cœur depuis nombre d'années et en sais tous les désirs, préserve-moi de cette rancune et de ce courroux terrible qu'eut à subir Actéon, si tu reconnais, chaste déesse, que mon vœu le plus cher est de rester vierge toute ma vie, et de ne jamais être ni amante ni épouse. Je suis, tu le sais bien, de ta compagnie. Vierge, j'aime la chasse et la vénerie, j'aime errer dans le bois sauvage, et je souhaite ne jamais être épouse et mère, et ne jamais connaître la société de l'homme. Assiste-moi donc, ma dame, de toute ta puissance et sous ta triple forme. Pour Palémon, qui a pour moi un tel amour, pour Arcite, qui m'aime si douloureusement, je te demande une grâce: rétablis entre eux l'amitié et la concorde; détourne de moi leurs cœurs, en sorte que toute leur ardente affection et tous leurs désirs brûlants s'éteignent ou se tournent vers un autre objet! Et, si tu ne veux pas m'accorder cette grâce, s'il est écrit dans ma destinée que je dois posséder l'un des deux, accorde-moi celui qui a pour moi le plus d'amour.

Les feux flamboyaient au-dessus de l'autel illuminé,

tandis qu'Émilie était ainsi en prières. Mais soudain elle vit un spectacle rare. Un des feux s'éteignit, se ralluma, puis s'éteignit de nouveau en sifflant, comme fait un charbon ardent qu'on mouille. Et de l'extrémité des tisons il jaillit comme des gouttes de sang; ce qui alarma tellement Émilie qu'elle faillit devenir folle et se mit à crier, ne sachant ce que cela signifiait.

Et sur ces entrefaites Diane apparut, un arc à la main, en costume de chasseresse, et lui dit : — Ma fille, modère ta tristesse. Il est décidé parmi les dieux d'en haut que tu épouseras un de ces deux jeunes gens qui ont pour toi une si soucieuse affection. Lequel des deux ? je ne puis le dire. Adieu, car je ne puis rester plus longtemps. Les feux qui brûlent sur mon autel te révéleront, avant que tu partes, ton amoureuse destinée.

Et à ces mots, les flèches du carquois de la déesse s'entrechoquèrent avec fracas, et elle s'évanouit. Émilie, toute effarée, s'écria :

— Hélas! que signifie tout cela? Je me mets sous ta protection, Diane, et à ta disposition.

Et elle s'en retourna tout droit chez elle.

Une heure après, Arcite se rendit au temple du terrible Mars pour y offrir son sacrifice selon les rites de son culte païen. Avec un humble cœur et une haute dévotion, il adressa ainsi à Mars son oraison :

— O Dieu fort qui dans les froids royaumes de la Thrace es honoré et tenu pour seigneur, toi qui, dans tous les États, dans tous les pays, tiens dans ta main les rênes de la guerre et qui en disposes à ton gré, accepte mon humble sacrifice. S'il est vrai que ma jeunesse et mon énergie soient dignes de servir ta divinité, et que je puisse être l'un des tiens, je te conjure d'avoir pitié de mon ennui. Au nom de tes propres souffrances, au nom de la flamme ardente qui te consumait, alors que tu possédais la beauté de la jeune

Vénus dans tout son éclat, dans tout son abandon, et que tu la maîtrisais dans tes bras, si bien qu'à une heure malencontreuse Vulcain te prit au piége et te trouva, hélas! couché près de son épouse, — au nom des chagrins que tu ressentis alors dans ton cœur, aie compassion de mes peines aiguës. Je suis, tu le sais, jeune et inexpérimenté, et, à ce que je crois, l'être le plus blessé d'amour qui ait jamais vécu. Car celle qui me fait endurer toutes ces souffrances se soucie peu si je naufrage ou si je surnage. Et, avant qu'elle ait pitié de moi, je sais bien qu'il me faudra la conquérir par la force. Et je sais bien que, sans ton aide ou sans ta faveur, ma force est impuissante. Aide-moi, seigneur, demain dans ma bataille, au nom de la flamme qui te brûla jadis et qui aujourd'hui me consume, et fais en sorte que demain j'obtienne la victoire. A moi le labeur, et à toi la gloire! Je m'engage à honorer surtout ton temple souverain et à me consacrer à tes plaisirs et à tes travaux énergiques. Je veux suspendre dans ton temple ma bannière et toutes les armes de ma compagnie, et toujours, jusqu'à ma mort, entretenir devant toi un feu éternel. Je m'y engage par un vœu solennel. Ma barbe, ma flottante chevelure, qui n'a jamais subi l'outrage du rasoir ou du ciseau, je veux te les offrir, et être toute ma vie ton fidèle serviteur. Maintenant, seigneur, aie pitié de mes chagrins cuisants, et accorde-moi la victoire; c'est tout ce que je demande.

Cette prière achevée, les anneaux suspendus aux portes du temple et les portes elles-mêmes s'agitèrent violemment; ce dont Arcite fut quelque peu effaré. Les flammes s'élevèrent au-dessus de l'autel éclatant, si bien que tout le temple en fut illuminé; un doux parfum s'éleva du sol, et Arcite leva la main et jeta dans le brasier un nouvel encens, et, enfin, après d'autres cérémonies, la statue de Mars secoua bruyamment son haubert et, en même temps,

Arcite entendit murmurer tout bas : *Victoire!* Et en reconnaissance il rendit honneur à Mars. Et sur ce, plein de joie et d'espoir, Arcite s'en retourna à son auberge.

Le matin, au lever du jour, il y eut dans toutes les hôtelleries d'Athènes un grand bruit de chevaux et de harnais ; et vers le palais chevauchèrent une foule de seigneurs, montés sur des destriers et sur des palefrois... Puis les trompettes résonnèrent, et vers la lice toute la compagnie se dirigea en procession à travers la vaste cité qui était tendue de drap d'or et non de serge. Le noble duc Thésée ouvrait la marche en vrai prince, ayant à ses côtés les deux Thébains ; et ensuite venaient la reine et Émilie, et puis tous les autres, chacun selon son rang. Et ainsi ils traversèrent la cité, et ils arrivèrent de bonne heure à la lice ; car il n'était pas encore tout à fait prime. Quand Thésée fut assis au haut de la riche estrade, ayant près de lui la reine Hippolyte et Émilie, et les autres dames assises sur les degrés, toute la foule prit place. Et à l'ouest, par la porte que dominait l'autel de Mars, Arcite et ses cent compagnons entrèrent, une bannière rouge au vent ; et au même instant, déployant une bannière blanche, Palémon se plaça à l'est, sous l'autel de Vénus, — avec une figure et une contenance hardies. On eût fouillé le monde entier qu'on n'eût pas trouvé deux compagnies pareilles. Le plus habile n'eût pu distinguer de quel côté était l'avantage de la valeur, du rang, de l'âge, tant les forces étaient également réparties. Les combattants se placèrent sur deux rangs ; et, quand les noms eurent été lus à voix haute, afin qu'il n'y eût pas de fraude dans le nombre, les portes furent fermées, et les hérauts crièrent : « Maintenant, faites votre devoir, jeunes et fiers chevaliers. »

Alors les trompettes et les clairons sonnèrent bruyamment. A l'est et à l'ouest les lances se posèrent en arrêt, et tous de s'élancer au galop à la joute. Les traits se brisent en éclats sur les boucliers épais, et plus d'un cœur est transpercé. Les lances se dressent hautes de vingt pieds; les épées dégaînées reluisent comme de l'argent. Les casques sont hachés et lacérés, et le sang coule en sinistres flots rouges. Les masses d'armes énormes écrasent les os. Un cavalier se jette au plus épais de la mêlée; son destrier trébuche; il tombe, et va rouler sous les pieds comme une balle. Cet autre poursuit son adversaire avec un tronçon d'épée, et est à son tour précipité à terre avec son cheval. Celui-là est blessé en pleine poitrine; saisi, malgré ses efforts, il est amené au poteau, et doit demeurer ainsi, par l'ordre du duc. Un autre captif est emmené de l'autre côté. De temps en temps Thésée invite les combattants à se reposer, à se rafraîchir et à boire à leur aise.

Maintes fois dans cette journée, les deux Thébains se sont attaqués et blessés; chacun d'eux a désarçonné l'autre. Le tigre de la vallée de Galaphey, à qui on a volé son petit, est moins acharné contre son persécuteur qu'Arcite contre Palémon. Le lion terrible de Belmarie, quand il est en chasse et affamé, est moins impatient d'avoir le sang de sa proie, que Palémon, de tuer son ennemi Arcite. Les coups jaloux mordent leurs casques, et le sang coule vermeil de leurs flancs.

Enfin voici le terme de tous ces exploits. Avant le coucher du soleil, le vaillant roi Émétrius a atteint Palémon, quand celui-ci se battait avec Arcite, et lui a entamé profondément la chair avec son épée. Vingt combattants saisissent alors Palémon, qui se débat, et le traînent au poteau. En accourant à la rescousse de Palémon, le fort roi Lycurgue est renversé; quant au roi Émétrius, malgré toute sa vigueur, Palémon l'a déjà désarçonné, avant d'être pris. Inutile prouesse! Palémon est amené au poteau. Son cœur hardi ne lui est plus bon à rien. Dès qu'il est pris, il doit attendre son arrêt, bon gré mal gré.

Qui est maintenant désolé, si ce n'est Palémon? car il ne peut plus retourner au combat. Quand Thésée eut vu ce spectacle, il cria aux gens qui combattaient encore : — Halte! tout est fini. Je veux être un juge équitable et impartial, Émilie appartient désormais à Arcite, qui l'a loyalement gagnée par son succès.

Aussitôt, en réjouissance de cet événement, les acclamations du peuple retentirent si haut et si bruyamment, qu'on eût dit que la lice allait s'écrouler.

Que peut faire désormais la belle Vénus là-haut? que dit-elle maintenant? que fait cette reine d'amour? Son désir n'ayant pas été accompli, elle pleure, et laisse tomber des larmes dans la lice, en disant : — Je suis certes bien humiliée.

Saturne dit : — Ma fille, prends patience, Mars a obtenu ce qu'il voulait, son chevalier a triomphé, mais, grâce à mon plan, tu seras bientôt satisfaite.

Cependant le terrible Arcite s'est défait de son heaume, et, pour se montrer, fait galoper son coursier le long de la vaste arène, en levant les yeux vers Émilie ; et elle lui jette un regard ami, et est toute à lui par la contenance, comme elle l'est par le cœur. Mais une infernale furie s'est élancée hors de terre, envoyée par Pluton, à la requête de Saturne ; le cheval effrayé se dérobe, fait un écart, et s'abat en bondissant ; ne pouvant reprendre son équilibre, Arcite tombe sur le crâne, et reste pour mort sur la place, ayant la poitrine meurtrie par l'arçon de la selle. Vite on l'emporte tristement au palais de Thésée. On le dépouille de son armure et on le met au lit ; car il conserve encore la mémoire et le souffle, et il prononce toujours le nom d'Émilie. Mais sa poitrine enfle, et la plaie s'étend sans cesse vers le cœur. Adieu la médecine! Arcite doit mourir. Aussi envoie-t-il chercher Emilie et son cher cousin Palémon, et il parle ainsi : — Le triste esprit qui m'anime ne saurait vous exprimer toutes mes peines, à vous, ma dame bien-aimée ; mais, puisque ma vie ne peut plus se prolonger, je voue mon âme à votre service. Hélas ! hélas ! les longues et vives souffrances que j'ai subies pour vous ! Hélas ! mourir ! hélas ! mon Émilie ! hélas ! quitter votre compagnie ! Hélas ! reine de mon cœur ! hélas ! ma femme ! Qu'est-ce que ce monde ? qu'est-ce que le bonheur souhaité par les hommes ? Tout à l'heure la joie de l'amour, maintenant le froid du tombeau solitaire ! Adieu, ma chérie, adieu, mon Émilie !...Au nom du ciel, écoutez ce que j'ai encore à dire. J'ai eu ici avec mon cousin Palémon une querelle longue et acharnée pour l'amour de vous et par jalousie. Eh bien, j'en jure par la faveur que mon âme attend de Jupiter, je ne connais pas sur la terre un chevalier plus accompli que Palémon sous le rapport de la loyauté, de l'honneur, de la sagesse, de la modestie, de la dignité, de la générosité ; non, je n'en connais pas qui soit plus digne d'être aimé que ce Palémon qui vous sert et veut vous servir toute sa vie. Et si jamais vous vous mariez, n'oubliez pas Palémon, le gentilhomme !

A ces mots, sa voix commença à faiblir, et le froid de la mort monta de ses pieds à sa poitrine. Il jeta sur sa dame un suprême regard, et son dernier mot fut : Merci, Émilie ! Son âme changea de résidence, et s'en alla vers ces lieux que je ne puis vous décrire, n'y ayant jamais été... Émilie se lamentait, Palémon gémissait, et Thésée fit emporter loin du cadavre sa sœur évanouie. Immense fut le chagrin des jeunes et des vieilles gens dans toute la ville, à cause de la mort de ce Thébain. La désolation fut certes moins grande à Troie, quand on y rapporta Hector, tout fraîchement tué. Cependant, après plusieurs années écoulées, la douleur publique se calma. Et il y eut, paraît-il, un parlement à Athènes pour traiter certaines questions ; entre autres choses, on y parla de conclure une alliance avec certains pays, et d'assurer la pleine soumission des Thébains.

En conséquence, le noble Thésée fit mander le gentil Palémon sans que celui-ci en sût la cause; et, à ce commandement souverain, Palémon se présenta tristement vêtu de noir. Thésée envoya également chercher Émilie.

Quand tous furent assemblés et que le silence fut partout établi, quand Thésée eut pris le temps de méditer les paroles qui allaient s'échapper de sa sage poitrine, il poussa tristement un profond soupir et exprima ainsi sa pensée :

— Le premier moteur des causes, là-haut, forgea primitivement la belle chaîne de l'amour. Grand fut l'effet, sublime était son intention, car avec cette chaîne de l'amour il lia le feu, l'air, l'eau et la terre en un faisceau dont ils ne peuvent se détacher. Ce même moteur souverain a fixé, dans ce triste bas monde, une certaine durée à tous les êtres qui y sont engendrés; ils ne peuvent pas dépasser le jour fixé; tout ce qu'ils peuvent, c'est abréger leurs jours. Par l'ordre universel les hommes peuvent aisément comprendre que ce moteur est immuable et éternel. A moins d'être fous ils peuvent aisément reconnaître que chaque être particulier dérive de son tout. Car la nature ne tire pas son origine d'une partie ni d'une fraction d'être, mais d'un être qui est parfait et immuable, et elle en descend jusqu'à devenir corruptible. Et aussi, dans sa sage providence, cet être suprême a si bien ordonné les choses, que les espèces et les races se perpétuent par la succession, sans que les individus même soient éternels. Vous pouvez facilement comprendre et vérifier cela de vos propres yeux. Voyez le chêne, qui a absorbé une telle substance depuis le temps où il a commencé à germer, et qui a eu une si longue existence : il finit pourtant par se flétrir. Voyez aussi comme la pierre dure, jetée sur le chemin, s'use sous nos pieds qui la foulent. Il vient un moment où la large rivière se dessèche. Nous voyons les plus grandes villes décroître et disparaître. Reconnaissez donc que toute chose a une fin. Voyez aussi l'homme et la femme aux deux termes de l'existence, c'est-à-dire dans la jeunesse ou dans la vieillesse : il faut qu'ils meurent. Le roi doit succomber comme le page. Celui-ci doit mourir dans son lit, celui-là dans la mer profonde, cet autre dans la vaste plaine. Rien n'y peut. Tout doit prendre ce chemin. Aussi puis-je dire que tout doit mourir. Qui fait cela, si ce n'est Jupiter, le roi? C'est lui qui est le principe et la cause de toute chose, transformant tout selon sa propre volonté, de qui tout émane. Et contre ses arrêts nulle créature vivante, de quelque degré qu'elle soit, n'a que faire de lutter. Il est donc sage, ce me semble, de faire de nécessité vertu et de prendre notre parti de ce que nous ne pouvons éviter et de ce qui nous est réservé à tous. Et quiconque murmure commet une folie en se révoltant contre le dispensateur de toute chose. Et certes la gloire suprême pour un homme, c'est de mourir dans son excellence et dans sa fleur, en possession de sa bonne renommée. Pourquoi alors nous désolons-nous, quand Arcite, la fleur de la chevalerie, est sorti, avec loyauté et honneur, de la sombre prison de cette vie? Et pourquoi donc son cousin et sa dame, qui l'aiment tant, s'affligent-ils du bonheur qui lui arrive? Doit-il leur en être reconnaissant? Leur douleur est une offense à son âme, une offense à eux-mêmes! Et pourtant ils ne peuvent réformer leur émotion. Pour conclure ce long discours, j'entends que la gaîté succède à la tristesse et que nous remercions Jupiter de toutes ses grâces. Et avant que nous quittions ce lieu, j'entends que nous fassions de ces deux infortunes un bonheur parfait et à jamais durable... Sœur, ajouta-t-il, ceci est ma pleine volonté, avec l'assentiment de mon parlement ici présent, que vous accordiez votre gracieuse sympathie au gentil Palémon, votre chevalier, qui, depuis qu'il vous connaît, n'a cessé de vous servir et vous sert encore avec tout son dévouement, tout son cœur, toute son énergie, et que vous le preniez pour époux et seigneur. Tendez-moi la main, car tel est notre accord. Donnez-nous maintenant une preuve de votre féminine tendresse. Il est le neveu d'un roi, pardieu, et, fût-il un pauvre bachelier, puisqu'il vous a servie tant d'années, puisqu'il a subi pour vous une si grande adversité, vous devriez, il me semble, en être touchée. La gentille merci se doit à des titres aussi éclatants.

Puis le duc parla ainsi au chevalier Palémon : — Je sais qu'il n'est pas besoin d'un long sermon pour vous faire consentir à cet arrangement. Approchez, et prenez votre dame par la main.

Ainsi fut conclue entre eux la sainte union du mariage, avec la sanction de tous les barons. Et ainsi, en toute félicité, en pleine harmonie, Palémon épousa Émilie.

FIN DE L'APPENDICE.

ŒUVRES COMPLÈTES DE SHAKESPEARE

COMPLÉMENT

LES APOCRYPHES

TABLE

DU TOME PREMIER.

                                          Pages.

Introduction. 7
TITUS ANDRONICUS. 89
UNE TRAGÉDIE DANS L'YORKSHIRE. 193
LES DEUX NOBLES PARENTS. 229
NOTES. 361

   APPENDICE :

Le *Conte du Chevalier*, extrait des *Contes de Cantorbéry* de Chaucer. 367

FIN DE LA TABLE.

SOUS PRESSE :

LES APOCRYPHES.

II

Périclès.

Édouard III.

Arden de Feversham.

Saint-Denis. — Typographie de A. Moulin.

www.ingramcontent.com/pod-product-compliance
Lightning Source LLC
Chambersburg PA
CBHW050436170426
43201CB00008B/695